Zu diesem Buch

Als Zwanzigjähriger kehrt der hochbegabte Nizan Europa den Rücken, um in Aden eine Stelle als Hauslehrer anzutreten. Er hofft, in diesem entfernten Weltwinkel etwas vorzufinden, das ihm ein Gegenbild dessen liefern könnte, was ihn zu Hause hat verzweifeln lassen. Er ist geprägt von einem tiefen Überdruß an allem, was die herrschende Klasse – und das ist für ihn die Bourgeoisie – angerichtet hat; er ahnt wie so viele seiner Zeitgenossen den Untergang der alten Welt, ohne ihn zu bedauern. Er will fliehen, aber weder sich noch seine Visionen einer besseren und menschlicheren Welt preisgeben. Vor die Entscheidung gestellt, sich dem Bürgertum, dem er seine Bildungsmöglichkeit verdankt, anzupassen oder sich auf die Seite der Unterdrückten zu stellen, wählt er den offenen Verrat. Frankreich, das ist für ihn die Bande der Besitzenden, denen alles gehört, die Bergwerke, die Steinbrüche, die Fabriken, die Mühlen, die Häuser, das Territorium. Von diesem Frankreich verabschiedet er sich, um zu seinem Entsetzen in Aden nichts anderes vorzufinden als eine getreue Reproduktion dessen, wovor er geflohen ist.

Fünf Jahre nach seiner Rückkehr, längst zum Parteigänger der KPF geworden, veröffentlicht er zwei hinreißende Pamphlete voller Ungestüm, voller Leidenschaft und voller blitzender Einsichten, aber selbstverständlich auch voller Ungerechtigkeit – im Namen einer anderen Gerechtigkeit. *Aden* endet mit dem Haß auf alles, was Nizan nun bekämpfen wird, *Die Wachhunde* beginnen mit ihm. Sie rechnen ab mit der Ideologie des homo oeconomicus, wie sie mit der herrschenden Philosophie abrechnen, die nichts anderes ist als eben eine bürgerliche, ein Produkt der bürgerlichen Demokratie, einzig damit beschäftigt, deren Mythen zu zimmern und darüber den Menschen und seine Wirklichkeit zu vergessen. Nichts anderes hat zur gleichen Zeit Antonio Gramsci den Intellektuellen vorgeworfen: ihre Zuständigkeit für den staatlichen Zwangsapparat, der für die Disziplinierung der Dissidierenden zu sorgen habe. Es ist aber nicht Gramsci, mit dem Nizan sich auseinandersetzt, sondern Julien Benda, dessen ‹Verrat der Intellektuellen› gerade Furore gemacht hatte. Was für Benda der Verrat selbst ist, die Aufgabe des lediglich Selbstdenkenden im Dienste einer Parteilichkeit, ist für Nizan die Forderung des Tages. Ihn plagt nicht der Vorwurf des Verrats an herrschenden Ideen, sondern nur der praktizierte Verrat am Menschen. Verrat wird für ihn zur Notwendigkeit. Wo bisher die Philosophen die Menschen um der Bourgeoisie willen verraten hätten, müsse heute, sagt er, die Bourgeoisie um der Menschen willen verraten werden.

Freilich meinte Nizan, was er forderte, ernster als die Partei, der er sich verschrieben hatte. Er kannte keine taktischen Manöver, sondern trat nach Abschluß des Hitler-Stalin-Paktes aus der KPF aus, die nicht säumte, ihn nach seinem Tod bei Dünkirchen mit allen Regeln ihrer Kunst zu verleumden.

«Er hat an alle Türen klopfen, alles versuchen, Lösungen ausprobieren müssen, die er längst verworfen hatte. Er wollte, glaube ich, die Güter dieser Welt kennenlernen, bevor er das Gelübde der Armut ablegte. Und dann stieg Angst in ihm auf: er mußte mit allem brechen. Aden war seine letzte Versuchung, sein letzter Versuch, einen individuellen Ausweg zu finden. Und seine letzte Flucht.»

Jean-Paul Sartre (1960)

Rowohlt Jahrhundert

Herausgegeben von Walter Boehlich

Band 96

Paul Nizan

Aden/ Die Wachhunde

Zwei Pamphlete

Dossier zum «Fall Nizan»

Aus dem Französischen von Traugott König

Rowohlt

Veröffentlicht im Rowohlt Taschenbuch Verlag GmbH,
Reinbek bei Hamburg, Februar 1993

Die Texte wurden 1931 bzw. 1932 zum erstenmal veröffentlicht
Umschlaggestaltung Peter Wippermann
(Foto des Autors: Rowohlt Archiv)
Satz Garamond (Linotron 500)
Gesamtherstellung Clausen & Bosse, Leck
Printed in Germany
1690-ISBN 3 499 40096 0

Aden

...Überhaupt muß man eine Reise nach Arabien nicht als eine Lustreise ansehen. Wer aber begierig ist, fremde Nationen kennenzulernen, und Hoffnung hat, dadurch nach seiner Zurückkunft sein Glück in seinem Vaterlande zu befestigen, der muß sich bisweilen etwas Unangenehmes gefallen lassen...

...Solche jungen Herren, die die Bequemlichkeit und eine wohlbesetzte Tafel lieben, oder ihre Zeit angenehm in Gesellschaft vom Frauenzimmer zubringen wollen, müssen gar nicht nach Arabien reisen...

Carsten Niebuhr:
«Beschreibung von Arabien»

I

Ich war zwanzig. Niemand soll sagen, das sei die schönste Zeit des Lebens.

Alles droht einen zu vernichten: die Liebe, die Ideen, der Verlust der Familie, der Eintritt in die Welt der Erwachsenen. Es ist schwer, seinen Part in der Welt zu lernen.

Wie sah unsere Welt damals aus? Wie das Chaos der Urschöpfung in der antiken Mythologie. Nur hatte man den Eindruck: das ist der Anfang vom Ende, vom wirklichen Ende, nicht von einem Ende, das der Beginn eines neuen Anfangs ist. An der Oberfläche konvulsivischer Veränderungen, deren Sinn eine winzige Zahl von Zeitgenossen herauszufinden versuchte, war nur ein Tohuwabohu zu erkennen, das unweigerlich zum Untergang des Bestehenden führen mußte. Alles erinnerte an die Auflösung am Ende einer tödlichen Krankheit: bevor der Tod eintritt, der alle Körper unkenntlich macht, löst sich der Zusammenhalt des Fleisches auf, alle Teile fließen auseinander. Das endet mit der Verwesung, die keine Auferstehung kennt.

Ganz wenige sahen damals klar genug, um die Kräfte zu erkennen, die in dieser Fäulnis wirksam waren.

Niemand wußte, was zu tun war: Die Kultur war zu kompliziert, als daß man mit ihrer Hilfe mehr erkennen konnte als die Oberfläche. Sie erschöpfte sich in der Kasuistik einer vernünftig geordneten Welt, aber alle ihre Protagonisten konnten die Texte, die sie kommentierten, nicht einmal buchstabieren. Der Irrtum ist immer schwieriger als die Wahrheit.

Man mußte beim ABC anfangen, bei dem, was wirklich

wichtig war. Aber anstatt erst einmal lesen zu lernen, dachte sich, wer vor Unruhe nicht schlafen konnte, Erklärungen aus, die alle auf einem Vergleich mit Epochen des Niedergangs beruhten: der Barbareneinfall, der Triumph der Maschinen, die Gesichte auf Patmos, die Hoffnung auf Genf und auf Gott. Wie weise doch alle waren!

Aber diese Weisen waren so kurzsichtig, daß sie über ihre Brillengläser hinweg nichts anderes als Zusammenbruch sahen. Und die Jugend vertraute ihnen.

Sie fällten unwiderrufliche Urteile: «Ihr werdet alle untergehen.» Meine Generation kam nicht zu Atem, man hielt ihr den Kopf unter Wasser, sie japste nach Luft. Wo würde sie ihre ertrunkenen Familien wiederfinden?

Da ich zu den Intellektuellen gezählt wurde, hatte ich immer nur mittellose Fachidioten getroffen: Ingenieure, Rechtsanwälte, Archivare, Lehrer, Professoren. Was für eine Armseligkeit!

Zufälle und weise Ratschläge hatten mich an die École Normale verschlagen und zu jenen offiziellen Exerzitien, die man Philosophie nennt. Beide, die École Normale und die Philosophie, flößten mir bald äußersten Widerwillen ein. Auf die Frage, warum ich blieb, würde ich antworten: aus Trägheit, Unsicherheit, Unkenntnis anderer Berufe, und weil der Staat mich ernährte, mich beherbergte, mir gratis Bücher lieh und mir monatlich 100 Francs gab.

Die École Normale ist eine Einrichtung, um die uns die anderen Völker beneiden: sie ist einer der Köpfe Frankreichs, das so viele Köpfe hat wie eine Hydra. Hier wird ein Teil der stolzen Truppe von Magiern erzogen, die von denen, die ihre Ausbildung zahlen, Elite genannt werden; diese Elite hat die Aufgabe, das Volk auf dem Wege des Anstands und des Respekts zu halten, den Tugenden des Guten. Hier herrscht der Korpsgeist von Seminaren und Regimentern, denn es ist ja nicht schwierig, junge Menschen dazu zu bringen, aus ihrer privaten Schwäche ein kollektives Überlegenheitsgefühl herzuleiten, und sie davon zu überzeugen, daß die École Normale ein reales Wesen ist, das eine Seele – eine schöne Seele –, eine Persönlichkeit hat, die liebenswerter ist als die Wahrheit, die Gerechtigkeit und die Menschen. An diesem von gänzlich durchscheinenden Wesenheiten bewohnten Ort ist, wie im *Jardin de la Rose*, Heuchelei Trumpf. Die meisten *Normaliens* sehen sich denn auch als Elite: als christliche Elite – viele von ihnen gehen gern zur Messe; als akademische Elite – manche von ihnen planen die Etappen ihrer Karriere wie eine große Reise und bereiten mit zwanzig Jahren ihre Vermählung mit der Tochter eines berühmten Professors vor, das Mitteilungsblatt der École Normale veröffentlicht stolz lächerliche Ahnentafeln; als politische Elite – manche schwimmen mit der Gewandtheit von Fischen in den schmutzigen Gewässern der sozialdemokratischen Sektionen und radikalsozialistischen Vereine. Aber auf jeden Fall gehören sie zur geistigen Elite. Mit diesen ehrgeizigen Gedanken erschöpfen sich die meisten Überlegungen über den Wert des Menschen.

Diesen Halbwüchsigen, die durch ihre Schuljahre zermürbt, durch das humanistische Gymnasium und die bürgerliche Küche und Moral ihrer Familien verdorben sind, stellt man das Beispiel illustrer Vorbilder vor Augen: Pasteur, Taine, Lemaître, Giraudoux, François-Poncet. Man verspricht ihnen das Kreuz der Ehrenlegion, wenn sie an der Reihe sind, und die Mitgliedschaft der Akademie für das Ende ihrer Tage. Niemand erzählt ihnen das Leben von Évariste Galois.

1924 gab es hier noch einen Menschen: Lucien Herr. Wenn man diesen Riesen über einen Berg von Büchern gebeugt sah, mit kindlich klaren Augen unter einer gewölbten Stirn, einem rauhen Gedankenfelsen, wenn man hörte, wie er, der niemals log, Urteile aussprach, die nichts als jedem gerecht werden wollten, dann wußte man, daß es nicht gefährlich war, in dieser desolaten Behausung zu leben. Aber er starb, und es blieb nur die École Normale übrig, eine komische, meist jedoch unausstehliche Einrichtung, beherrscht von einem kleinen patriotischen, scheinheiligen und mächtigen Greis, der das Militär verehrte.

Jahrelang habe ich in der Rue d'Ulm und in den Hörsälen der Sorbonne wichtige Persönlichkeiten im Namen des Geistes sprechen hören.

Es waren jene Philosophen, die die Weisheit in Zeitschriften lehren und Kommentare und Kompendien schreiben. Sie treten in den Lehrkörper ein, veranstalten Kongresse, auf denen festgestellt wird, welche Fortschritte der Geist innerhalb eines Jahres gemacht hat und welche weiteren Fortschritte er noch machen muß. Sie tragen Bänder am Rockaufschlag wie pensionierte Polizisten. Sie weihen marmorne Gedenktafeln an Geburts- und Sterbehäusern und öffentlichen Plätzen ein. Durch diese Gedenkfeiern kommen sie viel herum. Sie wohnen fast alle im Pariser Westen, in Passy, Auteuil, Boulogne, ruhige Viertel mit wenig Lärm, wenig Menschen auf der Straße, wo die Mädchen nicht erst mit einem Jahr Verspätung erfaßt werden. Das sind die Weisen des 26. Arrondissements.

Sie haben wohlbegründete Ideen und scharfsinnige Theorien über die Psychologie, die Moral und den Fortschritt. Diese Abstraktionen, die schon zur Zeit von Jules Simon und Victor Cousin leere Phrasen waren, werden von ihnen immer noch benutzt. Sie sind bieder, sie sagen, die Wahrheit lasse sich im Flug erhaschen wie ein Vogel. Sie verkünden Botschaften über Krieg und Frieden, über die Zukunft der Demokratie, die Gerechtigkeit und die Schöpfung Gottes, über die Relativität, die philosophische Gelassenheit und das geistige Leben. Sie erfinden Terminologien, weil sie alle eine wichtige Entdeckung gemacht haben: Probleme verschwinden, sobald die Begriffe angemessen definiert sind. Dann zerfallen sie zu Staub. Sie zu stellen und sie zu lösen ist ein und dasselbe. Die Philosophen sind nur noch die Wachhunde der Terminologie und die Historiker jenes Mittelalters, in dem die Wörter mehrere Bedeutungen hatten. Inzwischen lernen sie, gefährliche Gedanken so lange beiseite zu schieben, bis sich ihr Gift verflüchtigt hat: Die Vernunft hat keine Eile, sie wird zu ihrer Zeit, die sich nicht mit der Zeit der Menschen deckt, auf diese Gedanken zurückkommen.

So treiben sie Philosophie, was im Grunde genug Redlichkeit und Mühe erfordert, daß es ehrenvoll ist, dieser Aufgabe Menschenleben zu weihen, die der Buchführung und der Societas Jesu entzogen worden sind.

Und was für eine Sprache! Sie glänzen mit so vielen guten Wendungen, Redeweisen, Bildern, daß ich nicht mehr weiß, wie ich den Sinn von einfachen Worten und Einfällen wiederfinden soll, ob durch ein Schweigen, das von den geheimen Einflüsterungen des Schlafs lebt, oder durch Gespräche mit bummelnden Passanten auf Plätzen, durch Unterhaltungen in Kasernen, Läden oder Fabriken.

Unter diesen Philosophen ist ein großer Denker: Léon Brunschvicg. Er versteht sein Spiel besser zu kaschieren. Eine Uhrmacherpräzision im Denken, eine Taschenspielergeschicklichkeit, die einen zunächst glauben läßt, man habe es mit einem Philosophen zu tun; aber schließlich steht man nur einem Robert Houdin gegenüber, den man genau durchschauen, dessen Lügen man zählen kann. Dieser kleine Sophismenverkäufer sah aus wie ein betagter Maître d'hôtel, dem man auf seine alten Tage erlaubt hatte, einen Bauch und einen Bart zu tragen. Aus seinen Augenwinkeln, aus den kurzen Bewegungen seiner weichen Hände eines jüdischen Krämers sprach Verschlagenheit. Mit einem Augenzwinkern gab er Bonmots als Dekrete der Vernunft zum besten, und aus jeder Rede hörte man heraus: Lassen Sie mich nur machen, dann wird sich alles einrenken, ich bringe alles wieder in Ordnung, in den Seelen wie in der Wissenschaft. Dann grüßte er ins Parterre herunter. Was für ein verborgener Appetit nach Posten, nach Ruhe und nach öffentlichen Ehren! Was für eine Angst vor der Wahrheit, der Wahrheit zum Beispiel, die das Geld dieses reichen Mannes hätte in Gefahr bringen können! Die Schüler, die zu seinen Füßen saßen, waren bereit, über seinem Leichnam die Söldnerfahne des kritischen Idealismus zu hissen.

Und dabei gibt es Menschen, die am Fließband arbeiten, Polizisten laufen auf der Straße umher, Menschen sterben in China, in Obervolta eines gewaltsamen Todes, die Zwangsarbeit rafft die Schwarzen dahin wie eine Epidemie.

Aber es wurde alles getan, uns die leibhaftige Existenz unserer Brüder zu verbergen, damit wir wirklich gut vorbereitet waren auf die Pfaffenaufgaben, für die man uns bestimmt hatte. Die Bourgeoisie mästet ihre Intellektuellen, wenn sie sich mausern, damit sie nicht in Versuchung kommen, die Welt zu lieben. So lebten wir im verminderten Tempo des Schlafs dahin; jeder weiß, daß ein größeres Tempo teuer zu stehen kommt. Wir drehen uns im Kreis, wie man es uns gelehrt hatte, und waren mit kleinen Konstruktionsspielen beschäftigt, die uns all jene Beamten beigebracht hatten. Fast überall gab es Menschen, auf dem Land oder in den Vororten. Wir aber schauten auf unsere Lehrmeister und Väter, die traurig in irgendeiner Ecke hockten und sich manchmal aufrichteten, um ihre Chefs zum Lachen zu bringen und ihnen bestellte Illusionen, Argumente oder Rechtfertigungen zu liefern. Clowns, Komplizen: Geistlieferanten. Von Zeit zu Zeit baten sie um Geduld: die Welt würde bald erlöst werden.

II

MAN STELLE SICH VOR: MIT ZWANZIG JAHREN wurden wir in eine völlig erstarrte, mit einigen Annehmlichkeiten ausgestattete Welt gestoßen: Griechisch, Logik, ein reiches Vokabular, das nicht einmal die Illusion erweckt, man könne mit seiner Hilfe klarsehen. Wir sind verloren im Maschinenraum unserer Väter, in dem an allen schlecht erleuchteten Ecken blutige Zusammenstöße vertuscht werden: Kolonialkriege, Terror der Weißen auf dem Balkan, amerikanische Morde, zu denen alle Franzosen begeistert Beifall klatschten. Die bodenlose Scheinheiligkeit der Männer an der Macht kann das vorhandene Unglück, das wir nicht begreifen, nicht verbergen. Wir wissen nur, daß es da ist, daß irgendwo Unglück geschieht. Man sage nicht, das sei zu unserem Besten geschehen! Man gebe sich nicht damit zufrieden, alles aufs Schicksal zu schieben und sich immer und ewig die Hände in Unschuld zu waschen!

Jeder findet, wenn er morgens aufwacht, das ganze Chaos seiner Zeit wieder, tausendmal reduziert auf das Mittelmaß einer privaten Beunruhigung. Wir sind durch Spaltungen, Entfremdungen, Kriege und Palaver gezeichnet. Wenn man uns sagt, wir lebten in einer Epoche des «unglücklichen Bewußtseins», so kann uns das unsere Angst um unser Leben, unsere Angst vor den Verstümmelungen, die uns bevorstehen, nicht nehmen. Wir wissen ja, wie unsere Eltern leben. Ungeschickt, unglücklich wie Katzen, die Fieber haben, wie Ziegen, die seekrank sind. Wo lag unser Unglück? In welchem Teil unseres Lebens? Eines wissen wir: die Menschen leben nicht so, wie ein Mensch leben müßte. Aber wie das wirkliche Leben aussehen müßte, wissen wir noch gar nicht. Unsere Gedanken sind rein negativ. Der erlauchte Alain sagt uns zwar: «Denken heißt, nein sagen.» Aber nur der Geist des Bösen verneint immer. Die Zeit wird kommen, wo der Geist vor seinen eigenen Entscheidungen keine Furcht mehr haben wird. Dann wird der Mensch erröten bei dem Gedanken, daß er sich so lange mit Abwehr begnügt hat.

Wir sind schon im voraus unzufrieden mit den Berufen, für die man uns mit dem Versprechen auf magere Gehälter abrichtet. Wir haben Angst vor dem, was uns erwartet. Die schöne Jugend! Welche Menschen kann man um Hilfe bitten? Wo haben sie sich verborgen? Alles trennt uns von ihnen: die Pflicht, die Familie, das Vaterland, der Respekt, das Geld. Zu viele Feinde, das übersteigt unsere Kräfte. Heute weiß ich, daß es Gespenster sind, tausendfach verzerrte Spiegelbilder, die wir in unserer Gutgläubigkeit ernst nahmen. Aber ich habe viel Zeit dazu gebraucht, das zu erkennen.

Was ist also? Wir werden in ein Gefängnis kommen, dessen Regeln wir uns nicht in allen Einzelheiten vorstellen können. Welcher junge Mensch ahnt, wenn er ans Gefängnis denkt, was sich in jeder Zelle abspielt? Mit zwanzig Jahren sieht man noch keine Einzeldinge, noch keine Einzelereignisse. Aber wir ahnen genug, daß es uns den Atem verschlägt. Wir kranken nicht an Illusionen: Beschränkungen und Zwänge drohen von allen Seiten, und wir können sie nicht im einzelnen aufzählen. Ihr wollt uns glauben machen, es handle sich um die harmlosen Konflikte zwischen Freiheit und Determinismus, Prädestination und Gnade, Reife und Pubertät. Umsonst. Mit solchen Wörtern könnt ihr uns nicht abspeisen. Wir sind nicht blöder als ihr. Auch wir könnten Doktorarbeiten schreiben und Predigten halten. Hinter euren schönen Sprüchen verbergen sich Tatsachen, die uns entsetzen.

Aber wir sind schwach, die Ohnmacht lähmt uns, wir sind von unserer bequemen Kindheit an zu einem Sklavendasein erzogen. Nirgends tut sich in uns eine Quelle der Hoffnung auf, wir haben keine Wünschelrute. Wir begreifen nicht, warum wir unsere menschlichen Bedürfnisse nicht befriedigen können. Unsere Lehrmeister scheinen unerschütterlich, Maschinen, die alle Existenzen, die so stabil sind, daß sie nicht zerbrechen, breitwalzen. Aber wenn wir nichts tun, wird die Beschäftigungslosigkeit das ganze Leben anhalten. Was wird uns passieren? Was wird uns nicht passieren? Es ist hart, eine vom Sturm oder vom Nordlicht richtungslos gemachte Kompaßnadel zu sein, die nach allen vier Himmelsrichtungen zeigt, es ist hart, in einem nur von Sirenen, Feuern und Schreien unterbrochenen Halbdunkel zu leben, in dem der Wahnsinn umgeht und an jeder Ecke sein grinsendes Gesicht zeigt.

Unsere Kindheit spielt hier durchaus eine Rolle: die Federbetten des Provinzlebens, die erste Kommunion, die Glyzinien des Sommers 1914 haben uns nicht auf den Krieg vorbereitet. Der Tod unserer Vettern und Brüder, die durch die Abwesenheit unserer Väter aufgekommene Zügellosigkeit, die todbringenden Gegenstände unserer älteren Brüder haben dem allgemeinen Chaos Züge des Geheimnisvollen gegeben. Unsere Kindheit ist wie durch ein Wunder den in Friedenszeiten herrschenden Komplotten der Ordnung entzogen. Der Krieg hat uns erlaubt zu leben. Wir haben keine andere Verpflichtung, als vor den Toten und den Fahnen das Haupt zu entblößen. Die Bombennächte, das Geheul der Sirenen, die winselnden Hunde in den Kellern, die Feuersbrünste machten uns Kindern Spaß. Die Erwachsenen schwiegen.

Unsere Lehrer und unsere Mütter haben sich darauf verlassen, daß die Härte des Lebens uns zu unerschrockenen und tugendsamen Menschen erziehen würde, aber sie haben wenig daran gedacht, uns an die moralischen Werte zu gewöhnen, die zwischen 1914 und 1918 über Bord gingen. Sie haben geglaubt, diese Werte verstünden sich von selbst in der von Staatstreue und militärischem Geist geschwängerten Atmosphäre, die man noch in den entferntesten Präfekturen des Südens einatmete. Dank dieses groben Irrtums ist uns noch im Mannesalter eine große Zahl von Konflikten unbekannt. Aber es ist zu spät, als man darangeht, uns die ehernen Gesetze der Moral wie Vorsichtsmaßregeln gegen die Syphilis einzuhämmern. Wie sollen wir denn an sie glauben, wir sehen in ihnen nur Ketten, die uns ins Fleisch schneiden. Ein Mensch zu sein, scheint uns die einzig legitime Aufgabe. Wir sind verzweifelt, als wir entdecken, wie viele schöne Pflichten, an die zu glauben man uns zehn Jahre früher hätte lehren sollen, die Liebe zum Leben ausschließen. Dieses Leben sollen wir lieben? Umgebt euch mit Provinzfamilien, Prospekten, Examen, wohlerzogenen höheren Töchtern, rohen Gesichtern von Ausbildungsoffizieren, Nutten, die sich auf Tische aus falschem Marmor lehnen, schwarze Avenuen, Nachhilfestunden zu 30 Francs und die Kantsche Tafel der Urteilsformen – und ihr seid Menschen. Damit sollt ihr eure Jugend ausfüllen!

In der Zeit unmittelbar nach dem Krieg herrscht eine trügerische Jahrmarktstimmung, die am Tag des Waffenstillstands mit einem allgemeinen Volksfest auf der Straße begann, das einzige Volksfest, das ich je erlebt habe. Ein tiefes Luftholen, das man sich all die Jahre nicht hat erlauben können, ein großes Verlangen nach Erotik und Alkoholrausch, das legitime Bedürfnis, alle Lampen anzuzünden, die alten Feinde zu beleidigen, und schließlich der Tag, an dem ich auf dem Boulevard Montmartre vor einer Großschlachterei zum erstenmal in meinem Leben einen Mund küßte. Die Kriegsheimkehrer, die ihres ganzen Krieges beraubt sind, nähren diese Flamme ebenso eifrig wie das alberne Gas unter dem Arc de Triomphe die Flamme des Unbekannten Soldaten: sie blähen sich auf vor Stolz darüber, daß man sie gezwungen hatte, sich für die Nation zu opfern, und schlachten vor unseren Augen die Gefallenen aus. An so ruhmreichen Toten ist jedes Stück für diese makabre öffentliche Leichenschändung gut genug. Sie wollen das Militärreglement in dem zügellos gewordenen

Volk beibehalten, für das sie täglich neue Feinde erfinden. Sie ruhen nicht, bis das ganze Land nach Kampf, Biwak und Erholungsurlaub stinkt. Hinter diesem Zurschaustellen patriotischer Ideale, von dem einige Söhne aus guter Familie verführt werden, beginnt der Aufbau der französischen Industrie und der kleine Bürgerkrieg gegen die Arbeiter, die nicht von den Gefallenen leben. Wir denken noch wenig an diese bitteren Wahrheiten, aber jene Leute sind für uns schon die lärmenden Verteidiger des Gesetzes, die Propheten unserer Pflichten. All diese Fabeln gehen uns nichts an: wir wollen etwas zwischen die Zähne bekommen, sie werden uns das Brot vom Munde wegreißen. Hunger und Schwäche korrumpieren unsere Worte und unsere ersten Taten. Die Bücher, die man uns gibt, scheinen auf Friedhöfen geschrieben zu sein. Die Parteien warten mit großen Programmen auf. Unsere eigenen Botschaften fallen uns ins Gesicht. Wir müssen etwas unternehmen. Aber was?

Wir tun, was beschäftigungslose Sklaven tun. Wir amüsieren uns, wir gehen zusammen trinken: so trösten wir uns in den Nächten. Wir gehen ins Kino. Dort herrscht wenigstens körperliche Wärme, dort gibt es Frauen, deren Knie wir berühren und die wir nach Hause begleiten. In diesen tönenden Wannen, in denen weißes Licht aufflackert, überlassen sich die Menschen dem Vergessen. Ganz benommen von ihren Träumereien kommen sie wieder heraus und verlieren sich in ihren Schachteln, wo sich das abspielt, was Henri Bergson noch Leben zu nennen wagt, mit seinem ewigen Wasserhahn in der Ecke. Wir machen es ebenso wie die Erwachsenen.

Wir erinnern uns noch an Frauen. Ich gehe zu einer, die eine der tristen Bars der Rue Saint-Jacques besitzt. Ihr Mann, der durch die Winde Argentiniens vertrocknet ist, pendelt zwischen Paris und London hin und her und geht vollkommen in Geschäften auf, die im Handelsgesetz nicht vorkommen. Bei seiner Rückkehr schießt er Pfeile, die mit der Trikolore geschmückt sind, in eine Zielscheibe aus Stroh. Diese junge Frau, die sich von dem, was ihre Geburtsstadt bei ihr angeschwemmt hatte, gereinigt hat, ist nur ein gelangweilter Körper am Rand einer Wüste, aber wenn sie die Beine breit macht, dann genügt die schwarz-weiße Schere ihrer Schenkel, die Gier nach Freiheit vorübergehend zu stillen. In jenen Jahren kann nur ein feuchter Mund uns aus unseren Gewohnheiten herausreißen. Ich verliere mich mit ihr in einem Land ohne Umrisse, das von den großen, steilen Wänden der Nacht umgeben ist.

So geht es Monat um Monat weiter. Man will uns weismachen, das sei eine Wachstumserscheinung, aber wir sehen keinen Grund dafür, daß dieses Leben ein Ende haben soll, weil ja alle so leben wie wir, wie Fledermäuse hin und her fliegen. Da wir keine Ahnung haben, daß wir weit draußen auf dem Land und in den Mietskasernen von Billancourt Verbündete für unsere Revolte finden könnten, bleibt uns nur die Flucht. Jene, die noch viel mehr versklavt sind, weil zu ihrer Knechtschaft noch die Knechtschaft des Körpers kommt, mit der Erschlaffung der Lenden, dem Mangel an Fleisch und an frischer Luft, bleiben uns unbekannt. Wie sollen wir Bürgersöhnchen ahnen, daß der Grund für unsere Angst und unsere Versklavung in den Fabriken, Banken, Kasernen und Polizeikommissariaten liegt, kurz, in allem, was für uns Ausland ist?

Jeder will seinen Ausbruch mit seinen eigenen Mitteln sichern.

III

Es gab eine Fülle von Fluchtmöglichkeiten: überall Türen, die nirgendwohin führten.

Die einen verlangten von Gott und seinen Priestern, daß sie ihnen erklärten, was an ihrem Leben nicht stimmte. Sie beschäftigten sich damit, in Wohltätigkeitsinstitutionen den Kindern das Vaterunser beizubringen. Sie saßen bald im warmen Nest, hielten die Erniedrigung für ein Gebet und den Ruin des Menschen für seine Heiligkeit. Das erlaubte den Intelligenteren, sich einer bestimmten Art von Poesie zu widmen: Gott setzte sein altes Handwerk fort, indem er sich allen Rezepten anpassen ließ. Neue Bilder vom Lieben Gott entstanden, und neue Heilige wurden für die Dichter gewonnen, die sich gern für Gaukler Unserer Lieben Frauen halten ließen. Wie groß war doch ihre Reinheit, ihre Langmut, sie hatten eine Zuflucht gefunden. Einige Dichter eröffneten Bekehrungsbüros. Rimbaud wurde trotz seiner letzten Verteidiger auf die Seite der Sakristei von Saint-Sulpice gezogen. Die Pfaffen erklärten, um die Jugend zu gewinnen, daß Gebet und Poesie zwei Seiten ein und derselben Sache seien. Dieser Januskopf ermöglichte alle Erklärungen über die Reinheit und Unreinheit der Poesie, über die Inspiration, die Konversion und die Inversion.

Andere verbrannten sich bis auf die Haut an den Lichtern von Paris und gewöhnten sich daran, in Löchern zu sterben. Sie waren besessen von allen Frauentypen, die sich nach Kriegsende fast überall niedergelassen hatten: Diese Müßiggänger lebten in dem schrecklichen Zustand falscher Naivität, die damals noch Poesie genannt wurde. Sie vergruben sich in ihr Unglück, ohne auch nur den Versuch zu machen, nach seinen Gründen zu fragen. So erstand der Phönix wieder auf, den man Romantik nennt. Man brachte den literarischen Gegenstand auf die Temperatur eines Gottes, der sich einer häufigen Kommunion anbot. Eine Krankheit der Zeit, die bequem war wie der Spiritismus, das letzte Asyl, wo der muffige Geruch der von den Großvätern verlassenen Schlösser herrschte und wo man in Frieden krepieren konnte. Aber wird es diesem Eifer kranker Kinder gelingen, die Wände zum Einsturz zu bringen, durch deren Schießscharten unzählige Augen hereinsehen, diese Wände, an denen sie nicht hochklettern können? So werden sie nur zu neuen Clowns für die Bürger, die vom Altern und von ihrem Verfall geplagt werden, den ihnen jeder Tag deutlicher anzeigt. Diese poetische Wirklichkeit hilft den französischen Industriellen, Akademiemitgliedern, Polizisten, Seminaristen und Sozialdemokraten, ihre geliebte Klasse am Sterben zu hindern. Hoffen wir für das letzte Ehrgefühl des Menschengeschlechts, daß jene Poeten von alldem keine Ahnung hatten.

Andere Türen führten zu den großen Persönlichkeiten: man badete sich in ihrem Leben, in ihrem Ruhm, wie man es im Kino, beim Festgottesdienst in Notre-Dame tut. Sie waren Mode. Man versuchte, sich träumend in sie hineinzuversetzen, man kniete in ihren Sühnekapellen nieder, die so ruhig waren und wo man nicht an Börsenkurse, Streiks, Morde, Armeen, standesgemäße Hochzeiten und eheliche Pflichten dachte. Der heilige Thomas sammelte in guten Familien blutarme Schüler um das Heilige Kreuz von Neuilly und das Institut catholique. Desgleichen Kant, Pascal, Descartes, Ludwig XIV.

Außerdem gab es die Ironie, die ebenso schicklich war wie ein Notar. Sie entsprach zumindest der französischen Vergangenheit, war also eine patriotische Angelegenheit: die Scham, die Tugend jener kleinen Franzosen. Sie erschreckt niemanden, sie ist nicht so negativ, wie man denkt, sie verhindert es nicht, daß man eine angesehene Karriere macht, bis ins Quartier Malesherbes aufsteigt. Mit dieser seit Montaigne und Huet salonfähigen Etikette eines Skeptikers kann man durchaus arrivieren.

Es bleibt die wirkliche Flucht. Auch das gab es. Die Zeitungen meldeten manchmal Selbstmorde. Junge Leute einer amerikanischen Besserungsinstitution machten eine Umfrage: Ist der Selbstmord eine Lösung?

Einige hatten an alle diese Türen geklopft und die Gründe dahinschmelzen sehen, die sie sich zurechtgeschmiedet hatten, trotz allem bei der Stange zu bleiben. Sie ließen ihre Erinnerungen an die Bücher und die gemeinsamen Spiele ihrer Kindheit wiederaufleben und wähnten sich plötzlich auf einer Reise. In diesen weichlichen Jahren, wo der Ekel, wo die Ungeduld, ein Mensch zu sein, alle Körper wie ein Fieber schüttelte, wurden die beweglicheren Menschen Europas durch eine unwiderstehliche Zentrifugalkraft von diesem Nabel der Welt, den Paris vielleicht darstellte, weggerissen. Sie gingen dorthin, wo die letzten Chancen an die Windrose geheftet schienen. Der Vorwand der Abenteuer legitimierte das Vertrauen, das sie trotz allem immer noch in ihr Leben setzten. Das Abenteuer war die Erwartung von Wundern für ihre Zukunft. Hinter diesen Unternehmungen, die selten eine kommerzielle Bedeutung hatten, steckte ein Großteil Naivität. Aber diese Naivität läßt sich entschuldigen: Schriftsteller und Philosophen versprachen von den Reisen Wunder. Mit dem Wort «Reisen» verknüpften sich viele literarische und geistige Werte. Geistige Verbrämungen verdarben alles.

Keine Reisen in Europa. Wir betrachteten diesen winzigen Streifen Erde, diesen Ableger Asiens als einen Block, den Block unseres Geburtslandes. Man sprach von ihm wie von einer Einheit, die dem Unglück ein und desselben Schicksals ausgeliefert war. Es gab nur noch Europa, unsere Heimat, und uns. Wir mußten uns also vor allem von Europa befreien. Außerhalb Europas lagen Kontinente, in denen Kräfte, Tugenden und Weisheiten herrschten, die unserer Provinz fremd waren. Alles war besser als dieses Europa. Der Schatten der deutschen Kartelle, der faschistischen Milizen, der englischen Textilfabriken, der rumänischen Henker, der polnischen Sozialisten war ebenso schwarz und kalt wie der Schatten der Hüttenwerke und Fabriken von Saint-Gobain. Aber davon hatten wir keine Ahnung. Wir dachten an unser Innenleben, als man an Dividenden hätte denken sollen. Wir waren ein Spielball unserer Leidenschaften, wir wurden in den Wirbel einer Scheinwelt der Gefühle hineingerissen. Unsere Erziehung war so schlecht, so künstlich gewesen, daß wir von Gerechtigkeit, von Gut und Böse sprechen konnten, ohne lachen zu müssen. Wir lebten also im Himmel, aber alle unsere Kräfte zogen uns zur Erde hin.

Überschreiten wir also die Grenzen dieser Halbinsel, die von den Meeren und den Grenzpfählen Rußlands gebildet werden. Verlassen wir diese Ödnis mit ihren endlosen Schlackenhalden. Selbst die Professoren, die treuen Komplizen der Dichter, sprachen von ihrem Verfall, und die Philosophen beschrieben den Untergang des Abendlandes. Wie sollten wir wissen, daß der tatsächliche Untergang der Welt sich überall zeigte: in den amerikanischen Fabriken, in den Kolonialkriegen, in den afrikanischen Niederlassungen? Wie sollten wir wissen, daß eines Tages alles neu werden konnte, daß in den Versammlungen der Sowjets, in der Arbeiterbewegung, in den Aufständen des alten gelähmten Asien etwas Neues begann?

Unsere Schlußfolgerungen waren gegenstandslos, weil man uns daran gewöhnt hatte, den Osten als Gegensatz des Westens zu sehen. Als der Niedergang und Verfall Europas zu einer unleugbaren Tatsache wurde, wandte sich logischerweise alles dem Osten zu. Von dort mußte Heil und neues Leben kommen. Dort gab es noch Heilmittel und Liebe. Man benutzte fast überall unzutreffende Analogien aus der Antike und der offiziellen Geschichte der Religionen und versah

Asien mit allen Tugenden, die der Westen seit bald 300 Jahren verloren hatte und auf die man sich nur noch in den Sterbeanzeigen der englischen Tageszeitungen berief. Über Indien schwebte der Geist der Zivilisation, und China erschien uns noch wunderbarer, als es Marco Polo erschienen war. Wer hätte uns darüber die Augen öffnen können, daß nicht so sehr Buddha unser Interesse verdiente, sondern daß es brutalere Tatsachen und menschlichere Gründe gab, uns mit Asien zu beschäftigen: die Streiks in Bombay, die Revolutionen und Blutbäder in China, die Gefängnisse in Tonking?

Und dann gab es noch Amerika.

Europa mit seinem Mangel an Land, Menschen und Erdöl, der Armseligkeit seiner Ereignisse wirkte wie eine sterbende alte Frau zwischen zwei Heroën: Asien, dem Heros der Weisheit, und Amerika, dem Heros der Macht.

Afrika und Ozeanien waren nichts anderes als überquellende Reservoire der Poesie, in denen vorerst nur Kuriositätenhändler und Dichter schöpften, deren Inspiration versiegt war.

In alldem zeigte sich nur, daß die Europäer zu faul und völlig unfähig waren, irgend etwas für sich selbst zu tun. Die anderen Erdteile lieferten einige Modelle für die imaginären Welten, die sich die Menschen nachts ausdachten, um die Wahrheiten ihres Fegefeuers zu vergessen und ihre Armseligkeit und Erschöpfung mit Illusionen zu verklären.

IV

WAS KLANG NICHT ALLES BEI DEM WORT «REISEN» an? Was barg diese Büchse der Pandora?

Freiheit, Ungebundenheit, Abenteuer, Ausgefülltsein – alles, was so vielen Unglücklichen fehlte und nur im Traum zugänglich war wie die Frauen für katholische Jugendliche. Das Wort «Reisen» versprach Frieden, Freude, Versöhnung mit der Welt, Zufriedenheit mit sich selbst.

Man dachte an die berühmten Beispiele Stevenson, Gauguin, Rimbaud, Rupert Brooke, man wußte auch, daß viele Schriftsteller im diplomatischen Dienst standen. Die Zahl und Schnelligkeit der internationalen Züge, die Einrichtung neuer Schiffahrtslinien machten das Reisen zu einer Möglichkeit, die allen offenstand.

Die Pariser, die seßhaft sind wie Muscheln, wurden von Fernweh ergriffen, wenn sie die Anschläge der Linie Paris–Lyon–Méditerranée sahen oder das Pfeifen der Lokomotiven unter der Brücke Europa hörten, wie die Höflinge Ludwigs XVI. von Naturschwärmerei ergriffen worden waren, wenn sie Schafe blöken hörten oder ein Gemälde von Watteau sahen. Sie träumten von Reisen, wie die Franzosen des 18. Jahrhunderts vom Landleben oder von glücklichen Inseln geträumt hatten und nach Ermenonville gepilgert waren, um die Schriften Rousseaus zu lesen.

Wir haben eine selten unterbrochene Tradition des In-die-Ferne-Strebens, die von den See-Expeditionen begünstigt und von der republikanischen Errungenschaft des kostenlosen obligatorischen Schulbesuchs populär gemacht wurde. Alle Lehrer wecken die Liebe zu fremden Ländern. Diese Tradition ist ebenso Allgemeingut geworden wie das allgemeine Wahlrecht. Sie geht bis auf die Renaissance zurück, wo die Menschen ihre Welt zum erstenmal zu eng fanden und sich für Geschichten vom wiedergefundenen irdischen Paradies und für erbauliche Reiseberichte über die guten Wilden begeisterten. Sie glaubten der Christine de Pisan, die aus der Finsternis des Mittelalters heraus gedichtet hatte:

> Ich war im Lande Brachyne
> wo die Menschennatur gut ist
> und weder Sünde noch Schimpf kennt.

Christoph Kolumbus sieht, noch bevor er sein falsches Amerika erreichte, schon im Atlantik Vorzeichen für eine Welt von Wundern: er landet auf Inseln, macht sich auf Blutbäder gefaßt und findet den wahren Ort menschlichen Lebens, das überall sonst in der Welt korrumpiert ist. Jahrhundertelang beschrieb man imaginäre Reisen, wie Platon seine Insel der Seligen beschrieb, und man hält es für berechtigt, das irdische Paradies irgendwo in dieser Welt zu vermuten. Es ist eine Landschaft, die zwischen bestimmten Breiten- und Längengraden liegt, der Weg dorthin ist jedoch in Vergessenheit geraten, aber durch eine glückliche Forschungsreise kann man seinen Ort vielleicht wiederfinden. Seligkeit und Freude hängen also von der Geographie ab. Das ganze 18. Jahrhundert hindurch bis zur Französischen Revolution sind die Utopien Reiseberichte. Und heute sind wir wieder soweit. Vierzehnjährige Jungen, die am Familienleben ersticken, die die gehäkelten Schondeckchen auf den Sesseln und die Sohlenschoner aus Spartgras nicht mehr sehen können, erbrechen die wohlgeordneten Schubfächer ihrer Eltern. Bürger, die durch ihre Existenz zu einer Maschine geworden sind, bekommen plötzlich Verdauungsstörungen, wenn sie von den Inseln unter dem Winde, von den Paradiesinseln und von einem Astrolabium hören. Viele sind so einfältig und machen sich nach den ozeanischen Inseln oder nach Zentralafrika auf den Weg. Die Intellektuellen sind nicht klüger als Kinder und Schmucksammler.

Als die Erde bekannt, durchforscht und vermessen war, wurde sie von den Europäern aufgeteilt: überall wird man bestohlen wie in einem Wald. Die Paradiese werden zu Handelsunternehmen für Kobalt, Erdnüsse, Kautschuk und Kopra; die tugendhaften Wilden werden zu Kunden und Sklaven. Die Pfaffen aller weißen Götter gehen daran, jene Götzendiener und Fetischisten zu bekehren, ihnen von Luther, von der Jungfrau von Lourdes zu erzählen und ihnen die Hosenmode von Esders zu offenbaren. Mit der Eucharistie kommt auch die Zwangsarbeit der Brazzaville-Ozean-Linie. So werden diejenigen, von denen sich unsere Väter Geheimnisse versprachen, zum Schweigen gebracht. Alles läuft wie am Schnürchen: das Gebet und der Absinth sind mit von der Partie, die Kurve der kolonialen Werte steigt an den Börsen der Zivilisation. Wer trotz all dieser bösen Vorzeichen in Tahiti oder auf den Marquesas-Inseln landet, stößt auf Missionare, die sich um Leprakranke kümmern, auf weiche syphilitische Mädchen, auf griechische Händler mit faulen Zähnen, auf alkoholisierte Unteroffiziere, die davon träumen, ihren Lebensabend als Polizisten in Saigon zu verbringen.

Die letzten Utopien kann man also nur noch im Futur konjugieren, in der leuchtenden Zukunft der Zeiten erahnen, und zum Trost für die Bevölkerung der Städte kann man nur noch Uchronien des Innenlebens ersinnen.

Aber sprechen wir zu den Menschen von gegenwärtigen Unternehmungen, hier und jetzt, und setzen wir sie in einen Zug.

In jener grausamen Zeit, von der ich spreche, gab es also Menschen, die den Behausungen, an die sie aus für sie schwer verständlichen Gründen gekettet waren, wirklich entfliehen wollten, ohne zu heucheln, ohne literarischen Schlagwörtern zu folgen. Es waren nicht alles Intellektuelle, die sich den Wonnen ihrer abstrakten Spekulationen überlassen hatten, oder beschäftigungslose Reiseliebhaber, die sich für ruinöse

Kreuzfahrten auf Passagierschiffen begeisterten, oder anonyme Kaufleute. Diese Fluchtversuche waren ebenso natürlich wie Verbrechen, Hochzeiten und Selbstmorde, die in einem Land eine bestimmte Zahl erreichen. Die Herrschenden kannten diese Gelüste sehr gut und benutzten sie für ihre finstersten Zwecke: die Anwerbung von Matrosen und Berufssoldaten, den blutigen Frieden ihrer kolonialen Unternehmungen. Die Werbeplakate an den Türen der Gendarmerien, Kasernen und Rathäuser, die Artikel des *Temps* beuteten mit plumpen Mitteln das Verlangen von Bauern, Arbeitern und Angestellten aus, die ihre alte Haut ablegen wollten. Sie versprachen nicht nur sichere Nahrung und Unterkunft, sondern auch tropische Genüsse, schwarze Frauen, und sie verführten die Gemüter durch kindliche Tricks, die sie einer oberflächlichen, aber ausnutzbaren Kenntnis der menschlichen Schwächen verdankten.

Die Reisenden hatten, wie alle Welt, jene Jahre durchlebt, wo man von methodischen Mächten geleitet wird und von seinen Leidenschaften, Regungen und Worten, von Arbeit und Liebe keine Ahnung hat. Sie kannten nur militärische Befehle und Unterordnung unter eine Disziplin. Wie alle Welt waren sie Opfer von Teufeln, die den kleinsten menschlichen Launen nicht den geringsten Spielraum ließen. Von Stimmen, die sie mitten in ihrer Arbeit warm anhauchten wie Märzwinde, ließen sie sich befehlen, zu wirklichen Ereignissen aufzubrechen und sie zu bannen. Die Ereignisse kommen nicht ins Haus, sie gehören nicht, wie Gas oder Wasser, zu den öffentlichen Diensten. Aber es gibt Straßen, Häfen, Bahnhöfe, fremde Länder, etwas anderes als der tägliche Stumpfsinn. Man braucht nur eines Tages nicht zu seiner U-Bahn-Station zu gehen. Das war ihnen mehr oder weniger klar, sie gehörten alle zu jenen Leuten, die sich, wenn sie von der ewigen Arbeit kommen, ihres elenden Zustands schämen. Zu welchem Spiel kann man so spät am Tage noch die ungewohnte Beschäftigungslosigkeit der Hände verwenden, die vorübergehende Freiheit von Gefängnisspaziergängen? Wo gibt es Frauen, wo gibt es Freunde, die ebenso notwendig sind wie Brot und Wasser?

Also brachen sie auf und fuhren unbekannten Abenteuern entgegen, die niemand voraussehen konnte, die größere Wunder sein mußten als die Kometen vom Jahre 1000 und die Männer aus ihnen machen würden. Was sie kannten, waren nur die Mängel ihres Lebens, ihre Schattengefechte gegen unerträgliche Demütigungen.

Es war höchste Zeit für sie, bald würden sie nicht mehr fähig sein, die Welt zu sehen, ihre Hand auf ein Tier aus Fleisch und Blut zu legen, auf dreidimensionale Dinge, bald würde es ihnen nicht mehr möglich sein, einen Tag zu erleben, der ihnen die Gewißheit geben könnte, daß das Leben im allgemeinen nicht der unerreichbare Traum ihrer früheren Wüstenzeit ist. Sie würden vielleicht eine wirkliche Erfindung, eine wirkliche Entdeckung machen wie zum Beispiel die des heiligen Kreuzes, aber sie wußten nicht einmal mehr genau, was sie erfinden, was sie entdecken sollten, weil die Finsternis, in der sie immer eingeschlafen und aufgewacht waren, so groß gewesen war, daß ihre Wünsche nicht benannt werden konnten wie ein Messer, ein Hund oder Gott.

Ich befinde mich mitten unter diesen Emigranten und warte. Ich denke nicht mehr klar, jedes Urteilsvermögen hat sich verflüchtigt, ich zittere vor Unruhe. Die Tür öffnet sich. Um mich herum spricht man vom Aufbruch, man gibt mir gute Ratschläge, ich gerate in einen Taumel, den ich als angenehm empfinden sollte. Man sagt mir auf Wiedersehen, ich verschwinde wie ein Toter.

V

Eines Morgens finde ich mich bei rötlicher Oktobersonne auf dem Deck eines kleinen neuen Frachters, der auf einem Dock der Clyde in Paisley liegt und die Anker lichtet. Die Sonne über dem Rauhreif erinnert an die Fahne Japans. Die Heuschober auf den Feldern sind vereist, die Grashalme sind wahrscheinlich ebenso scharf wie gesprungenes Glas.

Als die Irische See durchquert und die Insel Lundy passiert sind, bleibt Europa wie eine Boje im Kielwasser zurück. Zwischen Swansea und Kap São Vicente schneidet die *Amin* die Wasser des Atlantiks unter den Windstößen und Böen der Jahreszeit. Durch die Scheiben des Kartenraums sieht man die Sturzsee gegen das Steuerrad und den Wachposten schlagen, sie lassen die Glocke des Ruderhauses läuten. In der feuchten Kälte des Meeres schweben die Möwen, vor dem Winde geschützt, wie an unsichtbaren Fäden hängend über dem Deck. Nachts schlagen die Koffer gegen die Wände der Kajüte, von dem an der Decke aufgehängten Geschirr fallen eine Tasse und ein Teller herunter. Die Kojen krachen.

Die Vorgebirge Spaniens und Marokkos, die Hochebenen, der kriegerische Bienenkorb von Gibraltar, Ceuta, Cádiz, Algeciras, das Ida-Gebirge wirken wie Signale, die die monotone Fahrt unterbrechen.

Man folgt ihnen mit den Augen, bis sie nur noch ein Dunststrich am Horizont sind. Sie werden lange am lackierten Tisch der Offiziersmesse kommentiert.

In den Gewässern von Malta tummeln sich britische Kreuzer. Die Kanonenschüsse der Kanonierschulen reißen tiefe Krater in das große architektonische Schweigen des Himmels. Zwischen Malta und Kreta gleitet eines Morgens eine Reihe von Unterseebooten dahin wie Tümmler, die ihrer

Sprünge müde geworden sind. Europa bringt sich dem Reisenden durch die revoltierendsten Symbole seines Schicksals in Erinnerung.

Port Said mit seinen Frauen, die verkauft, und seinen Jungen, die gekauft werden, seinen syrischen Juden, seinen gelben Gewässern, den bienenfarbenen Passagierdampfern der *Peninsular* und der *British India*, wo es von Kohlekulis wimmelt. Wenn Port Said passiert ist, verschwindet die Glaskuppel der Suezkanalgesellschaft, das Schiff schleicht bis Suez zwischen Sandwüsten dahin, man sichtet die Sinai-Halbinsel und verliert sich im Roten Meer.

Das Thermometer steigt von Tag zu Tag, die Sonnen drehen sich, die Tage und Nächte verschmelzen schließlich in einem farblosen, grellen Licht, das die Augen blind macht. Die *Amin* fährt manchmal an roten und gelben Steilküsten entlang, an denen ganz selten etwas zu sehen ist: die weißen Male eines Heiligengrabes, eines eingefallenen Hauses. Man kommt sich vor wie auf dem Mars. Das sind die Meeresgrenzen der Wüste.

Wie Frösche springen die fliegenden Fische vom Vordersteven weg. In der Nähe einiger Küsten fliegen merkwürdige Vögel ins Mastwerk.

Die Halbinseln strecken sich wie Totenhände ins Meer, und in der Ferne sieht man das Rückgrat dieser Toten. Das Meer wölbt sich wie der Panzer einer Schildkröte, seine Voluten fallen ständig ein, es atmet mit dem Geräusch von entweichendem Dampf. Das Meer hat die Bewegungen von Tieren im Frost, es bläht sich auf, streckt sich, zieht sich wieder zusammen und haucht ein gläsernes Protoplasma aus. Es erinnert nicht an eine kapriziöse Frau, sondern an das primitivste aller Tiere.

Eines Morgens tauchen niedrige Palmen auf dackelartigen Pfoten, Metallkräne, rote Dächer auf: der Hafen von Port Sudan. Längs der Kais drehen sich ganze Schwärme von

Haien ungeschickt auf den Rücken und betteln wie Bären um Futter. Wenn sie nachts von dem Licht des Scheinwerfers geblendet werden, dann tanzen sie wie Wespen im Licht. Sie sind genauso wie alle anderen Tiere.

Die britischen Zollbeamten rücken an zwischen den Wänden langer Gänge, die von Benzinkanistern gesäumt sind und an deren Enden man Vorhänge aus weißem und rotem Stroh, einen schwarzen Himmel voller glutheißer Wolken, Geier und Bogenlampen wahrnehmen kann.

Man versucht, an Land zu gehen. Sträflinge mit einer schweren Kugel am Bein beschottern die Straßen und gießen Bäume von 50 cm Höhe. Sudanesen verkaufen Zigarettenspitzen aus Elfenbein, Halsketten für die Frauen, Lederpeitschen. Wenn man an Blechtischen getrunken hat, kehrt man zurück und sieht nur noch Kolonialbeamte, die in Begleitung ihrer Frauen auf der Veranda ihrer Häuser Bridge spielen. Dann wird es unmöglich, die schwermütigen, süßlichen Melodien des Dudelsacks zu ertragen, den der Bordfunker den ganzen Abend lang spielt. Er versucht, für seine Kettengenossen schottische Gespenster herbeizulocken, die die Öde der tropischen Gewässer beleben sollen. Aber ich bin nicht hierhergekommen, um an spiritistischen Sitzungen teilzunehmen.

Die alten Matrosen der Mannschaft haben sich auf dem Hinterdeck zusammengekauert und reden leise und schnell bis tief in die Nacht.

Die Propeller des Ventilators, der wie ein Maikäfer wirkt, wehen die auf dem Tisch herumliegenden Karten des Toten wie Blätter hinweg, schwitzende Hände sammeln sie zwischen Raphiakrümeln, Öllachen und dem Urin ausgeschiffter Schafe zusammen.

Wir setzen uns wieder nach der Mitte der großen Wasserstraße des Roten Meeres in Bewegung und lassen jenen heißen Hafen hinter uns, in dem man schon von der Atmosphäre der Tropen angesteckt wird. Diese Atmosphäre bringt unerschöpfliche Wut und manchmal große sexuelle Haltlosigkeit hervor. Drei, vier Schiffe pro Tag genügen, diese öde Wasserstraße zu beleben.

Am Morgen des 34. Tages steigt eine violette Pyramide über dem Indischen Ozean auf. Sie wächst von Minute zu Minute wie jene Pflanzen, die die Fakire vor unseren Augen wachsen lassen, indem sie sie mit ihren Blicken fixieren. Ein Lotse und ein Doktor kommen an Bord, die Maschinen laufen auf halben Touren. Langsam tauchen Häuser auf, die nach und nach die Gestalt menschlicher Behausungen erkennen lassen, eine Stadt im Schatten von Felsbrocken. Der Anker fällt, das Wasser wird durch eine Sandwolke getrübt, 12° 45′ nördliche Breite, 45° 4′ östliche Länge: das ist Aden.

Ich bin angekommen: nichts, worauf man stolz sein könnte.

VI

NACH EINEM MONAT MEER, WINDSTÖSSEN, AUFenthalten, vom Wind geflüsterten Geheimnissen fange ich an, Teile dieser Reise zu begreifen. Was ist passiert? Eine Fusion ihrer Legenden mit etwas grauem Frühlingswasser, Legenden über den Nutzen des Abreisens, den Segen des Abreisens, den Segen der Inventur – denn Reisen scheinen eine Inventur zu sein, Duhamel sagte es mir, als ich in den Zug stieg, und ich fragte mich, ob es nicht besser sei, meine Fahrkarte einem armen Mann zu geben –, Legenden über das Heil, die Freiheit, die man auf hoher See finden soll, über die Ritter des Glücks. Dennoch muß ich die schwarze Flagge beiseite lassen, ich weiß nicht, was sie wert ist, ich habe immerhin niemanden umgebracht.

Ich sitze ruhig hinter meinem Schilfvorhang, meinen viereckigen Säulen, auf einem von einem Sträfling gefertigten Stuhl. Denken wir also an die Abreise. Ich hatte Angst, meine Abreise war ein Kind der Angst. Wenn ich von diesem Breitengrad aus unter dem Sternbild des Krebses die Zeit betrachte, wo ich das sorglose Alter von zwanzig, von neunzehn Jahren hatte, so wie man Grippe oder Typhus hat, so bemerke ich nur eine Heidenangst, die an allem schuld ist, was ein Mensch an Fehlern und Irrtümern begehen kann. Ich bin nicht besser als andere: ich bin geflohen. Die erste Regung der Angst ist die Flucht. Man kann auf diese Feigheit schimpfen, das wird junge Leute nicht daran hindern, Eidechsen für prähistorische Saurier zu halten. An dem Tag, wo die Sirenen ihre Dampfwölkchen loslassen und ihre Schreie, die wie die Schreie gebärender Frauen klingen, von den Docks widerhallen, erwarten sie als Gegenleistung für alles, was sie aufgeben, eine unfaßbare Freisetzung nackter Kräfte, die seit Adam nackt geblieben sind.

Welche Geschenke beschert ihnen aber der Ozean, wenn die Tage vergangen sind, wenn man so viele Zeitzonen durchquert hat, daß man sich ständig verrechnet, wenn man sich ausmalen will, was die Freunde in Paris jetzt wohl machen, ob sie gerade schlafen oder ob sie essen?

Man kann sagen: man ist außer Reichweite, materiell unverletzbar. Die bisherigen Orientierungsschemata stimmen nicht mehr. Daß die alten Armaturen des Geistes verlorengehen und man neue finden muß, weil man nicht ohne ein geistiges Gerüst leben kann, ist eine ganz einfache, aber wichtige Erfahrung. Diese zweite Geburt vollzieht sich nicht von selbst.

Die Armaturen des Geistes sind Gegenstände aus Holz, Metall, Protoplasma, Glas, Stoff, Würfeln, Kugeln, Lebewesen, Kästen, Motoren, sichtbaren Erscheinungen, greifbaren Formen, Geräuschen. Plötzlich stößt man nicht mehr alle fünf Minuten auf Pferde, Zeitungen, Autos, Frauenwangen, klassizistische Gebäude, ordenbehangene Persönlichkeiten, Bücherregale, U-Bahn-Fahrkarten, plötzlich stößt man nicht mehr auf sein eigenes Leben.

Man hatte einen Körper, das ist das einzige, was einem zunächst einmal bleibt. Aber man muß aufpassen, daß einem nicht auch das noch abhanden kommt.

Alles wird auf dem Meer verschwommen, man vergißt so vieles, man atmet wie im Schlaf, man kommt sich vor wie beim Tischrücken, überall tauchen Geister auf, man gerät in das Anziehungsfeld des großen weißen Wesens von Arthur Gordon Pym. Wenn die Gelehrten sagen, die Sirenen seien Seekühe, so lache ich ihnen ins Gesicht, weil es sie doch gibt: sie stecken überall, in jeder Welle, in jedem Schaumversteck und auch Nausikaa, ja sogar die Lotophagen, ja sogar Circe mit ihren Zauberkünsten gibt es. Unmöglich, die Stimmen der sprechenden Maschinen der Familie zu hören, die Leute zu grüßen, denen man mit Wut, mit Mißtrauen oder Heuchelei begegnete. Man schläft: die völlig abgenutzten Ideen und Vorgefühle, die an die Gegenstände gebundenen Tricks versinken wie die letzten Inseln von Wales in einer Entfernung, die zweimal zu überwinden einem der Mut fehlt.

Niemand ist da, der diese Unterlassungen und Abwesenheiten tadelte. Versucht mal in euren Arrondissements und Unterpräfekturen eure brave Kindheit, eure Bruderpflichten zu vergessen.

Alle Nahrung, die den Menschen anders ernährt als die Albumine und die Kohlehydrate, wird erneuert. Eine Umgebung, die dahingleitet, Flächen, die sich gegeneinander verschieben, sich in Falten legen, sich zum Zenit hin aufrollen, eine Kugel, die sich plötzlich auflöst und innerhalb deren sich ein Austausch von Dämpfen, Fusionen, Signalen, elektrischen Wellen abspielt: woran soll man hier seine alten schrecklichen Gewohnheiten heften? Das irdische Erbe, die

Städtebilder, die kontinentalen Lebensweisen – all das geht plötzlich verloren.

Es gibt nichts Stabiles mehr außer dem Schiff, das weniger stabil ist, als man glaubt, ein Fisch, dem man leicht die Orientierung nehmen kann. Auf den Brettern der Erde ist alles an widerstandsfähige Gegenstände gebunden, die zuverlässig genug sind, daß man nicht zu bedauern braucht, auf der Schule die Gesetze der Geometrie und Mechanik gelernt zu haben. Die Beine haben keine Schwierigkeiten mit dem Gleichgewicht.

Jetzt aber muß der Körper auf seine Bewegungen achtgeben, man ist ein Jahr alt und muß jedesmal, wenn der Wind dreht, eine neue Position finden. Gleichzeitig verliert man in der heißen Sonne der Tropen seine Haut. Sie blättert ab. Wie soll der Geist die Zeit finden, an etwas Böses zu denken?

Man denkt nur noch an einfache, aber wesentliche Dinge, wenn Glieder und Augen nur noch auf eine lächerlich kleine Zahl von regelmäßigen Gegenständen treffen: ein vibrierendes Deck, zwei Masten, eine Antenne, ein Kompaß, ein Dieselmotor.

Das berühmte Geheimnis, das in jedem Schiff schlummert, man findet es nicht. Eine ölige Eisentreppe mit harten, einschneidenden Stufen führt in den Bauch des Schiffsraums. Wohin führt sie eigentlich? fragt man sich die ersten Nächte. Unter den Meeresspiegel, den es ebensowenig gibt wie die Gürtel- oder Hüftlinie? In die Meerestiefen? Kann man auf ihr weiter hinuntersteigen bis zu den Zufluchtsstätten ungewöhnlicher Fische mit aufgeblasenen Hinterleibern und Antennenaugen, zu den roten und grünen Pavillons der Algen? Das wäre eine Reise zu den Prärien für Seepferdchen, Meeresspinnen und Seerosen. Aber man kommt in einen kochenden Eisenschuppen, der von Maschinenstößen, dem Pulsschlag des Dampfers, erzittert. Das ist die ganze Welt mit ihren Wänden rechts und links, ihren Böden, ihren Decken, sie hat

Pfeiler aus rotem Metall, Rohre, Verästelungen wie innerhalb des Brustkorbs, regenbogenfarbige Petroleumlachen, Lampen, die wie Pendel schwanken. Hofft man denn, bis zum Saturn hinaufgelangen zu können, wenn man die Leiter des Eiffelturms bis zum Ende weiterführt? Die Begriffe «Oben» und «Unten» darf man nicht umstoßen. Die Welt ist eine Kiste. Man muß sich einmal bewußt machen, daß man ohne Flugzeug, ohne Taucheranzug weder in den Himmel hinaufsteigen noch unter die Wasseroberfläche hinabsteigen könnte und daß diese mechanischen Verletzungen unserer natürlichen Grenzen nicht von langer Dauer sind. Das ist immerhin eine Bedeutung des menschlichen Lebens: die Menschen haben den Informationen über die Dichte und die Richtung der Schwerkraft Rechnung zu tragen, was sie nicht daran hindert, zu leben. Diese Fatalität hat für ihr Glück nicht mehr Gewicht als die Tatsache, vier Extremitäten, aber nur einen Kopf zu haben. Sie finden es am Ende sogar schön, wenn sie begriffen haben, daß die Expansions- und Bereicherungsmöglichkeiten des Menschen vielleicht nicht von Natur aus unbegrenzt sind.

Der Boden eines Schiffs, einer kleinen Welt innerhalb einer großen geschlossenen Welt, begrenzt die Phantasie ebenso wie die Wände der Welt. Der Körper lebt oberhalb der Schiffsräume mit einer unerschütterlichen Gleichgültigkeit und in unbestimmter Ungeduld.

All das läßt die verschiedensten Formen der Trägheit und des Vergessens entstehen. Auf dem Meer ist die Freiheit einfach nur Abwesenheit.

Aber Vergessen ist kein anderer Name für Freiheit. Nach unserer Rückkehr zählt nur die Freiheit. Auf den europäischen Kais von Glasgow, wo – es war zur Zeit des Kohlenstreiks – sich die Menschen nicht täglich satt essen konnten, wartete man auf Wunder, Ereignisse, wollte alle Brücken abbrechen und glaubte an die Verheißung einer wirklichen

Neugeburt. Ich hatte den Eindruck, daß sich das Leben durch Offenbarungen erschließt: was für eine Mystik! Aber die Menschen meines Alters lebten in Erwartung von irgend etwas, in Erwartung der berühmten Schicksalsschläge des Abenteuers: rührende Geschichten unserer Gefängniswächter.

An den Wegkreuzungen warten jedoch keine Ereignisse, an den Straßenkurven liegen keine Goldminen verborgen. Es gibt keine Straße, die erst leer und monoton ist wie die Ebenen der Champagne, die durch keine Dörfer führt – und dann, wenn niemand daran denkt, wenn kein Vorzeichen es ankündigt, ist hinter einem Felsstück plötzlich da, worauf man wartete und was keinen Namen hat. Es war Herr Barnstaple, der eines Sonnabendnachmittags allein auf einer solchen Landstraße vorüberging.

Diejenigen, die Entdeckungen machen, diejenigen, von denen man bei der Rekapitulation ihrer Lebensgeschichte sagen kann, daß sie nicht umsonst geboren wurden, findet man unter den Vorsichtigen, den Seßhaften, die geduldig wach bleiben können, die sich lange irgendwo festsetzen und mit Umsicht auf die Jagd gehen. Man hat nur dann Glück, wenn man lange auf der Lauer liegt, und nicht bei einem Kartenspiel, wo jeder Coup Gewinn bringen kann. Wenn man leben will, muß man Beharrlichkeit lernen. Man will leben und gleitet wie eine Sternschnuppe durch die eigene Nacht. Man muß Tag und Nacht auf der Hut sein. Während man schläft, können alle anderen sterben. Während man läuft, kann man selbst sterben.

Die Reisenden sind dazu verdammt, von den Häusern, in denen die seßhaften Menschen alt werden, nur die Wände mit ihren Farben und ihren rein architektonischen Kuriositäten zu sehen. Ich war ein solcher Reisender. Auf kleinen alten Dampfern, auf arabischen Daus von einem Ufer dieses tiefen Höllenkanals zum anderen hin- und herfahren, auf die Uferwälle Afrikas und Arabiens springen – mit solchen hektischen Bewegungen kann man nicht allzu lange Freiheit vortäuschen. Es ist, als wenn sich eine Art Metallkugel in einem drehte: sie verletzt die inneren Organe, je mehr man sich bewegt, desto schlimmer wird es.

Die Fenster sind vor den Reisenden verschlossen, weil sie sich für verpflichtet halten, überall, wo sie hinkommen, allen Leuten das Reisen zu empfehlen. Jedermann weiß, daß sie die Feinde derer sind, die sich lange in einem Zimmer aufhalten können, deshalb sind ihnen die lebenden Wesen verschlossen wie hermetisch abgedichtete Kugeln. Sie reisen immer weiter und warten auf das Wohlwollen eines glücklichen Zufalls, als ob diese willkürliche Mischung von Ursachen das Werk eines Gottes wäre, der Belohnungen austeilt. Aber ein hartnäckiger Mensch, der sich von seiner willentlichen Bindung an einen Ort und an eine bestimmte Handlungsweise, von einer soliden Methode nicht die Leidenschaftlichkeit nehmen läßt, kann diese Ursachen in seine Macht bekommen und sie entwirren. Wer *bleiben*, wer ohne zu erröten «meine Bleibe» sagen können will, muß die wirkliche Macht lieben. Die Reisenden und Entflohenen sind nur die lächerlichen Zeugen einer menschlichen Ohnmacht.

In Sprichwörtern stecken im allgemeinen nur magere Weisheiten, aber wenn man Kindern sagt, es flögen einem keine gebratenen Tauben in den Mund, so teilt man ihnen wirklich eine Weisheit mit, jene einfache Erfahrung, daß die Ereignisse nicht vom Himmel fallen.

Reisende besitzen zur Sicherung ihres Lebens nur noch die Oberfläche ihres Körpers, ihre Haut mit ihren Organen für Wärme und Kälte, ihr Sehvermögen, ihren Geruchssinn und ihr Gehör. Sie geben die Beschäftigungslosigkeit auf, finden dafür aber nicht die Liebe, die sie suchen. Die Frauen sind ihnen unzugänglich. Sie laufen nicht auf der Straße herum, es gibt keine Lebewesen, die seßhafter und geduldiger wären als die Frauen, die, ohne sich viel zu bewegen, tief in ihnen liegende Zwecke erfüllen, von denen sie kaum etwas wissen. Ich kenne eine Frau, die nicht weiß, daß sie Eierstöcke hat, und dennoch hat sie Kinder. Sie schlafen manchmal mit Männern, die ihnen erreichbar sind, weil sie von der Chance verwirrt werden und weil sie offen sind, so wie man sagt, daß schwitzende Stuten dem Samen, den der Wind mit sich führt, offen sind, aber sie folgen diesen Männern nicht, sie sind zu sehr beschäftigt mit ihren ewig gleichen Aufgaben. Die Männer besitzen sie nicht und werden von ihnen nicht besessen, sie haben nur ein Nutzrecht auf Körper, die ihrem ungeduldigen Wesen feindlich sind.

Welcher Geduld hätte es bedurft, jene Frau zu gewinnen und kennenzulernen, die im Garten von Gezireh am Nil in der Sonne sitzt.

Reisende, ihr werdet immer leerer und zittert, ihr werdet immer kränker von den Auswirkungen eures Leidens, umsonst versucht ihr, euch damit zu beruhigen, daß ihr euch immer wieder sagt, ihr seid frei und das könne euch immerhin keiner nehmen. Die Freiheit des Meeres und der Landstraßen ist eine Illusion. Zu Beginn einer Reise wirkt der neue Zustand wie Freiheit, weil ihr ihn mit der entsetzlichen Sklaverei des früheren Lebens vergleicht. Aber was ihr für Freiheit haltet, ist nichts anderes als eine Ungezwungenheit gewisser körperlicher Bewegungen: kein Zwang mehr zu bestimmten Gesten, die andere gewollt haben, eine unbekannte Leichtigkeit. Die Straßen der Erde und des Meeres sind nur dünn besiedelt, und diejenigen, die auf ihnen leben, gehören nicht zu denen, die einem irgendeine Bewegung vorschreiben oder verbieten. Die Glieder des Körpers können sich frei bewegen, keine Geste ist störend oder unschicklich oder obszön, es gibt kein Menschengedränge, in dem man andere mit dem Ellbogen stößt, keine jener schamlosen Gesten, wie verstohlen die breiten Schenkel einer Frau drücken, sich unauffällig in allen

Spiegeln der Straße betrachten, um seinen Aufzug zu überprüfen, unbeobachtet schnell in sein Taschentuch spucken und sich umdrehen, ob es auch keiner gesehen hat. Man kann ungestört ins Meer urinieren. Nennt ihr das Äußerungen der Freiheit?

Freiheit ist wirkliche Macht und der wirkliche Wille, man selbst zu sein. Macht, etwas aufzubauen, zu erfinden, zu tun, alle menschlichen Energiequellen auszunutzen, deren Verschwendung Freude macht.

Auch die Reisenden werden, wie alle anderen, nach allen Seiten hin und her gezerrt von Mächten, die nichts befriedigt, von einer Liebe ohne Geliebten, einer Freundschaft ohne Freund, einem Rennen ohne Ziel, einem Motor ohne Bewegung, einer Kraft, die niemals gebraucht wird. Es gibt kein Ziel, keine Absicht, keine Gelegenheit. Man ist frei wie die Weisen, die nacheinander alle Teile der Menschheit lähmen und diese Lähmung Weisheit nennen. Es ist höchste Zeit, mit dem Stoizismus Schluß zu machen, denn es wird keinen Himmel geben, wo man die verlorene Zeit wiedergewinnen könnte.

Fliehen, immer nur fliehen, um nicht mehr daran denken zu müssen, daß man gelähmt ist.

Ich schreibe hier keine literarischen Erzählungen. Ich habe einen Kolonialsoldaten gekannt, der in die Strafkompanien von Kap Saint-Jacques geschickt wurde und zu seinen mit Tressen behangenen Richtern sagte: «Ich kann mich jener Krisen nicht erwehren, jener Ausbruchsversuche, die die einzigen Vergehen sind, die Sie mir vorwerfen können. Ich muß fliehen. Das ist die einzige Erklärung, die ich für das geben kann, was Sie meine gewohnheitsmäßige schlechte Führung nennen.»

Ich bin also auf dem Meer. Ich denke diese Dinge über das Meer, um ihm gerecht zu werden, um gegen es und für es gerecht zu sein.

Ich kenne jetzt jene Abwesenheit, jenes Verschwinden von menschlichen Wesen, die von einem anlegenden Schiff angezogen werden wie Maikäfer von einer Lampe und die dann wieder verschwinden und in der vibrierenden Hitze der Korallenkais schmelzen.

Man steht einer großen, überall identischen und gegen einen drückenden Existenz gegenüber, einer gegen einen errichteten Welt ohne Gesicht, die den Herzschlag, den man hört, übertönt. Das Meer und die Wüste, das Element, das beweglich ist wie das Feuer, und das scheinbar unbewegliche Element, jene Wesenheiten ohne Stimme, ohne Mund, ohne Blicke, von Brandwunden entstellt, haben sich nicht einmal mehr gegen den Menschen verschworen: sie sind nicht von seiner Partie, sie sind nicht seine Gegner. Nur mit Mühe, nur mit Hilfe von geometrischen Maßen und Berechnungen gelingt es, diese schweigenden Weiten zu denken. Nur die Wissenschaft sorgt dafür, daß wir uns nicht verloren vorkommen. Aber unsere Vorstellungen, Begierden, Ideen fallen eine nach der anderen herunter wie Fliegen beim Herannahen des Winters.

Freiheit? Nicht diese Leere suchte ich, sondern eine wirkliche Macht.

Und die Seeleute, die ständig reisen wie ein Tischler Bretter sägt? Es gibt Seeleute, die man noch als menschliche Wesen ansprechen kann.

Kapitän Blair ist wirklicher Handlungen fähig; wenn es sein muß, schwingt er sich, ohne darüber nachzudenken, zu einer Art beruflicher Würde auf, ohne daß er sich sagt, jetzt muß man Würde zeigen. Ich kannte einen Dichter, der Offiziersanwärter der Handelsmarine gewesen war; er rettete seine unsterbliche Seele jedesmal, wenn er früh um fünf Uhr einen Eimer Wasser auf die Bretter des Decks schüttete. Blair glaubt nicht, seine Seele retten zu können, aber Blair befiehlt. Er kämpft gegen ein plötzliches Umspringen des Windes, gegen das Aufkommen von Böen, gegen Strömungen, er mißtraut den Linien der Riffe. Er gerät regelmäßig von einem Zwischenfall in den anderen, ohne irgendeine Selbstgefälligkeit, irgendeine lyrische Vorstellung vom Meer zu hegen. Er weiß, daß es Momente gibt, wo man nicht Daumen drehen kann, sondern entscheiden und anordnen muß, weil von der Schnelligkeit und Sicherheit einer kleinen Anzahl von Bewegungen alles abhängt. Er ist schön anzusehen. Man kann sich gut vorstellen, wie er den Direktor und den Besitzer seiner Gesellschaft als Herr über den Sturm anschreit: «Ruhe! In die Kajüten!» Wenn sein Schiff neu ist wie die *Amin*, dann lernt Blair einen neuen Gegenstand kennen: ausprobieren, wie die Ölpumpen funktionieren, wie dieser Schiffsrumpf den Schlägen des Dampfsteuers gehorcht, wie er sich verhält, wenn man gegen den Wind fährt. Er hört die Geräusche des Schiffs wie einen Herzschlag, bis er es kennt wie eine Geliebte, bis es ihn anödet wie eine alte Ehefrau.

Er ist ganz da, wenn er den Beruf eines Mannes ausübt, der seine Feinde in den Karten, den Grundfarben, den kolorierten Meeresströmen hat. Dann hat er ebenso viele Körper, wie die Mannschaft Einheiten hat. Ebenso muß man einmal einen Vorarbeiter einer Kupferschmiede beobachten, der seine Brigade vor der Kupferwalze befehligt, oder einen Chirurgen, der operiert. Keine Analyse trennt sie von ihrer Arbeit. So ist Blair. Er lebt, solange er handelt. Aber er kennt nur immer ein und dieselbe Arbeit, das ist sein Unglück. Und es gibt nicht alle Tage Stürme oder schwierig anzulaufende Häfen, also langweilt er sich und betrachtet seinen Frachter als eine Zelle. Es gelingt ihm nicht, sich zu trösten, indem er das Meer als eine Hure betrachtet. Jede Meeresromantik würde er mit seinem schottischen Gelächter beantworten. Das Meer ist ein unbeständiger, schwer zu behandelnder und schwer zu verstehender Stoff, ein störrisches Pferd. Es straft alle mit einem feuchten und fauligen Tod, die es in dem Augenblick vernachlässigen, wo man sich an seine Launen erinnern muß. Blair geht nicht einmal an Land, um sich die Landschaft anzusehen. Er hat fünfundzwanzig- oder dreißigmal in Massaua angelegt und will trotzdem nicht wissen, ob das die schönste Bucht der Welt ist mit ihren ein Amphitheater bildenden Bergen, ihren gelben, flachen Gewässern, die wie der Amazonas ganze Strähnen gelben Sandes, ganze Büschel von Pflanzen und die Reste jenes Baumes mit sich führen, den ich Flammenbaum nenne. Aber er weiß, daß das Korallenriff bis in die Mitte des Roten Meeres reicht. Seine nautischen Kenntnisse sagen ihm, daß das Labyrinth aus Straßen, Passagen und Pfaden unter dem Meeresspiegel von Jahr zu Jahr wechselt. Er sieht den Schaum an den Linien der Wellenbrecher, aber die 25 Meter entfernten Zoophytenkulturen mit ihrem Knospen- und Blütenstand bewundert er nicht. Er weiß nur, daß die Navigation kein bequemes Geschäft ist. Er wird nur auf dem Gebiet aktiv, wo er ein wirklicher Könner ist.

Alle Seeleute langweilen sich zu Tode: Blair, der an seine toten Kinder denkt, an die deutschen U-Boote, die sein Patrouillenboot im Sommer 1917 in den eisigen Nebeln der Nordsee verfolgten, Beaton, Hiddleston, der Ingenieur, der vom Dienst auf einem Passagierdampfer träumt, so wie ein Beamter die nächsthöhere Stufe erklimmen will. Seeleute unterscheiden sich weniger als man denkt von Handelsvertretern, die ein ganzes Gebiet in Frankreich in einem Six-Chevaux bereisen.

Ich sage euch, alle Menschen langweilen sich.

VII

Aden, Makalla, Maskat gehören zur Zahl jener Höllen, die unter Seeleuten sprichwörtlich sind.
Elisée Reclus:
«*Nouvelle Géographie Universelle*», IX, 856

Aber nur die eigene Erfahrung konnte den, der ich war, lehren, daß eine Bewegung in der unermeßlichen anonymen Materie nicht jene Krisen heilt, die mit ihren Dimensionen nichts zu tun hat: die geographische Weite vergrößerte jene nur noch.

Wer ein waches Bewußtsein hat, dem wird schon bei der ersten Landung klar, was die Wahrheit der Reisen ist. Er ist nach Singapur oder nach den Marquesas-Inseln aufgebrochen und hat sie schon entdeckt, bevor er den Bittersee und die desolaten Squares von Suez passiert hat. Nur Verbohrtheit oder eine seinem Willen und seinen Wünschen fremde Notwendigkeit können ihn auf eine Reise treiben, auf der er sich bloß auf Unglück gefaßt zu machen hat.

Ich sah weniger klar, vergaß den Taumel, dem ich entkommen wollte, und lebte in Aden, dieser «berühmten alten Stadt».

Samson schildert Aden in seiner Geographie von 1683 als Idylle: «Sabid am Ende des Roten Meeres ist schön, gut gebaut, reich und treibt großen Handel mit Drogen, Gewürzen und Parfums. Es war die Hauptstadt eines Königreichs, das die Türken vor fast 120 Jahren eroberten, wie sie es auch mit Aden taten. Sie ließen den König von Aden am Mast seines Schiffes aufhängen und schlugen dem König von Sabid den Kopf ab. Aden ist die schönste und angenehmste Stadt von ganz Arabien. Sie ist zum Meer hin von Mauern und zum Land hin von Bergen umschlossen. Auf diesen Bergen gibt es einige wunderbar gelegene Schlösser. Aden hat gut und gern

6000 Häuser. Es liegt außerhalb des Roten Meeres und am Beginn des großen Meeres.»

Wie ungeduldig war ich, als ich in Paris drei oder vier Monate vor meiner Abreise Geschichten über die Stadt las, in der ich leben sollte. Von meinem Zimmer aus hörte ich die Kinder in der Rue d'Ulm schreien. «*Chat perché*», riefen sie. Die Taxis schalteten. Die Hähne der Rue Rataud krähten um zwei Uhr nachmittags gegen den Regen an. Ein Pirol schaukelte zwei Stunden lang wie ein Verrückter auf dem Wipfel eines Spindelbaums, eine Amsel pfiff den ersten Takt der Marseillaise. Ich glühte, ich wartete auf die Nacht, um in den Straßen des Mont Sainte-Geneviève herumlaufen zu können.

Und hier ist nun also der Ort, der so schön sein soll, daß man sterben möchte.

Aden ist ein großer Mondvulkan, von dem eine Seite in die Luft gegangen ist, bevor die Menschen da waren und Legenden über die Explosion dieses Pulverfasses erfinden konnten. Sie haben ihre Legende später erfunden: das Wiedererwachen des Vulkans von Aden, der in die Hölle führt, wird das Ende der Welt ankündigen.

Ein ausgeglühter violetter Pyramidenstumpf in einer blauen Welt, gekrönt von zerfallenen türkischen Festungen, ein von konzentrischen Wellen umspülter Stein, den der Riesenvogel Rok am Ufer des Indischen Ozeans fallen gelassen hat, eine Stätte der Abenteuer für Sindbad den Seefahrer, durch eine Nabelschnur aus Salinen und Sand mit der großen arabischen Halbinsel verbunden, unter einer gnadenlosen Sonne, zu der die Leute hier nie gebetet haben.

Es ist umgeben von Wasserwüsten, die mit Quallen bedeckt sind und Fische, Messer, Helme und Stöcke anschwemmen. Zwischen Ras Marshag und Kor Maksar erstrecken sich Bänke von Muscheln und Fischskeletten, die ebenso ungewöhnlich aussehen wie die Rippen getrockneter Blätter. «Während der Monsunzeit», schreibt Reclus, «werden Tausende von toten Fischen aller Art von den Wellen an die Ufer von Perim und Aden geworfen.»

Steinwüsten eröffnen den Jemen am Fuße eines roten Bergmassivs, das fast immer in Nebelschwaden schwimmt. Dieses Massiv verdeckt die Felder der *Arabia felix*, des glücklichen Arabien, die Gärten und Paläste von Sana, die zahlreichen Bevölkerungen von mehr als einer sagenumwobenen Stadt.

Befestigte Wehrgänge beherrschen die Übergänge im Felsen zwischen der Eingeborenenstadt und der britischen Stadt, es gibt dunkle Tunnel, in denen der Ammoniakgeruch von Exkrementen steht, Dörfer von Gräbern, Dörfer von Häusern, Erdöltanks, Kasernen, Flugzeugschuppen, Klubs, Missionen, der Staub der zerfallenen Christenheit, eine Freimaurerloge – kurz, alles, was zum Glück nötig ist.

Auf den Steinwegen sieht man Kamele, die Wassertonnen ziehen, Lastautos, die entladen werden, amerikanische Wagen, in denen Somalis mit Turbanen sitzen, englische und indische Soldaten, ein gemischtes Volk. Aden war immer zugleich Markt und Festung: *«emporium, vetissimum oppidum Aden»*, schreibt Claude Morisot 1663.

Aden brummt und summt wie ein großes runzliges Tier, das mit Fliegen und Bremsen bedeckt ist und sich im Staub wälzt. In den Gassen des Basars drängen sich Menschenmengen zwischen den Wänden der Läden. Seidenstücke kommen aus den Handwebstühlen heraus wie schöne bunte Schlangen, die Wechsler sitzen in glänzenden Gehröcken auf der Schwelle ihrer Türen und lassen Rupien durch die Hände rieseln, die an jene Maria-Theresia-Taler erinnern, mit denen die Engländer um 1839 die Umgebung der Halbinsel kauften.

Zufriedene Menschen hocken an der Tür kleiner verrauchter Cafés, rauchen Wasserpfeifen und nähren ihr Kohlenfeuer. Auf dem Rücken haben sie manchmal jene Schröpfköpfe aus einem Ziegenhorn, die nach dem schlechten Blut von Krankheiten riechen. Die Cafés nehmen in ihrem Leben einen enormen Platz ein. Das ist einer der Orte, wo man den Kief, den Zustand absoluter Ruhe, erreicht. Man kann es in alten Reiseberichten lesen: die Cafés verändern sich nicht. Carsten Niebuhr, der um die Mitte des 18. Jahrhunderts in Arabien war, beschreibt sie folgendermaßen: «Sonst sieht man in ihnen keine Zierathen, als Strohmatten auf der Erde, oder auf gemauerten Erhöhungen, und auf dem Feuerheerd große und kleine kupferne, in- und auswendig schön verzinnte Caffetöpfe, mit vielen Caffetassen. Man kann in diesen morgenländischen Schenken keine andere Erfrischungen erhalten, als eine türkische oder persische Pfeife Tobak, und Caffe ohne Milch und Zucker. Man hat also daselbst weder Gelegenheit viel zu verzehren, noch sich zu berauschen, sondern die Araber bleiben in diesen ihren Wirthshäusern fast eben so nüchtern, als in den ältern Zeiten bey ihrem Trunck Wasser ... Auch sind sie keine Liebhaber vom Spatzieren, sondern sitzen auf der Stelle, welche sie einmal genommen haben, bisweilen ganze Stunden ohne ein Wort mit ihren Nachbaren zu sprechen. Sie versammeln sich zuweilen in diesen Caffehäusern bei hunderten ... Ich muß überdies bekennen, daß ich ... die arabischen Caffehäuser zu wenig besucht habe. Die europäischen Kaufleute, welche sich in den morgenländischen Städten aufhalten, pflegen gar nicht dahin zu kommen. Ein anderer Reisender hat gemeiniglich noch weniger Lust, ganze Abende auf einer Stelle zu sitzen, vornehmlich, wenn er keine Hoffnung hat, etwas zu sehen oder zu hören, woran er Vergnügen finden könnte.»[1] Viele eingeborene Arbeiter haben keine Wohnung und schlafen im Freien oder in diesen Cafés.

Die Somalis spielen dort mit großem Geschrei endlose Dominopartien. Die Neger ähneln denen von Marseille und Toulon.

1 Carsten Niebuhr: «*Beschreibung von Arabien*», Kopenhagen 1772, S. 106–108 (Anm. d. Übers.)

Aus ihren Klassen, die offen sind wie die Läden, hört man die Kinder der muselmanischen Schule ihre Verszeilen plärren, es stört sie nicht, daß ihre Schule offen ist. Überall laufen Bettler umher, überall werden stumme Geschäfte abgeschlossen. Es gibt einen Code von Zeichen mit den Fingern, die sich unter einem Stoffstück berühren. Erst nach Abschluß des Geschäfts wird man laut.

Über diesem Leben liegt ein ranziger, pfeffriger, von Weihrauch und dem Duft aromatischer Hölzer durchsetzter Geruch, jener herrliche, unvergeßliche Geruch des Orients.

Die Weißen und die Banians sind in ihren hygienischen Höhlen verborgen und arbeiten unter den Propellern von Ventilatoren in ihren Büros, wo Eingeborene stumm barfuß zwischen den Tischen hin- und hergehen; die Schreibmaschinen drucken unaufhörlich eine kleine Zahl von schwarzen Zeichen auf. Die Existenz der Leute aus unseren Ländern besteht darin, die Zeichen miteinander zu kombinieren, die Kombinationen wieder aufzulösen und neu zu bilden. Ein Spiel von Irren. Draußen in der prallen Sonne werden Schafherden zu den Docks hinuntergetrieben, die Schafe haben schwarze oder rote Köpfe und breite, kurze Fettschwänze.

Im großen Freihafen zwischen Steamer Point und Ma'ala herrscht eine ständige Bewegung von Schiffen: die Passagierschiffe der *Peninsular & Oriental Line* bahnen sich einen Weg durch ein Gewirr von Frachtern, Erdöltankern, Pinassen und Dauen, deren Aufbau so bunt ist wie der einer türkischen Karavelle; die Widerspiegelungen ihrer herrlichen blauen und grünen Farben auf dem Wasser bewegen sich wie Schlangen hin und her. In den Stunden, in denen Passagierschiffe im Hafen liegen, steigen die Frauen und Männer der Kolonie an Bord: die Frauen gehen zum Friseur, die Männer zur Bar.

Erdöl fließt zwischen zwei Wassern in dicken Rohren, die sich winden wie Meeresschlangen, die einzigen echten, die es gibt. Es speist die Tanks der Schiffe.

Aden war noch vor nicht allzu langer Zeit eine Bunkerstation; die Heizölkessel haben dann die schwarzen Behälter der *Anglo-Persian* und der *Asiatic Petroleum Company*, die Büros, die Docks und die Intrigen nach sich gezogen. All das hat die kleinen eingeborenen Stammesfürsten aus dem Gleichgewicht gebracht und sie zu Ölhändlern und Benzinkäufern werden lassen. Fast überall tobt der Kleinkrieg um Konzessionen. So paßt sich Aden seinem Schicksal an. Der Ledergeruch, der jeden Monat penetranter werdende Erdölgeruch ersetzen den Kaffeegeruch von Sana und Harrar. Dieser Wechsel der Handelsobjekte ändert nichts an den Folgen des Handels für die Menschen. Bei Reclus lesen wir: «Zur Ausbreitung der Kaffeepflanzungen wurden europäische Kriege geführt und in der Neuen Welt, in Afrika und auf den Sundainseln weite Territorien erobert; Millionen von Sklaven wurden gefangen und zu den neuen Pflanzungen transportiert: die Folgen dieser Revolution waren so weitläufig, daß man sie gar nicht vorausberechnen konnte; Gutes und Schlechtes vermischte sich miteinander, Betrügereien, Kriege, die Unterjochung ganzer Völker, massenhafte Ausrottungen waren die Begleiterscheinungen der Ausdehnung des Handels...»

In den Speichern von Ma'ala und Somalipura türmen sich die Zucker- und Reissäcke, die Ochsen- und Ziegenlederballen, die Benzinkanister, die mit einem Bären oder einer Gazelle gestempelt sind, bis zur Wellblechdecke. In den ausgeglühten Brutkästen der Lager arbeiten Araber und singen dabei die Lieder der Arbeit. Ohne Rhythmus würden sie die Handgriffe, die sie zu machen haben, vergessen.

Die Staatsräson billigt jede Machenschaft, jeden Vertrag, jede Unterdrückung, jede Sklaverei, wenn sie nur Profit bringen.

Aber was sagt die Räson dazu, die nicht im Dienst der Staaten steht?

Was für eine blödsinnige Idee, sich auf diesem Felsen festzusetzen. Überall sonst lassen sich die Menschen an Wasserstellen nieder, die von Bäumen und bewässerten Feldern umgeben sind. Aber in diesem Land ohne Quellen trinken sie das Wasser der seltenen Regengüsse und das destillierte Wasser des Indischen Ozeans. Auf Schiffen werden ganze Wasserladungen gebracht, die aus dem Süßwasser im Suez geschöpft sind. Die Nachtstürme, die die Bewohner von Aden schlaftrunken betrachten, füllen manchmal die tiefen Schächte der Zisternen der Kleopatra, die geheimnisumwitterter sind als die Katakomben.

Die Menschen sind so veranlagt, daß sie sich irgendwo festsetzen müssen. Das ist überall ihre einzige Weisheit, aber hier hat sie die Form eines schwarzen und verbohrten Wahns angenommen.

Sie sind durchaus in der Lage, aufzubrechen und auf ihrem wie eine Wassermelone abgeplatteten Erdball die längsten Wege zurückzulegen, aber kaum sind sie irgendwo angekommen, setzen sie sich fest, und sei es auf einem winzigen Sandhügel. Diese Mauernbohrer bohren für dunkle Zwecke Löcher in die Felsen. Diese Zwecke heißen hier Krieg, Handel und Transit: glaubt ihr, daß diese Wörter bis ans Ende der Tage alles entschuldigen können?

VIII

Ich spürte, wie ich in diesem Gemisch aus Orient und britischem Empire in einen Taumel hineingerissen wurde, von dem ich nichts geahnt hatte und der mit jeder Woche, mit jedem Abend schwindelerregend war.

Es war der Taumel von Menschen, die ihre alten Gewohnheiten aufgegeben, aber nicht alles in diesem Pyrrhussieg verloren haben.

Ich merkte, daß ich noch keine Gewohnheiten angenommen hatte, daß ich unbelastet war. Ich hatte die Gewohnheit, zu übersetzen, zu entziffern, logische Analysen zu machen, einige Übung im Denken. Aber meine Handlungen gingen nicht an Krücken. Die einzigen Gruppen, die mich bisher aufgenommen hatten, waren Schüler, Studenten und Familien. All das war völlig überflüssig für jemanden, der sich vom Gymnasium kommend plötzlich mit Erdölangelegenheiten und mit der brüchigen Existenz der Erwachsenen konfrontiert sieht.

Vergeblich forschte ich nach Verpflichtungen, jenen Gewohnheiten, die niemand begreift, jenen imaginären Göttern, die über uns alle ihren Schatten werfen.

Zufällig war ich ohne Ketten und ohne eigenen Stamm in eine Menge verschlagen, in der jeder Passant die Seinen erkannte und mit ihnen Riten, Losungen und Bündnisformeln austauschen konnte.

Diese quasi militärischen Gewohnheiten vermitteln den Menschen eine ihrer Illusionen vom Glück und alle Illusionen über das Leben und das Scheitern, über Krieg und Frieden. Daher merken sie nicht, daß sie in dem Leben, das sie führen, ebenso deplaciert sind wie ein Elefant im Porzellanladen.

Für mich gab es keine Vorschrift, mir war nichts verboten, weder ein bestimmtes Fleisch noch Wein, noch eine bestimmte Kleidung, noch die Frauen einer bestimmten Kaste, noch Bescheidenheit, noch Ausschweifungen. Ich hatte niemanden anzubeten, niemanden durch Bitten zu erweichen, niemandem durch Opfer zu danken. Bei diesem Fehlen von Göttern und Engeln war ich aller Symbole der Frömmigkeit und der Gesetze, aller Katechismen, Kulte und Losungen beraubt. Handeln schien mir nicht moralischer als die Bewegungen der

Blätter an einem Baum. Ich lebte in einer Natur, die aus Menschen, Tieren und Gegenständen bestand und keinerlei übertragenen Sinn hatte. Ein Geier war ein Geier, eine Kuh eine Kuh, die Fahne am Französischen Konsulat ein Stück Stoff. Ich mußte keinen Kopfputz in Form eines Kuhhufs, keinen Turban von der Länge eines Leichentuchs tragen. Ein Tropenhelm verbindet einen mit keinem Volk, keiner Gottheit, und ein weißer Anzug absorbiert eben nur am wenigsten Sonnenstrahlen. Der Kolonialeuropäer wird nie begreifen, wieviel Spielraum ihm diese maschinell hergestellten und auf rein physikalische Funktionen beschränkten Anzüge gewähren.

Ich schwamm also in einem Meer von Vorschriften und Gesetzen eines religiösen Kuhhandels wie ein Fisch zwischen zwei Wassern.

Die anderen lebten nach den Gesetzen von Klans, Religionen, Hautfarben, Nationalitäten, Klubs, Handelshäusern und Regimentern. Sie verbrachten ihre Zeit damit, Unterteilungen, Zwischenwände, Stufenleitern zu erfinden, auf denen sie wie Affen rauf- und runterkletterten. Sie betrachteten sich gegenseitig wie verschiedene Abteilungen in einem Krieg. Wenn man daran denkt, daß diese Irren Menschen hätten lieben können, daß sie nur dazu geschaffen waren! Die Araber haßten die Juden, die Mitglieder des *Union Club* verachteten die Mitglieder des *International Club*, die italienische Salineningenieure und griechische Zigarettenfabrikanten in ihren Reihen zuließen, von denen kein Offizier der britischen Artillerie ohne Spott redete.

Es war ein für mich undurchschaubares Spiel von sozialen Abstufungen, in denen sich alle mit erstaunlicher Geschicklichkeit zurechtfanden, eine ganze Hierarchie, auf deren unterster Stufe natürlich die armseligen und verlausten Juden rangierten, die bei der Synagoge wohnten, in der sie sich, in ihren malerischen Tallith gehüllt, über manche Beleidigungen hinwegtrösteten, indem sie den Gott der Rache anriefen. An der Spitze der Pyramide saßen der Agent der *Peninsular*, zwei oder drei Großkaufleute, die den Bereich des Roten Meeres kontrollierten, die Offiziere, der Gouverneur und im Crescent in Steamer Point die sitzende Statue der dicken Königin Victoria mit ihren Hängebacken und ihren kleinen, zusammengekniffenen Säuferäuglein.

Man begreift viel, wenn man weiß, daß jeder dieser Menschen nach den Riten seiner Clique beerdigt werden mußte, jeder mit anderen Gebeten: mit katholischen, jüdischen, puritanischen, presbyterianischen, methodistischen, parsischen, dschainistischen oder muselmanischen Gebeten. Manche Toten wurden in ein Felsenbett gelegt, andere wurden verbrannt, wieder andere wurden der Glut der Sonne und den Krummschnäbeln der Geier überlassen. Kein Toter verschwand auf vernünftige Art in einem wirklichen Nichts, das keinen Anlaß zu irgendeinem Ritus bot.

IX

Das ist einer der Kolben der riesigen Maschine, genannt Handel.

Balzac: «*Modeste Mignon*»

Ich sehe von hier aus die Aidrus Road, die zu der großen weiß-grünen Aidrus-Moschee hinaufführt, von deren Höhe der Muezzin bei Tagesbeginn sein Gebet in die vier Himmelsrichtungen ruft. Die anderen Moscheen antworten von den vier Ecken des schlafenden Crater. Die Ziegen, die vor den Türen schlafen, und die Eingeborenen, die auf ihren geflochtenen Bänken schlafen und ganz in Weiß gekleidet sind wie Tote, fangen an, sich zu bewegen. Da, wo die Straße zu Ende ist, wird sie durch Felsenvorsprünge geteilt und verliert sich in einzelnen Pfaden, die tief ins Gebirge hineinführen und auf denen man zu Buchten, Steinbrüchen, Schlachthäusern und dem Turm des Schweigens, der Heimstatt der Toten, gelangt.

Es herrscht ein turbulentes Leben: Passanten, Feste und jene lauten arabischen Beerdigungen, bei denen sie wie Gehsportler laufen. Und den ganzen Tag ziehen die Kulis ihre mit getrockneten Fellen beladenen Karren durch den Staub voller Abfälle und singen ihren Arbeitsgesang, der keine Strophen kennt. Große Somalimädchen kommen vorbei, lachen den Männern mit ihren Augen zu und halten einen Teil ihres Jungfrauenschleiers mit den Zähnen fest. Die Inderinnen zeigen ihre starken, nackten Arme und die braune, elastische Oberfläche ihres Körpers zwischen ihrem Rock und dem engen Mieder, das ihnen Schulterblätter und Brüste einschnürt. Die beiden Amerikanerinnen der Aidrus Road gehen vorbei, eine Gazelle folgt ihnen auf den Fersen. Ein Meer von unbekannten Männern und Frauen.

Aus einem tiefen Innenhof steigt der Geruch von Fellen auf, die in der Sonne der abessinischen Hochebene, auf dem Steingeröll Somalilands getrocknet wurden, in jenen Ländern, deren Namen die Phantasie eines Volksschulkindes zu endlosen Träumen anregen kann: Berbera, Ogaden, Dunkali, Harrar, Mogadiscio, Addis Abeba.

Das Geräusch der Kaffeebohnen auf den Kaffeerosten, das an das Geräusch beim Auslassen von Butter erinnert, bildet für alle anderen Geräusche den Grundton.

In diesem Haus aus schwarzen Kadern, das zwischen Suez und Kenia mehr Macht hat als ein europäisches Ministerium, gibt es einen Chef, Direktoren, einen Schwarm Londoner Frauen und Angestellten, die wie in Trance leben, weil sie so weit entfernt sind von der Straßenbahnlinie Elephant and

Castle, von den Vororten mit ihren armseligen Gärten, von den elektrischen Zügen, die zwischen 8 und 9 Uhr zur Cannon Street und zur London Bridge fahren. Menschen, die wie alle Kinder Europas sind.

Der Chef der Firma ist einer jener Männer, deren Wichtigkeit alle, die sie kennen, daran hindert, ohne Hintergedanken einzuschlafen.

Er besitzt, was nicht einmal drei Viertel jener Leute besitzen, die von ihrer Wichtigkeit überzeugt sind: Telex-Adressen in Bombay, New York, Marseille und London und einen telegrafischen Privatcode. Alle Schiffe, die seine Waren befördern, hissen seine rot-grüne Flagge. Sein Willen scheint die Zukunft der Gerberei und des internationalen Lederhandschuhhandels zu bestimmen. Seine Agenten regieren in den Häfen des Roten Meeres, in den Dörfern Abessiniens wie mittelalterliche Potentaten. Sein Name ist ein Losungswort bis nach Sana im Jemen und bis an die Grenzen von Choa. Er herrscht die eingeborenen Sultane an, die in den Oasen des Inlands und den Staaten des Hadramaut leben.

Es gibt falsche Männer der Tat, er ist einer von ihnen. Er sagt einem zum Beispiel: «Ich habe ständig total gelebt, mein Leben ist eine ununterbrochene Folge von Taten und Schlachten. Arm und stolz kam ich vor mehr als zwanzig Jahren in diese Gegend, die heute von meinen Taten gezeichnet ist. Sie zeugt für mich. Sie erkennt mich an.» Er lügt, und er belügt sich selbst.

Keine einzige seiner Taten hat dem armseligen Menschen, der er war und auch geblieben ist, irgendeine Parzelle hinzugefügt. Er ist unabgeschlossen wie eine verlassene Baustelle hinter einem mit Reklame bedeckten Bauzaun. Kann man seine Reflexe als Taten bezeichnen? Jeder Mensch ist hin und her gerissen zwischen den Menschen, die er sein könnte: er hat denjenigen die Oberhand gewinnen lassen, für den das Leben darin besteht, die Kurse des abessinischen Leders und des Kaffees auf den Märkten von Dschibuti und Diredaua steigen oder fallen zu lassen, denjenigen, der Zeichen kauft und verkauft. In der Geschichte eines Sacks Kaffee findet man kaum Taten: einen Baum wachsen lassen, eine Tasse Kaffee trinken. Abstrakte Gebilde wie Firmen, Gewerkschaften, Händlervereinigungen bekämpfen – kann man das denn Taten nennen? Ich will einen *bestimmten* Menschen verachten und bekämpfen, eine *bestimmte* Verrätervisage, einen *bestimmten* Chef, Anwalt, Bataillonsführer, jemand, der mich daran hindert, mit einer Frau zu schlafen. Warum gibt er dieses Leben nicht auf, dieses Leben des Vortäuschens, des bloßen Scheins, die beide nichts zu tun haben mit dem Leben des Körpers, der Gerechtigkeit und der Freude, dieses Leben voller Haß, Versagen, Wut, voller Verkümmerungen und Trugbilder.

Da ist also ein Mensch, der aus dem Schoß einer Frau geboren wurde und dessen Gesten sich vor dem Hintergrund eines unbegreiflichen Himmels abgespielt haben, des Firmaments der Wechsel und Diskontsätze, jenes grausamen Himmels, der sich über Menschen wölbt. Er begibt sich nur zu ihnen hinab, um sie zu korrumpieren und wie die kleinen Köpfe der indischen Mumien zu trocknen. Seine Bewegungen sind im Gedächtnis jener, die ihn kannten, eine Art Eisgirlande, die sich um die Erinnerungen rankt, die man an ihn hatte. Seine Vergangenheit, auf die er so außerordentlich stolz war, beschränkte sich darauf, wieviel Lack Rupien Kredit ihm die National Bank of India hatte geben können.

Er glaubte, nach seinem Willen zu planen und zu handeln, aber er war nur der Spielball von Kräften, auf die er keinerlei Einfluß hatte und deren Ursprünge, wenn er sich die Zeit genommen hätte, nach ihnen zu fragen, ihm mysteriös und letztlich revoltierend hätten erscheinen können.

Devisenkurse manipulieren, den Wert des Talers und des Pfundes untersuchen wie die Fieberkurve eines kranken Kindes, ein Schiff auf den Weg hetzen, um sich eine Fracht zu sichern – aus solchen leeren Gedanken bestand die Vorstellung vom Handeln, die er sich machte, wenn er einmal gerade niemanden becircen mußte.

Er dachte an seine Freiheit und sprach von ihr, als wenn er selbst die Gefühle teilte, die er bei Leuten, die nicht so mächtig waren wie er, erregt hatte: den Neid und die Achtung derer, die ihm aufrichtig versicherten, er sei ein freier Mensch. Aber die Quelle hält sich ebenso für frei wie Bankiers und Kaufleute: dabei werden sie einfach getrieben. Sie sitzen hinter ihrem Schreibtisch, der mit einem Bentley, mit einem Broomball geschmückt ist – die Angestellten erwarten auf der anderen Seite des Schreibtischs wie Soldaten seine Befehle –, sie spielen den Schlauen, der alle überlistet, sie diktieren, sie überlegen und vergessen dabei, daß ihre Diktate und ihre schlauen Einfälle schon durch zehn chiffrierte Telegramme, durch Briefe, die lange gebraucht haben, um bei ihnen anzukommen, ferngesteuert sind. Von alldem begreifen sie nichts.

Mister C. war also ein Empfänger für unzählige Wellen, die in ihm nur in vorhergeplanter Weise umgesetzt wurden. Man darf einen freien Menschen nicht mit einem Barometer, einer Morin-Maschine oder einem Phonographen verwechseln. Was für ein Unheil kann eine solche Verwechslung anrichten, wenn es einmal nicht darum geht, Chiffren, sondern Lebensweisheiten und politische Entscheidungen zu registrieren. Das hat mich am meisten angeekelt, daß meinesgleichen wie Würmer dahinlebten; Würmer verstehen ebensowenig von der Anziehungskraft der Erde wie diese Menschen von ihrem Gott, ihren Begierden, ihren Operationen. Sie glauben, daß sie das, was sie beherrscht, selbst erfunden haben.

Es bedurfte keines Genies noch jenes großen Lebenswillens, von dem Mister C. beseelt zu sein glaubt, um unter dem Ansturm so vieler Stimmen selbst zu tönen. Die Klangfülle eines Echos ist kein Beweis für besondere Fähigkeiten. Töne zu verstärken, was ist das schon? Er war in den Wirbel des Kapitals und Warenaustausches hineingerissen, deren ständig wachsende Bewegung niemand aufhalten kann; er befehligte Sklaven, die an dasselbe Rad gekettet waren wie er, kleinere Schallwände, die nur seine Stimme zurückzuwerfen hatten.

Glücklicherweise fühlte er sich nicht wohl. Er lebte in einer Atmosphäre von Untergangsprophezeiungen, die ihm seine Tage vergällten. Er rechnete mit Katastrophen und glaubte nicht an die Verwirklichung seiner Pläne. Er kannte keine Ruhe, keine Erholung. Die Saugpumpe, die sein Leben leer saugte, arbeitete wie ein todbringender Atem. Immer öfter sagte er, daß er eines Tages aufgeben und seine Leder- und Benzinreserven, seine Zahlenkolonnen und Aktenstöße ihrem Schicksal überlassen würde. Aber diese Materialien und Zahlen waren sein Lebenselement geworden. Eine Flucht wäre für ihn tödlich gewesen.

Wer hätte ihn anzeigen, wer hätte von ihm Rechenschaft verlangen können im Namen der von ihm ausgelaugten Menschen, die zu Gliederpuppen geworden waren, die vor ihm zitterten und sich bemühten, sein Wohlwollen zu erregen. Im Namen seiner Kinder, die er ruiniert hatte.

Er hätte geantwortet, daß er ein reines Gewissen habe. Alle Mörder waschen sich zunächst die Hände in Unschuld. Er hätte von der Größe seines Unternehmens gesprochen: zehn Millionen Felle jeder Kategorie wurden pro Jahr verschifft, seine Niederlassungen bezeichneten die Grenzen eines Königreichs, seine Beschlüsse riefen Reaktionen in Grenoble, in Mazamet hervor, vier seiner Schiffe waren ständig unterwegs. Ein solches Gewicht mußte sich zugunsten dieses Mannes neigen. Ich sehe Mazamet am Fuße des Montagne Noire mit seinen Wassern auf den Wiesen, seinen Garagen, seinem Autozahlenrekord pro 1000 Einwohner, seiner Milliarde von Geschäften pro Jahr, dem Lächeln seiner Hoteliers, seinen schwarzen Vorstädten, seinen Gerbereien. Ich sehe die Arbeiter der Handschuhfabriken von Millau, den krummen Rücken der Verkäuferinnen von Perrin, die Arbeiter aus Somaliland, die von ihren Dörfern und Herden weggerissen wurden und jetzt von den Weißen von Dschibuti gedemütigt werden.

Mister C. war nicht ganz frei von Gewissensbissen. Man kann sich vorstellen, daß auch Ford manchmal träumt, daß auch Poincaré sich eine andere Welt ausdenkt, wenn er es einmal satt hat, Diplomatenpapiere zu fälschen und Kriegerdenkmäler einzuweihen.

Dieser Firmenchef hegte seine Erinnerungen an eine gefühlvolle Jugend, die von dem Wunsch nach Ruhm und von poetischen Ambitionen erfüllt gewesen war. Er suchte das Gespräch mit Frauen und ließ sich von ihnen gern Chopin vorspielen, weil diese Musik eine traditionelle Auffassung von der Liebe anklingen ließ. Er unternahm manchmal Pilgerfahrten nach Stratford oder nach Bayreuth und vergrub die Stirn in seine Hände, wenn er *«Siegfried»* hörte oder an den *«Androgyne des Thermes»*, an die Fenster von Saint-Nazaire in Carcassonne dachte. Er vergaß die Zahlenkolonnen, um in den Büchern zu suchen, was in ihm am Rande seines Lebens brachlag. Obwohl er alles tat, ein solches Urteil über ihn zu widerlegen, gehörte er zu jenen, die sich aus dem Abfall der Zeit eine Zuflucht bauen. Er litt wirklich darunter, daß er kein Mensch war, und versuchte, sich ein einsames Bild vom Menschen zu schaffen. Es gab durchaus Momente, in denen er verwundbar war. Aber was für ein Anblick, wenn er sich dann wieder gefangen hatte. Wenn er ankam wie ein Mann, der nach seinem Willen in die Gegenwart der Marktwelt zurückkehren und die dunklen Wolken verscheuchen kann. Da er außerdem diese Unterbrechungen benutzte, um seine Kräfte wiederherzustellen, kehrte er härter und besser gegen die Menschen gewappnet zurück. Er wurde wieder zum unerbittlichen Gespenst, das seine tatsächliche Existenz an die Stelle jenes Menschen gesetzt hatte, der er hätte sein können. Ich habe übrigens erlebt, wie er Elemente aus seinen Träumen benutzte, um diejenigen in den Dienst seiner Profite zu ziehen und an sich zu binden, die sich von dem Eindruck, daß der Mensch, mit dem sie menschliche Beziehungen unterhalten zu können hofften, durchaus sensibel sei, eher verführen ließen als von den üblichen Formeln der Gespräche über Handelsabschlüsse und Einstellungsverträge. Bei einigen seiner Angestellten ließ er geistiges Leben, Freude an Konversation, Ethik des Handels und Geschäftsmoral durchblicken. Diese Leute zeigten sich dann entgegenkommend, wenn es um die Höhe ihres Gehalts ging.

Mir schlug er vor, meine Flucht aus Europa zu einer endgültigen zu machen und mich in Aden festzusetzen, und er bot mir für mein reifes Alter eine Macht an, die nur einige Grade geringer war als seine eigene: Wenn man flieht, und wenn die Flucht ein Erfolg ist in dem Sinne, in dem man in Städten von Erfolg redet, dann wird man eines Tages wie Mister C. sein. Überall wird man Mister C. sein. Aber um den Preis, daß man darauf verzichtet, ein Mensch zu sein.

Ich hatte noch ein anderes Leben entdeckt, das ein perfektes Pendant zum Leben von Mister C. bildete. Auf der Esplanade in Crater, nahe bei Palonjee Dinshaw, gibt es einen Laden, der ein wahres Museum ist. Er enthält eine kleine Ausstellung von Strandgut, das Durchreisende hier zurückgelassen haben, Münzen, Grabplatten, Inschriften, hinter deren Geheimnis man kommen möchte – so wie man die Jugendsünden seines Vaters erfahren will. Man sieht sie und denkt wie Napoleon an Ophir. Im übrigen kommt man sich vor wie bei Bouvard und Pécuchet. Der Museumswächter war früher Unteroffizier der britischen Armee. Nach 40 Jahren Aden war er in den Augen der Engländer so weit verkommen, daß er wie die Eingeborenen Zigaretten mit Mundstück rauchte, eine Foutah trug und den Beruf eines öffentlichen Schriftstellers für die Araber ausübte. Er saß vor seinem Haus und sah ein kleines, nie versiegendes Rinnsal aus Langeweile dahinfließen. Er kannte niemanden mehr aus seinem Klan, der noch seinen Namen trug. Wozu also die Bäume betrachten, unter denen keine bekannten Gesichter mehr zu sehen waren. Er betrank sich jeden Abend und fürchtete sich vor dem Wahnsinn, vor dem ihn nur der Alkohol schützte. Er war wie ein roter Fels außerhalb der Ströme, in denen fast alle Menschen zu schwimmen lernen. Niemand von den Europäern wußte, daß ein Engländer, einer von ihnen, hier völlig versackt war. Die Militärbehörden hatten ihm verboten, an jenem lächerlichen englisch-türkischen Krieg um Aden teilzunehmen, und darüber kam er nicht hinweg, das hatte ihm gezeigt, daß es mit ihm aus war. Der Wunsch, auf türkische Vorposten einige verlorene Kugeln abzuschießen, war sein letzter Traum von einem aktiven Leben gewesen. Er verlor seine Erinnerungen, ohne sich zu wehren, wie ein alter Rabe seine Federn verliert: das ist die letzte Folge der Reiselust. Man begreift nur allzu leicht, welche Schlüssel diese beiden Leben öffnen, die sich so sehr ähneln und beide gleich weit vom menschlichen Leben entfernt sind. Unnötig, nach anderen Erklärungen zu suchen.

Alle Menschen, die, wie die Lotsenfische bei ihrem Haifisch, in der Umgebung von Mister C. leben, sterben den gleichen Tod wie er.

Was hat man unter diesen Leuten verloren? Was soll man mit den jungen Engländerinnen anfangen? Sie haben so gut imitierte Glasaugen, daß man fast glauben könnte, daß sie mit diesen Pupillen sehen können. Eines Tages geht es einem dann ebenso wie sonntäglichen Louvre-Besuchern vor dem hockenden Schreiber: man sagt sich schließlich: «Das lebt.»

Was soll man mit den englischen Offizieren und Beamten anfangen, deren Leben sich ausschließlich um Fragen der Hierarchie dreht? Sie tragen ihre Regiments- und College-

Farben wie Orden und denken nicht daran, sich in Weltreisen irgendwelcher Art selbst aufzugeben. Es könnte sein, daß sie jemand sogar bei den Barbaren, am Nordpol oder in Spanien erkennt. Die anderen menschenbewohnten Länder sind für sie komische Gebilde, eine Art von Planeten, die von der Bahn des Empire weit entfernt sind, die das Empire nur manchmal gekreuzt hat: in Crézy, in Waterloo, an der Somme. Sie halten das Empire für den Frieden und glauben, daß die Augen von Margaret Bannermann und die Rekorde von Lord Burghley beim Jüngsten Gericht die Todeshäuser von Edinburgh, die Bergarbeiterstreiks und die Existenz von Sir Henry Deterding aufwiegen; sie leben in völliger Unwissenheit dahin und lassen sich von patriotischen Sprüchen, dem Respekt vor Erdöl und guter Haltung am Tisch und von romantischer Lyrik leiten.

Und dann gab es noch die undurchdringlichen Inder, Araber und Schwarzen. Um sie kennenzulernen, hätte ich zehn kostbare Jahre opfern und mich hier niederlassen müssen. Alles in allem lebte ich also unter Europäern. Das sind die eigentlichen Herren der Menschen, die man bekämpfen und von ihrem Thron stürzen muß. Erst dann wird man gute Bekanntschaften machen können.

X

> *Noch in der kleinsten italienischen Stadt gibt es ein Theater, Musik, Improvisatoren, viel Begeisterung für Poesie und Kunst und eine strahlende Sonne; kurz, man spürt, daß man lebt.*
>
> Madame de Staël: *«Corinne»*

WENN DIE NEUARTIGKEIT DER LANDSCHAFTEN UND Gesichter zur Gewohnheit, die Farben alltäglich geworden, die Bilder verblaßt sind, dann kann man den Versuch machen, Aden begreifen zu lernen.

Aden ist ein Knotenpunkt für viele Verbindungen. Nach einigen Monaten erschöpft sich der Reiz des Pittoresken, und man entdeckt, welche Kräfte hier die Fäden ziehen und diesen Knoten schützen. In Aden kreuzen sich verschiedene Schiffswege, jene von Leuchttürmen und kanonenbestückten Inseln gesäumten Straßen. Aden ist also nur ein Glied der langen Kette, die die Profite der Kaufleute der City rings um den Erdball sichert, ein Zwischenhafen voll todbringender Signale, ähnlich wie Gibraltar.

In jenem Jahr liehen die europäischen Truppendepots ihre Soldaten aus, um die Zivilisation der Chinesen zu befördern. An einer schlecht funktionierenden Wirtschaft sind immer die anderen schuld.

An den Mündungen des Kuangtung drohte eine Revolution: Schiffe transportierten Truppen ins asiatische Hochland, Zerstörer mit Haifischmäulern gingen gegenüber dem gotischen Zollgebäude vor Anker, die Mannschaft schnappte abends auf dem Deck der Flugzeugträger frische Luft. In Aden schwärmten die Bataillone aus ihren Kasernen wie Wespen aus ihren Wespennestern, im Klub des zweiten Regiments von Devon, den ich von meinem Fenster aus sah, zog

Stille ein, und keine Nightband erklang, die sonst mit «*God save the King*» oder der Marseillaise bei den Kaffee- und Erdölkaufleuten automatisch schamlose Heimatgefühle hervorrief. Alles las die Depeschen des *Eastern*, um die neuesten Nachrichten aus China zu erfahren.

Diese Szenen genügen vielleicht, den Horizont des Lebens der Menschen zu bezeichnen.

Man mußte also begreifen: Aden war ein stark verkleinerter Abklatsch unserer Mutter Europa, ein Europaextrakt. Einige Hundert Europäer, die auf einem Raum von fünf Meilen Länge und drei Meilen Breite wie in einer Strafkolonie zusammengepfercht waren, reproduzierten mit außerordentlicher Präzision das Muster, aus dem sich in größerem Maßstab die Linien und Beziehungen des Lebens in den westlichen Ländern zusammensetzen. Der Osten reproduziert und kommentiert den Westen.

Man erkennt eine Art Plan, der sein Modell originalgetreu wiedergibt, wie die Hafenbeschreibungen der Renaissance und die symbolischen Zeichnungen, die buddhistische Mönche mit viel Sorgfalt anfertigen. Alles ist aufs Wesentliche konzentriert, die Lösung, die in Europa üblich ist, ist abgeklärt.

Was bleibt, ist ein erbärmlicher, genau beschreibbarer und trockener Rückstand.

Die kleine Anzahl von Menschen, die im Getriebe dieser komplizierten Maschine die Funktion eines Treibriemens hat, läßt die Bedeutung der europäischen Existenz erkennen, die so oft hinter der Menge der Akteure und der Überschneidung ihrer Aktivitäten verborgen ist. Die Gesetze dieser Maschinerie und die Quelle ihrer treibenden Kraft zu entdecken, ist natürlich von entscheidender Bedeutung für einen jungen Mann, der gerade nach einigen wenigen bedeutungslosen Streifzügen begonnen hatte zu ahnen, welches der Weg ist, den nur der Mensch einschlagen kann. Diese Leute spielen ihre Rollen in kleinen anekdotenhaften Dramen, die wie Schattenspiele die typischsten Bewegungen des Lebens der zivilisierten Menschen wiedergeben. Diese Rollen sind beherrscht von Gewohnheiten und schwachen Leidenschaften, vom Leben, jenem simplen Spiel von lustlos angenommenen Bräuchen. Die Stoiker hatten also recht, das Leben mit der Bühne zu vergleichen, obwohl man ihre magischen und tiefen Lehren noch ergründen müßte.

Die Bewohner von Aden leben genauso wie die von London und Paris – es sind ja die gleichen Pflanzen in einem Treibhaus, dessen Temperatur sie wachsen läßt: sie tauchen auf, bleiben stehen, gehen, weinen, verschwinden, verflüchtigen sich ohne Sinn und Verstand. Anfangs sieht man gar nicht, warum sie kommen und gehen, klingeln, sich unterhalten, man errät nur, daß diese Aktivitäten von fremden Plänen und Kräften geleitet werden, in denen sich eine Erklärung für jene wechselnden Erscheinungen finden muß. Sie führen sich auf, wie Erwachsene sich vor den kritischen Blicken von Kindern aufführen. Man ist Zeuge ihrer Existenz, man kann sogar ihre Gesten leicht nachahmen, um sie besser zu verstehen, und man begreift sofort, daß sie niemals so viel Beifall finden, daß es möglich wäre, auch nur ein einziges Gran Zufriedenheit oder Freude dabei zu empfinden.

Schließlich durchschaut man dieses abstrakte Spiel, bei dem die Spieler fast nur zwei Dimensionen haben, und es ist auch nicht schwer, das zu durchschauen, obwohl der Sinn des Stückes und die Fabel aus allem Widersinn des menschlichen Lebens zusammengesetzt sind.

Diese Menschen waren austauschbare Teile eines unsichtbaren Mechanismus, der sonntags aus religiösen Gründen nur auf halben Touren lief und manchmal von periodischen Störungen und heftigen Wirtschaftskrisen geschüttelt wurde; dann erzitterte dieser zusammengeschraubte Apparat ohne Ventile wie ein Blechgebäude. In allen Städten der Welt gibt es Zeitgenossen, die auf den Tag warten, wo der Deckel in die Luft gehen und die Schwungräder abspringen werden.

Sie sind nach sozialen Kategorien gruppiert, ganz dem kriegerischen Zeremoniell des Welthandels unterworfen und erinnern an Neger, die in der Nacht, die voll von Geistern und Lichtern ist, bis zum Umfallen tanzen.

Wie Immanuel Kant sind sie Opfer jener schrecklichen Zwangsjacke eines streng geplanten Tagesablaufs, aber Kant hatte diesen seinen Zeitplan wenigstens selbst aufgestellt, er hatte sich wenigstens eine Hintertür gelassen, denn niemand hinderte ihn daran, einen anderen, sieben in der Woche, aufzustellen.

Sechs Uhr: aufstehen, duschen. Sieben Uhr: Frühstück. Acht Uhr: Büro. Zwölf Uhr: Mittagessen. Ein Uhr: Siesta. Zwei Uhr: Büro. Fünf Uhr: Spaziergang, Klub. Halbacht Uhr: Abendessen. Zehn Uhr: Schlafengehen.

Das erinnert an die Stundenpläne in den Büros von Obersten, Schulleitern und Gefängnisdirektoren. Da die Partie für jeden zwei Sommer und drei Winter dauerte, blieb nach Schlaf und Büro keine Muße und Zeit, noch ein Mensch zu sein. Sie konnten nicht einmal Sonnabendabends ins Kino gehen, sie hetzten unter den Hieben einer Peitsche voran, die sie niemals zu Gesicht bekamen.

Man kann verstehen, daß die Revolution methodischere Gründe hat, aber wenige Gründe sind so überzeugend wie die Tatsache, daß man Muße braucht, um ein Mensch zu sein. Dieser Grund findet sich sogar bei dem Sklaventreiber Platon.

Jede Sekunde steht unter dem Druck des Weltmarkts. Überall stehen die Menschen unter diesem Druck, der ihr ganzes Leben bestimmt, aber weil er durch so viele Kanäle und Rohre geleitet wird, in denen er sich wie Dampf zu verflüchtigen scheint, bewahren und vermitteln sie die Illusion der Unabhängigkeit und Selbständigkeit. In Aden war dieser

Druck unmittelbar zu spüren, das Leben war frei von allen falschen Verzierungen, mit denen es in Europa durch die vergangenen Jahrhunderte einer geistigen Zivilisation, die aus dem Bedürfnis nach Illusionen entstandenen Ideen und die scheinheiligen Verbrämungen der sozialen Kämpfe versehen worden war. Da diese Leute eines Tages in ihre Heimat zurückkehren wollten, verschoben sie den Gebrauch von Illusionen auf die Zeit nach ihrer Rückkehr. Sie waren sicher, daß es ihnen nicht daran fehlen, daß das Unglück ihres Lebens vorübergehen würde. Die arabischen und somalischen Arbeiter waren noch zu folgsam, als daß es nötig gewesen wäre, Gründe zur Rechtfertigung ihrer methodischen Ausbeutung für sie zu erfinden. Diese Gründe behielten sie den europäischen Arbeitern vor. Da Illusionen ihnen hier also nutzlos erschienen, opferten sie diesen nicht die wenigen Ruhepausen, die ihnen ihr ausgefüllter Terminkalender noch ließ. Sie lasen keine andere Presse als die Agenturdepeschen; niemand hatte den Mut oder das Bedürfnis, die europäischen Zeitungen zu lesen, die sich gebündelt in den Ecken der Zimmer türmten. Kein Theater, keine Verleger, keine Bibliotheken, außer für englische Grammatiken, Mathematikbücher und erbauliche Schriften der Missionen. Keine Reden, keine Philosophie, jedes Dekor war vergessen und vorübergehend abgeschafft. Keine Zeit für Müßiggang, keine Zeit für die Liebe. In dem engen Loch, in dem man wohl oder übel auf Tuchfühlung leben mußte – 580 Einwohner auf einer Quadratmeile –, fand man keinen jener einsamen Orte, in denen Liebespaare sicher sein können, daß sie nicht erkannt werden. Außerdem kam auf drei Männer nur eine Frau. Keine Musik, kein Jahrmarkt, keine Volksfeste. Welcher Weiße wäre zum Ramadanschmaus oder zu jenem merkwürdigen indischen Karneval zugelassen worden, bei dem die würdigsten Greise sich mit Tinte bespritzen und die strengen Pforten mit obszönen Symbolen geschmückt sind?

Wenn man versuchte, von Kunst oder von der sozialen

Frage zu sprechen, so wirkte das derart deplaciert, daß alle sofort peinlich berührt schwiegen. Man spürte, daß es nutzlos war, diese Verbrämungen ernst zu nehmen, und sie wirkten ebenso unangebracht wie Obszönitäten bei einem Bischofsmahl.

Das Leben der Menschen spielte sich ausschließlich auf der Ebene äußerster Sachlichkeit ab, nämlich auf der ökonomischen Ebene. Man setzte sich niemals der Gefahr aus, auf die beschönigenden Bilder, die in Europa das Leben widerspiegeln, hereinzufallen. Kunst, Philosophie und Politik waren mangels Verwendungsmöglichkeit einfach abwesend, man brauchte also auch keine Korrekturen vorzunehmen. Die Grundlagen des westlichen Lebens traten offen zutage, die Menschen waren nackt wie anatomische Modelle. Zum erstenmal sah ich Menschen, die keine Philosophie der Verbrämungen brauchten.

Keinerlei Konzessionen an die Liebe zur Kunst, es wurde nichts gesungen, nichts gewagt, nichts gemalt, es wurden keine Gedichte gelesen oder geschrieben. Die einzigen wirklichen Ereignisse ihrer Tage waren die Depeschen der *Eastern Telegraph Company*, anonyme Agenten der großen Mächte, die zu den Märkten Europas und der Vereinigten Staaten geschickt wurden. Das ganze Leben war abhängig von den elektrischen Wellen, die unter tiefen Meeren in einer Geschwindigkeit zirkulierten, die sich kein Aktionär der *Shell Company* vorzustellen versuchte. Die Leute, die Sonntagmorgens die Postsäcke der indischen Post öffneten, hatten sich dort festgesetzt, weil sie mehr verdienten als zu Hause in ihren Grafschaftshauptstädten oder französischen Präfekturen; damit erwarben sie für ihre reifen Jahre und ihr hohes Alter die Möglichkeit, auf den Tod warten zu können, ohne etwas tun zu müssen, außer vielleicht im Garten oder beim Golfspiel. In diesen Kolonialisten steckten im Grunde erbärmliche Kleinbürger.

Da sie nach der Sonne lebten, verließen sie um fünf Uhr nachmittags ihre Bunker und versuchten sich vorzustellen, daß es auch Flüsse auf der Welt gab. Den ganzen Tag über herrschte die Sonne im Mittelpunkt des weißen Himmels, die Felsen glühten, und bei dem geringsten Nachlassen der Aufmerksamkeit konnten die Menschen dahingerafft werden. Aber gegen Ende des Tages sank die Sonne zum Semaphore des Schamschan hin. Eine Art Waffenstillstand wurde geschlossen, und die eine Hälfte der Straßen war von der Sonne befreit. Die Schatten krochen wie Stengel am Boden der Schluchten vorwärts, die Ventilatoren liefen aus wie Flugzeugpropeller nach der Landung.

Sie ließen die Akten der Verträge, Briefkopien, Codes und Frachtbriefe liegen.

Araber vom Hadramaut, vom Jemen, Inder aller Kasten, Schwarze von der afrikanischen Küste und Infanteristen Seiner Majestät versammelten sich in Crater auf der Esplanade um den Fußballplatz. Manchmal spielte das Orchester des Pandschab-Regiments. Die jungen Juden wagten noch nicht, sich die Schläfenlocken abzurasieren, aber am Sabbat trugen sie schon die hellen Jacken, die sie eines Tages auf den Gehsteigen des Mehemet-Ali-Platzes im Anfang der Muski-Straße in Kairo tragen würden.

Vor der presbyterianischen Kapelle übten sich Artilleristen und einige junge Inder im Kricket. Die Priester der italienischen Mission kamen vorbei, in weißen Soutanen und großen schwarzen Polizeischuhen. Polizisten der Moral und Vorsteher der Beichtstühle.

Mit Autos fuhr man zu den bewässerten Orten, zum Garten der Scheich-Othman-Oase, zur Fisherman's Bay, zum Gold-Mohur-Club, wo die weißen Frauen der Kolonie schwimmen gingen. Einige wenige Paare stiegen zum einsamen Leuchtturm von Ras Marshag hinauf.

Man sah sich die blühenden Apfelbäume an, die in den

Spalten des Vulkans standen und deren Blüten sich wie Kohlköpfe mit Wasser vollgesogen hatten. Am Tage nach lächerlichen Stürmen konnte man ganze Wiesen weißer Lilien sehen. Man stieg auch über die Zisternen hinauf, um einen großen vereinzelten Banyanbaum zu sehen, in dessen Astwerk abends ganze Trauben kurzbeiniger Mauersegler schliefen.

In den Klubs hörte man die Billardkugeln aufeinanderstoßen, in Steamer Point wurde bei Tanzmusik gezecht und Karten gespielt. Das waren die knappen Stunden der Waffenruhe, in denen die Europäer versuchten, etwas für ihren Körper zu tun. Da sie meist Engländer waren, wußten sie zum Glück, wie man das am besten macht. Ihr Körper durfte ein bis zwei Stunden existieren, aber nicht der Körper der Franzosen und Italiener, die zu vorsichtig waren, sich zu bewegen.

In diesen Stunden überließen sie sich auch ihren Illusionen. Sie sprachen wie Mister C. von ihren Taten. Das ist ein Wort, bei dem alle Menschen ins Träumen geraten, weil es genau das bezeichnet, was sie nicht kennen. Sie versuchten, so lange sich selber vorzutäuschen, daß sie etwas täten, bis sie es tatsächlich glaubten. Sie verhielten sich also wie ein Dichter. Sich wie ein Dichter verhalten heißt, Illusionen nötig haben. Sie nährten diese Illusionen mit den Kräften ihres Verstandes, ihrer alten Magd, und entwickelten eine Theorie dazu.

Aber sie konnten einem nichts vormachen. Man spürte genau, daß sie ihr Leben nicht liebten. So sehr sie sich auch anstrengten, die Liebe zum Leben kam nicht. So lebten sie also dahin und dachten daran, was sie getan hatten und was sie noch tun mußten. Auf diese Weise verging die Zeit, auf diese Weise hielten sie sich mit Hilfe von Marotten über Wasser. Sie waren gut abgerichtet, ihre Eltern konnten auf sie stolz sein, ebenso ihre Chefs. Sie sahen nicht wie Menschen aus, sondern eher wie Säcke. Wenn man ihnen den Bauch aufgeschlitzt hätte – und das war das einzige, was man für sie hätte tun können –, so wäre Kleie herausgekommen. Dennoch rühmten sie sich, Frauen besessen und Kriegswunden erhalten zu haben. Unmöglich, sich den Austritt dieser Lebenssäfte vorzustellen: Sperma und Blut.

Die Gegenstände ihres Willens existierten nicht, es waren Abstrakta, die man nicht personifizieren konnte: Bilanz, Kredit, Kapitalzirkulation, kommerzieller Erfolg, berufliche Verpflichtung. Kann man mit Kapital ins Bett gehen? Diese Abstrakta waren das einzige, was sie beschäftigte, die Minuten ausfüllte und ihnen ihre ganze Zeit stahl. Sie waren selbst abstrakt, sie führten ihre Anweisungen, die nichts mit dem Leben von Menschen zu tun hatten, wie die geheimen Einflüsterungen eines unheilbaren Lasters aus. Dennoch sagten sie: das Leben, und dachten: wir leben. Das war der erste Schrei des Erwachens und der letzte Seufzer vor dem Einschlafen. Um wirklich leben zu können, hätten sie ihre schlechten Gewohnheiten, ihre Verdauung, ihre Atmung, ihre Ehen, ihre Art, zu schreiben und zu sprechen, aufgeben und sich von Grund auf wandeln müssen. Aber diese Besessenen starben lieber bei kleiner Flamme im Dienste anonymer Kapitalien.

Es war entsetzlich, sie schlafen zu sehen. Sie schliefen nachts, und sie schliefen nach dem Essen wie Schlangen, die verdauen. Ich sah sie unter den Galerien des Hauses in ihren Rohrstühlen schlafen. Endlich ruhten sie aus in einem gastlichen Hafen, auf einer sicheren Reede, im einzigen Glück des Tages, erschöpft, aufgelöst, die Backe auf die Schulter gestützt, der Hals lag in Falten, die Hände hingen schlaff herab, Schweißtropfen rollten von ihrer Stirn. Sie wurden sichtlich von Träumen heimgesucht, Wellen liefen über ihre aufgelösten Gesichter, die letzten Ausläufer der Grundseen des Menschen, die sie bewegten, so wie Insekten tote Tiere bewegen. Sie brummten, wälzten sich und versuchten, mit den Funden des Schlafs, die sie nicht vergessen wollten, wiederaufzutauchen. Aber sie ließen sie fallen, kehrten mit leeren Händen zurück und wirkten trauriger als Frauen, die ein totes Kind geboren haben. Der Schlaf ist für einen Lebenden die Selbstaufgabe, die dem Tod am nächsten kommt. Für sie war er die höchste Stufe der Aufmerksamkeit und Anstrengung, nur durch ihn erfuhren sie etwas von den Sehnsüchten und Wünschen des Menschen.

Wie oft werde ich das Wort «Mensch» wiederholt haben. Aber man nenne mir ein anderes Wort dafür. Es geht darum, genau zu bestimmen, was mit dem Wort «Mensch» gemeint ist und was nicht.

Was sollte man mit diesen gläsernen Wesen anfangen, durch die sogar noch die Träume hindurchscheinen? Das sind die Wahnsinnigen aus Glas von Edgar Allan Poe. Aber Glas ist zerbrechlich. Sie sind auch wie durchsichtige Tiefseefische. Aber Fische kann man fangen.

Weil sie zahlreich sind und aufeinandersitzen, hält man sie für undurchsichtig: viel Durchsichtigkeit ergibt Schatten. Das lehrt die Beschreibung des Glimmers: jedes einzelne Stück ist für sich genommen durchsichtig.

Man hat mir immer weismachen wollen, daß die Menschen undurchsichtig seien. Ich finde, daß sie gar nicht undurchsichtig sein können wie richtige Menschen, wie die Menschen, von denen man in der Geschichte, in der Lyrik spricht. Ist der wahre Mensch also nur eine historische Persönlichkeit?

XI

Wer eine Luftveränderung braucht, kann nach Lahedsch, ins Landinnere oder nach Dschibuti fahren.

Nach Lahedsch fährt man, um Gras zu sehen.

Man fährt mit dem Auto an der Wüste entlang und muß über Sandhügel hinwegkommen, in denen man fast steckenbleibt. Die Araber lassen an den Rastplätzen die Kamele hinknien und geben ihnen Blätter zu fressen. Dann kommt man an einem Trümmerhaufen vorbei, der ein Überrest des Feldzugs von Albuquerque von 1519 sein soll. Nach einigen Stunden sieht man Bäume auftauchen, Lahedsch kommt in Sicht, eine staubige Stadt mit staubigen Häusern, staubigen Palmen und staubigen Menschen.

Der Palast des Sultans ist ein Gebäude in grauem Korallenrot. Es hat ein Ballustradendach, Fensterreihen, Attiken und korinthische Säulen. Im Garten trocknen Tabakblätterbündel an Leinen. Es gibt mattgeschliffene Glaskugeln wie in den Vororten bei Paris, aus denen man die Zukunft lesen kann.

Man tritt ein und steigt eine kahle Treppe empor. Oben steht ein großer Araber in einer rot-gelb gestreiften Seidenjacke und bittet einen, im Audienzsaal zu warten. Das ist ein großer Salon, der im Halbdunkel liegt, weil die Fensterläden zum Schutz gegen die Sonne geschlossen sind. An den Wänden hängen lebensgroße Fotografien in lebensechten Farben vom Vater und vom Onkel des regierenden Sultans. Die Teppiche, die aus Paris kommen, liegen zusammengerollt und verschnürt in einer Ecke, als wenn der Sultan an die See gefahren wäre oder eine Party für seinen achtzehnjährigen Sohn gäbe, der eine Stahlbrille trägt und Knöpfe hat wie ein Schüler der École Normale von Saint-Cloud. Es wird Pulverkaffee in jenen unechten chinesischen Tassen gereicht, die von Armeniern und Syrern auf Schiffen aus dem Fernen Osten verkauft werden. Die Sofas sind mit Samt im Stil Napoleons III. überzogen, man sitzt aus Ehrfurcht auf der äußersten Kante, denn der Sultan ist immerhin ein regierender Fürst. Jetzt kommt er herein, ein großer schwarzer Mann mit der verschlagenen und grausamen Miene der Landstreicher des alten Hafens von Marseille. Im Gespräch verrät er nichts von seinen Ansichten, er wird einem niemals sagen, was er von den Wahhabiten und vom Imam von Sana hält. Zum Schluß erhält man die Erlaubnis, sich im Herrschaftsbereich von Sir Abdul Karim, Knight Commander of the Bath, frei zu bewegen.

Dann geht man sich das Gras ansehen. Die Straße, die parallel zur Eisenbahnlinie Lahedsch–Aden verläuft, ist von Steinmauern gesäumt, die, wie im Morbihan, mit Erdklumpen bedeckt sind.

Man kommt in ein Gebiet von Datteln, Guaven, Papayas, Orangen, Granatäpfeln und durchquert Felder von chinesischen Bananenstauden, die so groß sind wie fünfzehnjährige Kinder. Der Boden ist ein feuchter Filz aus fetten Pflanzen. Die Felder sind von Kanälen umgeben, die, wie im Nildelta, zwischen hohen Böschungen liegen. In den Kanälen fließt Wasser. Im Hintergrund sieht man, jetzt vergrößert, die Berge des Jemen wieder, und plötzlich entdeckt man am Grund einer roten Schlucht, die breiter ist als das Loiretal, den Lauf eines fast ausgetrockneten Flusses.

Was für ein Bild! Endlich wieder einmal Wiesen mit Gras wie in der Bourgogne und Felder in den Farben von Piemont. Die steifsten Leute strecken sich auf dem Gras aus und zittern vor Aufregung, nachdem sie wochenlang nur Steine gesehen haben, wieder Bauern zu sehen und Süßwasser, das man trinken kann – ein Bild, wie man es aus den Georgika kennt. Sie biegen sich über die Platte eines Brunnens. Leider dreht jemand mit dem Fuß den weißen Kadaver einer Schlange um. Während des Mittagessens unter Zitronenbäumen stürzen wie Steine Adler vom Himmel und nehmen den Hunden die Knochen weg, die man ihnen hinwirft; die Hunde erhaschen nur den Wind und eine verlorene Feder. Das ist nicht der Okzident mit seinen friedlichen Feldern der Toskana, der Touraine oder der Landschaft Kent.

Unterwegs trifft man Gruppen von Arbeitern, die von den Feldern heimkehren. Sie tragen nur eine Foutha, die von einem bestickten Ledergürtel gehalten wird, in dem in einer Silberscheide ein krummes Messer steckt. Um den Knöchel tragen sie eine dicke schwarze Schnur. Ein Leprakranker, der an der Straße sitzt, verscheucht mit müden, mechanischen Bewegungen die Fliegen.

Man wird kaum elendere Menschen finden als die Untertanen des Sultans. Die Arbeiter, die ich auf der Straße von Aix-en-Provence mit roter Erde bedeckt aus den Bauxitminen habe kommen sehen, strahlten im Vergleich mit ihnen Kraft und Freude aus. 20000 Menschen leben in dieser Hölle, damit dieser eingeborene Marquis de Carabas seine Felder im Schatten der englischen Militärflugzeuge grünen sehen, damit er sich in Frieden in seinen Glaskugeln betrachten und nach Kairo, London und Paris reisen kann. Auf der Hinreise nach Lahedsch dachte man an die grünen Felder, an die Frauen, die man nach einigen Monaten Keuschheit auf den Rasen legen wollte, und nun mußte man angesichts des Grases die gleiche Rechenschaft verlangen wie angesichts der Fabrikschlote von Saint-Ouen.

Orient, unter deinen poetischen Palmen stoße ich nur auf eine andere Form des menschlichen Leids!

An einem anderen Tag fahre ich auf dem Motorschiff *Halal* nach Dschibuti. Die *Halal* ist ein altes, stark schlingerndes Schiff des Roten Meeres von etwa 400 Tonnen, das einen schweren Ladebaum und einen schlanken Schornstein am Heck hat. Kapitän MacLean läßt es ganz allein fahren; es ist keines von jenen launischen Schiffen, die man alle Viertelstunde kontrollieren muß, es fährt ganz von selbst zur Küste Somalilands hinüber, so wie die Gemüsewagenpferde, die von allein zu den Pariser Markthallen finden, wenn ihr Kutscher auf seinem Kohl eingeschlafen ist.

MacLean schläft, erzählt Frauengeschichten, trinkt einen Schluck aus allen Kürbisflaschen, die an der Takelage bei seiner Kajüte hängen. Immer genau um ein Uhr wechselt er seinen weißen Anzug, setzt einen Helm auf und zieht saubere Schuhe an: Dschibuti kommt in Sicht. Im Hintergrund der Bucht von Tadschura taucht die niedrige Korallenküste auf. In der Ferne sieht man, wie auf einem Gemälde von Leonardo da Vinci, blaue wolkengekrönte Gebirgszüge. Dort beginnt Abessinien.

Sobald das Schiff vor Anker liegt, kommen Leichter mit Lederballen an, in denen in der Sonne glänzende und lärmende Somalis sitzen; sie fangen an, um den Rumpf einen wilden, schwerelosen Tanz zu tanzen, sie springen nackt ins Wasser, nehmen ein Seilende zwischen die Zähne, klettern an der Ankerkette hoch und hinterlassen auf dem Deck die feuchte Spur ihrer langen Füße. MacLean ist schon auf der Mole, tauscht mit dem Leiter der Niederlassung seine Frachtbriefe aus und verschwindet zu den Mädchen und in die Cafés.

Dschibuti hat keinerlei Vergangenheit. Es ist eine südliche Unterpräfektur, die nur 40 Jahre alt ist. Aber dieses Alter hat schon genügt, um die rosa Wasserfarbe von den Häusern abblättern zu lassen und den Bäumen das Aussehen von Bäumen im Garten eines Gouverneurs zu geben.

Hier herrscht das gleiche Leben wie in Aden, jedoch gewürzt mit Schlampigkeit und südeuropäischem, griechischem, französischem, italienischem Zungenschlag. In Aden gibt es geschlossene Klubs, durch deren Fenster man nie hineinsehen kann. In Dschibuti gibt es Cafés. Die Belote verdrängt das Bridge, die Männer sprechen von Frauen. Für einen Franzosen ist es sehr überraschend, all jene kleinen Merkmale wiederzufinden, die Frankreich zu dem machen, was es ist, und bewirken, daß es am gleichen Körper eine andere Kleidung trägt als England. Die Cafés auf dem Menelik-Platz sehen genauso aus wie die von Montélimar, von Avignon; auf der Terrasse eines solchen Cafés komme ich mir ganz wie zu Hause vor; mir gegenüber stehen Droschken mit

Fransenverdeck genau wie in Périgueux. Ganz wie zu Hause, wenn ich sehe, wie der Kommissar an der Tür des Polizeikommissariats mit der Stimme eines ehemaligen Kolonialfeldwebels einen Eingeborenen anbrüllt. Ganz wie zu Hause, wenn ich auf dem Tennisplatz mit dem Gerichtspräsidenten spreche, der einen radikal-sozialistischen Schnurrbart hat und einen Bauch, wie man ihn südlich der Garonne trägt, mit seiner Frau, die völlig nach dem Modell einer Pariser Oberstenfrau und einer Matrone der Rue Paradis geschnitten ist. Ganz wie zu Hause, wenn ich mich vor der Post stehend frage, wie der Postdirektor so schnell ein Auto hat kaufen können. Ganz wie zu Hause, wenn ich auf dem Plateau du Serpent die jungen Mädchen spazierengehen sehe, die wie in Quiberon ein Band um ihr Haar tragen, wenn ich erfahre, wessen Mätresse die Frau des Eisenbahndirektors ist. Ganz wie zu Hause, wenn ich im Laden eines griechischen Kolonialwarenhändlers unter Stapeln von Thunfischdosen von Amieux den griechischen Text von *«Der gefesselte Prometheus»* und *«Ödipus auf Kolonos»* entdecke.

Der gleiche gestaltlose Stumpfsinn wie in Aden, aber in Hemdsärmeln, die mit einem Gummiband hochgehalten werden, und mit einer Vorliebe für Vermouth-Cassis und Mandarin-Curaçao. Alle diese Menschen drehen sich im Kreise, stoßen immer wieder an die unsichtbaren Wände ihres Schicksals und machen zur gleichen Stunde die gleichen Bewegungen wie die Engländer auf der asiatischen Seite, fahren abends im Auto zum Ambouligarten, wo sich Paare trösten, deren Partner austauschbar sind. Es ist Nacht, man umarmt eine namenlose Frau, die dünnen Sträucher der Steppe sind zu sehen, deren Spitzen von Kamelen abgefressen werden. Da diese Sträucher die Formen und Proportionen von richtigen Bäumen haben, kommt man sich vor wie in einer prähistorischen Landschaft, in der die Kamele so groß wie Iguanodons sind.

Da die Franzosen die Angewohnheit haben, von der Liebe zu sprechen, obwohl sie ihr nicht mehr unterliegen als die Sachsen, besitzt Dschibuti ein Sperrviertel. Im Eingeborenendorf, das die Somalis nach zehn Uhr abends nicht ohne Passierschein verlassen dürfen, sehen die Straßen ebenso aus wie überall hier: ärmliche Schilfhütten, die das geringste Hochwasser mit sich wegreißt, Haufen von Fischgräten. Hier riecht es nach einem Gemisch von ranzigem Schafsfett und Parfum.

Man erreicht das Ende dieser Straßen, der langsamer laufende Motor bricht in das Schweigen ein, das mit all seinen Ohren lauscht, ob sich ein Sturm anbahnt. Von allen Türen kommen Mädchen herbeigelaufen, sie führen sich wie Verhexte auf, die von einem Zauber, der sie im Dunkeln hielt, endlich befreit sind. Sie fassen sich an den Händen und springen vor dem Kühler umher, sie schreien mit ihren schrillen Chanteusenstimmen, sie rufen sich gegenseitig etwas zu, es sind große, sehr junge Mädchen, mit grobem Schmuck behangen. Ihre fettige Haut leuchtet schwach im Licht der Scheinwerfer und im roten Widerschein ihrer Hütten. Wie Tierpfoten legen sich ihre Hände um den Hals. Man muß so schnell wie möglich abfahren, wenn man sich nicht einfangen lassen und in die Wellen einer Liebe in der tiefen Höhle der Nacht eintauchen will. Diese Abstiege sind die letzte Zuflucht verlorener Menschen: wird man je auf die Erinnerung an jene wunderbaren kleinen Mädchen verzichten können? Aber dieses Versinken ist mehr wert als eure tugendhaften Gewohnheiten, ihr Europäer; ihr tätet ebenfalls gut daran, süchtig oder ausschweifend zu sein.

Wenn es schließlich Zeit ist, zu den Büros nach Aden zurückzukehren, hat man den Eindruck, daß es sich nicht gelohnt hat, sie einmal verlassen zu haben.

XII

Obwohl alle Einwohner Adens völlig überarbeitet waren, gab es im Grunde absolut nichts zu tun. Das ist das Schlimmste, was man über Menschen sagen kann, weil es ein vernichtendes Urteil über ihren Zustand permanenter Abwesenheit ist.

Kein Fetzen Realität, kein Schritt, der sie zu irgend etwas hätte führen können. Ein nutzloser Müßiggang unter Schicksalsgenossen, die sich mit der Zeit an alles gewöhnt haben, was nicht existiert. Schatten, die von allen möglichen Hungerbedürfnissen hervorgerufen sind. Auch bei richtigen Hungersnöten, in denen man kein Brot hat, leidet man unter Halluzinationen. Sich mit diesem Müßiggang abfinden oder daran sterben? Das ist die einzige Alternative. Da man noch nicht sterben will – denn damit würde man jemanden verletzen und die geheimsten Einflüsterungen des Lebens verraten –, versinkt man im Müßiggang und richtet sich zwischen diesen dressierten Tieren ein, die sich nur mit gespielter und noch dazu fehlgeleiteter Inbrunst lieben können.

Das ist der Augenblick des Abstiegs zur Nekyia. Man muß alle Etappen der Odyssee durchschreiten, ob man nun ins heimische Ithaka zurückkehren darf oder nicht. Für alle Menschen gibt es eine Zone müßiger Gedanken, eine Zone von Ideen, die keine sind, von Lebenden, die Tote sind. Wenn alles, was es auf der Welt gibt, mit einem Verdikt belastet zu sein scheint, regt sich das Innenleben. Das ist das einzige, was bleibt. Man beschwört seine eigenen Schatten, die ständig nur wiederkäuen und prophezeien.

Auch ich werde von dieser Seuche angesteckt, es gibt Bazillen für alle Laster. Wesen und Triebfeder eines unmenschlichen Lebens erkannt zu haben, macht keineswegs immun gegen die Übel dieses Lebens. Ich lebe wie ein Schatten unter anderen Schatten, alles schleicht mit unhörbaren Schritten zwischen den Steinen des Fiebers.

Nichts passiert, nichts drängt. Ich vergesse, daß ich einmal ein Zeitgefühl hatte. Wenn man spürt, wie die Zeit vergeht, lebt man schlecht, aber man lebt. Wenn man gut lebt, vergeht keine Zeit, man verfügt über sie. Aber man hat ein Interesse an der Zeit. Ich aber denke nicht mehr an die Zeit. Niemand kann den Tag voraussehen, an dem sie sich wieder in Bewegung setzen wird.

Sprechen? Mit wem und worüber? Ich glaube, in mir regen sich alarmierende Anzeichen dessen, was für den stumpfen Blick eines Lebenden der größte Verdruß ist: der Tod. Ich bin nicht stärker als die anderen, es gelingt mir nicht, das Nichts zu begreifen, mein eigenes zukünftiges Nichts, obwohl das Nichts durch die Idee, daß man es begreifen kann, aufgehoben wäre. Ich betrachte mich also als tot, aber noch nicht als ganz tot, ich stelle mir eine verminderte Existenz vor. Ich bin also nicht weiter als Achilles. Schließlich nehme ich diesen Zustand als eine ständige Ankündigung meines Todes hin. Ich empfinde diesen Zustand als grauenvoll; wenn das wirklich der Tod ist, dann ekelt er mich an, wenn er weniger die Verneinung des Zukünftigen ist als ein gerade noch menschlicher Zustand wie Krankheit, Kälte, physischer Schmerz. Ich empfinde mich als tot: die Gleichgültigkeit ist vollkommen. An jene Wochen, die ich noch nicht als Toter erlebte, kann ich mich nicht mehr erinnern. Das ist das letzte, was ein Lebender denken kann, der sich so weit wie möglich dem Nichts nähern will, um dessen Bedeutung zu begreifen. Der wirkliche Tod ist, was er ist, was das Leben nicht ist, der Zustand eines Menschen, der nichts denkt, der sich nicht denkt, der nicht daran denkt, daß die anderen ihn denken. So weit bin ich noch nicht. Noch ist nichts verloren, aber mein Zustand ist erschreckend.

Anfangs gab ich mich als Snob. Ich sagte mir: ich bin wieder versöhnt mit meinem Körper, ich regeneriere mich durch das volle Auskosten der Gesten, die mir mein Fremdsein erlaubt. Aber sogar der Körper kann seine Zeit verlieren, er kann die Chancen verspielen, mit der Gesamtheit der Ideen eins zu sein. Er muß Gegenstände zu Gefährten haben, andernfalls hat er nichts zu tun, ist ganz allein, weiß nicht, was er mit seinen Muskeln anfangen soll, und läßt den Geist verkommen. Wenn er den Luftzug der schwachen Winde von Paris vergessen hat, das morgendliche Umschlagen der Meeresbrise, die Formen des Frosts, die Salz- und Kristallgebilde, die die Fensterscheiben schützen, die Wiesen und Flüsse, das Stück Erde, an das er gewohnt war, dann ist er beschäftigungslos. In Aden hat mein Körper noch weniger zu tun als in Paris. Er stößt auf nichts: er steht auf grauem Sand, auf vulkanischem Bimsstein, vor offenen Rissen, in einer urzeitlichen Landschaft, die von Rochen, Haien und Regenbogenfischen bewohnt ist. Das Meer bespült eine völlig kahle Küste, die Skelette jener Gebilde, die der Okzident Hügel, Vorgebirge und Täler nennt. Was soll der Körper mit dieser gleißenden Anhäufung von zerfallenen Mineralien und nachts mit der Gesellschaft vom Beteigeuze und vom Kreuz des Südens anfangen, die Millionen von Lichtjahren entfernt sind?

Wenn von den auf geheimnisvolle Weise abgeklärten Elementen des Universums nur farblose Dämpfe und ein Bodensatz von Schlamm und Steinen übrigbleiben, dann ist der Körper verloren, und mangels Liebe und menschlicher Tätigkeiten kann man sich seiner nicht mehr bedienen.

Dann beginnt das Grübeln über die Vergangenheit und die Zukunft, über die unbekannten Mächte, die vielleicht von einem selbst herrühren, über das, was heute unmöglich ist, was aber hätte sein können, über das, was noch nicht da war, was noch in unserer Macht steht. Diese ständige Beschäftigung mit den möglichen Dingen ist eine Frucht des Müßiggangs. Es ist eine Existenz, die keiner wirklichen Ausübung des Denkvermögens mehr fähig ist. Ein Gedanke richtet sich auf etwas, bei dem eine unmittelbare Gegenwart mit einer bestimmten Tätigkeit verbunden ist. Ein Gedanke enthält Gegenstände, die an eine bestimmte Zeit und an einen bestimmten Ort gebunden sind. Auf sie richtet er alle seine Kräfte, und für sie setzt er sie in Bewegung. Ein Gedanke hat Lust auf etwas. Er will etwas erreichen.

Wenn ich auf den Abhängen des Vulkans spazierengehe, bin ich ganz allein, ich bin unglücklich wie die Steine. Ich gehe an Lavagrotten vorbei, in denen es von Fledermäusen wimmelt, ich gehe auf Wegen, die von weiß angemalten Steinen gesäumt sind, am Grund von Schluchten, in denen Dornen und giftige Rauten wachsen; von ihrem Nest aus beobachten mich unverwandt große Geier. Die Nacht kommt wie eine Wolke oder ein Vogel. Auf dem Gipfel des Dschebel Schamschan sinkt die Sonne mitten in einer gläsernen Einsamkeit. Das ist die Stunde, in der man, ohne sich die Finger zu verbrennen, Lavastücke und flache Steine aufsammeln kann, auf denen Kristallspiele versteinerte Farne vortäuschen. Ich bin verloren. Ich möchte zu den Menschen zurück, aber unter den Lichtern Adens erwarten mich keine Menschen, es gibt dort keine. Der Krater ist eine große Urne, in der sich die Nacht verdichtet und die geheimnisvollen Requisiten ihrer magischen Operationen sammelt. Die Flaggen der Seewarte tauschen ihre letzten Signale mit den Schiffen aus, die jetzt noch von Little Aden her auftauchen, das die Matrosen «Eselsohren» nennen. Die Dämmerung, kalt wie Quecksilber, ist voll unsichtbarer Gesichter, geheimer Konventionen und Drogen zur Magie der geheimen Verwandtschaften. Sie schlägt wie ein Herz. Ich bin nicht vom gnadenlosen Tag errettet, ich wage nicht, irgend etwas von dieser Nacht zu erhoffen, die sich um den durch sie erkalteten, tödlichen, von den Spiegelungen des Mondlichts im Meer umschriebenen Vulkan bis ins Unermeßliche ausdehnt.

Ich mag kaum an die gegenwärtige Form des Lebens denken, das mich führt. Es umfaßt keinen einzigen materiellen oder menschlichen Gegenstand. Ein Gegenstand des Denkens kann ebenso die Liebe einer Frau wie ein Baum sein. Alles ist Abwesenheit. Zeigt mir mein Werkzeug, meine Tiere, meine Bedürfnisse, meine Menschen, Felder, Waffen. Wenn ich nur ein Feld hätte, wäre alles in Ordnung, oder nur einen wirklichen Beruf. Ich habe Gegenstände, die meine Sklaven sind, jene von den alten Gewohnheiten befreiten Dinge, die keine Einfälle und keine Freude hervorrufen: Möbel, Federhalter, Taxis, Zähne, Brillen, Kleidungsstücke, Hände, Türen.

Man muß etwas für die Gegenstände tun. Was für eine Quelle von Verzweiflung und Langeweile sind doch die Gegenstände, die wir nur allzugut kennen. Sie spielen in der menschlichen Existenz eine ebenso große Rolle wie die Menschen selbst. An sie denken ist eine wohlverwendete Anteilnahme.

Es kann jedem einmal passieren, daß er unvermittelt merkwürdige Erscheinungen sieht. In Bourg-la-Reine habe ich in einem Bonbon einen Seeigel gesehen, der dort gewachsen und schöner war als jene Segelschiffe in Flaschen, die von pensionierten Seeleuten gebastelt werden, wie ich es auf den Dämmen von Belle-Île-en-Mer gesehen habe. Optiker, die sich im Jahrhundert verirrt haben, dekorieren ihre Schaufenster mit Glas, Horn und Metall, mit Zeichen, die nutzloser sind als die poetischen Linsen, die auf den Gehsteigen vor den Apotheken ein Licht verbreiten, das die verschiedensten Metamorphosen zeitigt. Es sind weiße Schadel, ebenso fleckenlos wie Himmelssphären, altmodische Atlanten des Geistes, die auf der Stirn als Tätowierung den Namen: Schädellehre tragen. Die Phantasie der Fotografen schmückt die Schenkel der Modelle mit schwarzen Spitzen und Strumpfbändern, auf denen kleine Figuren, Sprüche, Attribute zu sehen sind, die die Sinne auf die unbewohnbarsten Zonen der Liebe lenken, ebenso wie die durchbohrten Herzen der Jungfrau der Schmerzen und die Blumen der heiligen Theresa von Lisieux.

Diese verlorenen Inseln haben jede Verbindung verloren zu den unkalkulierbaren Quantitäten von Stoff, der zu irgendwelchen Zwecken bearbeitet wurde, keine Brücken, keine Hebel mehr. Ausgebrochen aus dem Kreis, in dem sich die Sklaverei der Behälter, der Instrumente abspielt, können sie zu keinem der vom gesunden Menschenverstand legitimierten Zwecke mehr dienen. Ihre Häßlichkeit, ihre Armseligkeit hindert jedoch nicht, sie als Teile einer Welt zu erkennen, in der die Gegenstände und ihre Herren in Freiheit leben. Die Tatsache, daß sie von pensionierten Beamten erfunden wurden, verbietet nicht, sie mit den Zeichnungen von Leonardo da Vinci und mit den Gedichten von Rimbaud gleichzusetzen; sie wurden von ihrer Bestimmung losgelöst und sanken schließlich auf die Stufe einer Kanone oder einer Fahne herab. Sie erschließen den Zugang zu einer Welt, in der die Dinge keine besondere Gebrauchsanweisung erfordern, in der die entsprechenden Handlungen keine Ausbildung von Fähigkeiten, keinen Ekel, keine prophylaktische Maßnahme, keine Sanktion hervorrufen. Leider kennen die Menschen schon mit zwölf Jahren auswendig, was ihnen folgen wird. Es geht darum, Gegenstände zu finden, die nicht zu Dressuren verpflichten, zu Handlungen, die auf Ämtern für Gewichte und Maße geeicht werden. Wir können all unsere Hoffnung nur auf ein Leben setzen, in dem die Erfindung, die Neuartigkeit von Gegenständen, die uns zu all dem Zugang verschaffen, was noch nie zu irgend etwas gedient hat, eine glücklichere Mischung bilden als die von Platon erfundenen. Wenn alle Möglichkeiten des Menschen, seines Körpers, seiner Triebe, seiner Künste ausgenutzt werden, erst dann wird man wissen, was der Mensch ist. Inzwischen leben wir in unserer Armseligkeit mit den Gewohnheiten der Gegenstände, den Manien unserer Brüder, und niemand ist zufrieden. Unsere

Brüder können jedoch die naivsten und die vielfältigsten unserer Dinge sein.

In Aden hat die Beschäftigungslosigkeit entsetzliche Ausmaße. Es fehlt einem alles, selbst jede Spur von Kunst oder Philosophie.

Also herrscht die Frivolität der Vergangenheit, der Staub einer Zukunft aus Gewohnheiten und Systemen, der Wahnsinn, der die Bestandteile der Armseligkeit kombiniert, die keine Seeigel in der Flasche kennt, keine *Saisons en enfer*, keine Frauen ohne Familie. Ein Schachspiel, bei dem die Lebenden gegen die Toten verlieren. Die dunkle Ahnung, daß die Zahl dieser armseligen Kombinationen trotz allem unendlich groß ist, führt zu einem Zustand, den man nur Verzweiflung nennen kann. Alle Legenden der Leere entsprechen übrigens dem Leben, wie es sich der Verstand und die antike Philosophie vorstellen. Das Innenleben ist Verstand. Die Verzweiflung rühmt sich manchmal einer lächerlichen Subtilität. Der Verstand ist wie ein irrer Greis, der Abfälle zerreibt und aus den Resten zerstörter Zustände Neues macht. Er stellt gleiche Teile her, ohne irgendeine Hierarchie der Bedeutung, der Proportionen oder der Reize zu beachten. Dadurch, daß seine Betrachtungsweise immer mit ihm selbst identisch ist, werden sie für ihn alle gleich. Er hat zwei Grundsätze: A ist gleich B; und: das ist mir egal. Die Wahrheit steckt in Kalauern. Er beschäftigt sich, wenn sein Herr nichts zu tun hat, weil er immer allein herumlaufen und sprechen muß: was für ein Leben! Der Herr sieht ihn arbeiten, wie ein Gelähmter seinen Arm zucken und zittern sieht. Es gibt kein Anzeichen dafür, daß das einmal endet. Der Herr will nichts, und deshalb stößt er niemals auf einen Gegenstand, von dem ihm sein Verstand sagt, er sei wirklich wichtig und in der Lage, alle anderen zu verdrängen; die Begegnung mit irgendeinem Gedanken ist ihm gleichgültig, er ist zu rein, um eine Wahl zu treffen, er ist ein Spiegel, der keines der gespielten Bilder bevorzugt, der Ort aller möglichen Gedanken. Ihm ist alles egal: er gefällt sich ebenso in Operationen der Analyse wie in Formen aller möglichen Welten, aller einem Menschen möglichen Lebensweisen. Alle Spielarten einer Algebra zu finden, ist der einzige Traum, den er zuläßt: die Algebra von Leibniz zum Beispiel enthält alle Rezepte des Innenlebens, alles, was den stufenweisen Abbau des äußeren Lebens rechtfertigt. Mit diesen armseligen Signalen bietet er nichts an, findet er an nichts Geschmack, umfaßt er das ganze Sein, und der von ihm ausgehöhlte Mensch schließt endlich aus dem notwendigen Scheitern der Vernunft auf das allgemeine Scheitern des Menschen. Diese Verallgemeinerung ist die letzte Grenze der Vernunft und ihre perfekteste Operation. Man kann dann nur noch so weitermachen und in neuer Art und Weise an den Tod denken. Wenn alle Erscheinungsformen des Lebens keinen Grund für eine Wahl liefern, erfinden manche tröstende Beschreibungen des Todes. Jenseits dieser Wasserscheide hoffen sie Ereignisreserven zu finden, die der Verstand gar nicht zu begreifen und die Phantasie sich gar nicht vorzustellen wagt. So erliegen sie den fatalen Illusionen des Müßiggangs und glauben schließlich an eine neue Art von Leben, das aus dem Spiel der unbekanntesten Teile des Universums und der Metamorphosen bestände, deren der Verstand fähig wäre, wenn er erst von diesem Körper befreit ist, den er als einen Elefanten im Porzellanladen empfindet. Ein Leben, in dem die totale Ausübung des Verstands nicht mehr von den Erfordernissen und dem Müßiggang des Körpers eingeschränkt wäre, der das Leben des Fleischs und die Anwesenheit der Welt liebt. Wenn sie noch weitergehen, dann denken sie an Engel.

In sechs Monaten durchschritt ich all diese tödlichen Etappen. Zum Glück können sich mein beschäftigungsloser Körper, meine Triebe dem Kalkül, dem *l'art pour l'art* nicht unterwerfen. Ich hasse dieses Leben. Ich beginne, mich nach einem menschlichen Zustand zu sehnen, der der unerträglichen Abstraktion diametral entgegengesetzt ist. Ich bemühe mich, mir freie Menschen vorzustellen, die in der Wirklichkeit und nicht, wie Christen und Bankiers, nur im Traum ganz und gar sein wollen, was ein Mensch sein kann.

Ich sehe jeden Tag, wie kindisch die Angst ist, von der wir in Paris besessen waren: die Handlungen, die man uns empfahl, entsprechend dem Rang unserer Familien, einer kindischen, bürgerlichen Wohlanständigkeit und den abstrakten Funktionen der bürgerlichen Welt, waren derart absurd und müßig, daß wir schon glaubten, alle Handlungen seien steril wie fromme Schwestern, die Kräutertee trinken, damit sie einen Hängebusen bekommen, und das einzige Dekor, in dem die Menschen sterben, sei die Nacht. Wenn wir schliefen, hatten wir Träume, die uns eines Besseren hätten belehren können, aber wir sahen, daß unsere Lehrer genug Macht hatten, unseren Träumen den Zugang zum Tag zu verwehren. Daher unsere Ausbruchsversuche, die katastrophal wirkten. Wir merkten nicht, daß alle Welt froh war, uns fliehen zu sehen, und uns dazu ermutigte. Alle jene Ratgeber werden mit ihrem üblen Trick bald scheitern. Alle waren sie voller Lob für die verschiedenen Formen des Sichzurückziehens, für tiefe Gedanken, für das Bekenntnis, für die Selbstbeobachtung, für eine bestimmte Poesie, für das Billardspiel, für die Religionen, für das Kino, für Abenteuerromane, für Kriminalzeitungen, für Flugzeugüberfälle. Romanschreiber innerer Abenteuer und Psychologen der Bekehrung standen hoch im Kurs; man beglückwünschte die jungen Leute und kleinen Angestellten, daß sie sich ein Leben der Phantasie schufen. Man nannte es zum Beispiel «die wiedergefundene Zeit». Man gab zu verstehen, daß auch der Buddhismus ganz reizvoll sei. In dieser Zeit waren unsere Lehrer beruhigt: wer auf der Suche nach der verlorenen Zeit ist, ist ungefährlich. Fliehen bedeutete, man verzichtet darauf, sich die Welt, aus der man floh, allzu genau anzusehen und an dem Tag, an dem man begriffen hatte, Rechenschaft zu verlangen. Geht spielen und laßt die Erwachsenen in Ruhe. Es gab einen großartig ausgeklügelten Plan, wie man die gegenwärtigen Übel und eventuellen Mittel gegen sie vergessen konnte. Jedes Fragen und Suchen in der Gegenwart bringt die etablierte Ordnung in Gefahr. Ihr haltet euch für unschuldig, wenn ihr sagt: Ich liebe diese Frau und will meine Handlungen nach dieser Liebe ausrichten, aber ihr fangt damit eine Revolution an. Übrigens wird eure Liebe scheitern. Es ist eine Todsünde, nach Freiheit zu verlangen und zu verkünden, daß ihr etwas für sie tun wollt. Man wird euch verstoßen. Wer eine menschliche Handlung verlangt, greift die treibenden Kräfte unserer Leiden an. Diese Forderungen sind einfach: als ich zum erstenmal daran dachte, kam ich mir vor wie Kolumbus oder Newton; sie sind übrigens wichtiger als die Geschichte des Eies oder die Berechnung von Schwellungen. Sie sagen den Untergang der Welt voraus. Wenn jemand auf einem öffentlichen Platz in Paris erklärte, daß die Menschen wie Menschen leben sollten, daß sie seit jeher das Recht hätten, es wie die Pflanzen zu tun, die als Pflanzen leben, würde er unter Rudeln von Polizisten begraben werden. Diese Forderungen sind deshalb einfach, weil man die Fabeln nur gegen die zu kehren braucht, die sie erfinden, weil man bloß die Kräfte sich entfalten zu lassen braucht, die nur existieren wollen, ohne alle fünf Minuten dialektische Rechtfertigungen dafür liefern zu müssen.

Würde ich mich damit begnügen müssen, mir das menschliche Leben nur von meinem Bett aus, außerhalb der Zeit vorstellen zu dürfen, in die Farcen des Innenlebens zurückzufallen? Man frage mich nicht, woraus es besteht und woran es erinnert. Ich habe es nicht gemeistert, ich taste mich vorwärts, es ist, als wenn man abends auf dem Land eine Taube fangen will, die zu ihrem Taubenschlag fliegt; man weiß, daß sie da ist, daß man sie an ihren Flügeln anfassen muß. Die Stein- und Gedankenwüste verschwindet. Ich behaupte, daß es entgegen dem, was die falschen Propheten verkünden, Dinge und Handlungen gibt, die ebenso natürlich sind wie Pferde, die an Zeiten und Orte gebunden sind, zu denen die Menschen Zugang haben. Nicht einmal die raffiniertesten Tricks dessen, was ihr eure Seele nennt, können sie nachahmen. Was nur möglich ist, überlassen sie den Irren, die ihr selber seid. Es wird zum Beispiel nötig werden, ein Werkzeug zu handhaben, sich mit den Lebenden zu beschäftigen, die Toten zu annullieren, endlich unsere Körper kennenzulernen, unsere Feinde zu töten, Gegenstände zu erfinden, Kindern das Laufen beizubringen, zu lachen, die Welt erkennen zu lernen.

Echtes Handeln bedarf ganz anderer Komplizen als alle eure leere Algebra: Macht, Bedürfnisse, Besitz. Alles muß zum Wiedergewinn dieser natürlichen Komplizen führen, deren Stimmen ihr mit viel List und ausgeklügelten Maßnahmen unter dem Deckmantel von Logik und Moral zum Schweigen bringen wollt. Sie sind viel leichter zu lieben, als eure Bürger- und Verrätergeschichten es glauben lassen wollen. Sie liegen so nahe, daß unsere Sprache sie nicht zu nennen weiß: sie haben die menschlichen Beziehungen noch nicht an sich gebunden.

Konnte ich diese banalen Wahrheiten erst in tropischen Wüsten herausfinden und mußte ich bis nach Aden verschlagen werden, um hinter die Geheimnisse von Paris zu kommen? Als ich zurückgekehrt war, sah ich, daß viele andere sie am Boden der Seine hatten vorbeiziehen sehen. Ich bedaure nichts, sie sprangen einem in die Augen, sie zeigten sich in einem so grellen Licht, daß ich ganz sicher bin, sie nie zu vergessen. Ich war meinem Ende zu nahe, als daß ich sie als Irrtümer der Jugend ansehen könnte. Niemand wird mir weismachen können, daß Wachstumsschwierigkeiten alles erklären.

Die Chancen, im Quartier Latin auf sie zu stoßen, schienen mir gering. Man hatte mir so viele Decken übergeworfen, daß ich hätte ein Verräter werden, daß ich hätte ersticken können.

XIII

Man komme mir nicht mehr mit dem verführerischen Bild von poetischen, heilbringenden Reisen zu Meerestiefen, Länderkolossen und merkwürdig gekleideten Personen vor dem Hintergrund von Wäldern, Gebirgen, Bergesgipfeln in ewigem Schnee und dreißigstöckigen Häusern.

Ich weiß, was ich von den Reisen zu halten habe, von denen man in Frankreich zwischen 1920 und 1927 sprach, verblaßte Bilder vom alten christlichen Tod auf der Welt, Verzicht auf die Welt für die feierlichsten Verheißungen des lieben Gottes, der von einer Erneuerung, von neuen Arenen sprach, in denen das Leben ganz und gar neu würde. Überfülle von Visionen, Überraschungen, geoffenbarten Ereignissen, Überfülle von Göttlichkeit.

Ich bin überall auf die gleichen Leute gestoßen, die mir Entsetzen eingeflößt hatten. Genau das bedeutet der Ausdruck: zwischen Scylla zu Charybdis.

Ich könnte daraus die ständige Berechtigung ableiten, Angst zu haben und weiterhin den Ewigen Juden zu spielen.

Aber ich bin ein französischer Bauer. Ich liebe die Felder, ich liebe sogar ein einziges Feld und würde mich für den Rest meiner Tage damit begnügen, wenn nur ab und an Nachbarn vorbeikämen. Ich halte nichts von der Hoffnungslosigkeit eines Wanderdaseins. An den Ufern des Roten Meeres, des Indischen Ozeans, im Nildelta und anderswo habe ich erfahren, was das bedeutet. Von Zeit zu Zeit mußte ich mich gegen die Reiselust wehren, indem ich Aden als mein Feld ansah, obwohl dieser Versuch eine Vergewaltigung meines wirklichen Empfindens war.

Ein Riff nach dem anderen, nein, ich ziehe das Land vor.

Ich will nichts mehr von Schiffahrtslinien und Reiserouten hören. Man hat immer den Eindruck, auf einem Gipfel zu stehen, von fast vertikalen Abhängen eingeschlossen zu sein, an deren Fuß man abstürzen, versinken würde. Alles ist einem genommen. Ein Hafen kommt in Sicht, man geht an Land, man hofft, eine Stadt mit ihren Einwohnern zu besitzen. Nichts da! Das Schiff lichtet die Anker, und man hat wieder einmal eine menschliche Niederlassung und eine Gelegenheit verpaßt, seßhaft zu werden. Das ist die Wahrheit der Reisen. Man schließt seine ausgestreckten Arme, wie ein Verdammter im Hades, über dem Rauch der Schiffe, den Nebeln des Lichts. Reisen ist eine Folge von endgültigen Abschieden.

Verzichten wir darauf, ersehnte Archipele zu erobern, Erdöl- und Gewürzproduzenten, auf denen die Poesie große Frauen in farbigen Kleidern ansiedelt, Schwestern der Ariadne, die die Früchte des Meeres aufsammelt und die Rückkehr des Theseus erwartet: 1926 habe ich Kaufleute mit ehrlicher Rührung von der Begegnung der Königin von Saba mit dem König Salomo, vom Königreich Balkis und der Küste der Aromaten reden hören. Sie glaubten, diese Königreiche seien ihnen zugänglich und es sei zu hoffen, daß ein für die phantastischen Elemente seiner Wissenschaft empfänglicher Archäologe sich auf die Suche mache nach Ophir «zwischen Aden und Dafar».

Ich dagegen werde mich nicht zur Hölle der Reisen verurteilen, mag Ariadne in Frieden sterben. Meine Feinde haben sich verrechnet, wenn sie mich für so naiv halten.

Aber es ist immerhin sehr nützlich, sich jene simple Tatsache vor Augen zu halten, daß es uberall Menschen gibt, selbst in den Großstädten der Wüste. Ich mußte erst viele Seemeilen zurücklegen, um zu begreifen, warum ich vor meinen Landsleuten, die ich hätte lieben müssen, solche Angst hatte. Wie einfach ist doch das alles! Empfindsame Frauen, Kinder und sogar respektable Personen wie Ärzte und Notare gehen nachts allein spazieren aus vielen gewichtigen oder weniger gewichtigen Gründen, die im Augenblick uninteressant sind. Manchmal sehen sie einen Baum, einen Baum, der nichts ist als ein Baum, mit Ästen und Blättern, einem Stamm, einer Rinde, einem Splint, mit Nestern, Nachtvögeln und vielleicht einem Schatten, wenn der Mond gerade scheint. Sie können ihn für ein Gespenst halten, das ihnen nachstellt, oder einen Verbrecher, der die Frau vergewaltigen, den Mann bestehlen, das Kind entführen will. Sie können fliehen, als wenn ein Zug auf sie zuführe. Aber sie können auch näher herangehen und sich davon überzeugen, daß ein von der Dunkelheit entstellter Ast nur ein Ast ist, auf den man ebenso klettern kann wie am Tage.

Ich machte große Umwege, um schließlich zu erkennen, daß es ein Ast war, vor dem ich soviel Angst gehabt hatte. Ich will sagen, ich stoße wieder auf die schrecklichen Schatten, vor denen ich geflohen war, und sehe jetzt, daß es Menschen sind, deren Zahl lediglich gefährlich sein kann. Ich betrachte sie von nahem: sie haben die gleichen Ausmaße und die gleichen Formen wie in Frankreich. Aber die Nacht, die sie so furchtbar machte, jene Nacht der Legenden, des Wissens, der Wörter und der Künste ist von einer Sonne vertrieben, die sogar noch die Toten austrocknet. Wie wenig Gewicht sie haben! Wie leicht es mir jetzt wird zu begreifen, warum ich fürchtete, ihnen ähnlich zu werden!

Das ist der Gewinn der Reisen. Es gibt nur eine einzige gewinnbringende Art zu reisen, das ist die Reise zu den Menschen, die Reise des Odysseus, wie ich hätte wissen müssen, wenn mir meine humanistische Bildung etwas genützt hätte. Und sie endet immer mit der Rückkehr. Der ganze Gewinn einer Reise liegt in ihrem letzten Tag.

Was die Poesie angeht, so mögen die letzten mineralischen Elemente der Reisen im Vergessen der Meere versinken.

Im Raum liegt für die Menschen kein Heil. Es gibt Schriftsteller, die von den Lektionen der Landschaften sprechen und so tun, als wenn die Steine und der Himmel sich einer Mimik befleißigten, aus der wir Lehren ziehen könnten. Die Menschen können dafür die Verhaltensweisen und moralischen Tugenden einer Stadt, eines Landstrichs, einer Vegetationszone annehmen, als da sind Heiterkeit, Intelligenz, Größe, Verzweiflung, Wollust.

Aber ernst zu nehmende Reisende halten wenig von solcher Rhetorik: Die Reiseberichte von Montaigne sind trocken, die von Descartes farblos, sie zeugen kaum von Interesse für die Menschen.

Ein Mensch ist kein Auge, das betrachtet, kein Ohr, das lauscht. Der Raum spielt bei den Komplikationen, die eine jahrhundertealte Zivilisation in ihren verschiedenen Zonen hat entstehen lassen, keine Rolle. Er sagt nichts, er bietet sich allem an, was die Menschen mit ihm machen. Er ist nichts als ein Sammelbecken, ein Wachs, in das man alles einprägen kann, und man darf die Einprägungen des Menschen nicht für Eigenschaften des jungfräulichen Wachses halten.

Wenn man gesagt hat, daß es Landstriche gibt, wo man vor Kälte krepiert, und andere, wo man vor Hitze umkommt, und daß man nur in den Zwischenzonen erträglich leben kann, ist der Poesie der Erde nicht mehr viel hinzuzufügen. Die Länder sind keine Mitglieder eines Vereins noch Morallehrer oder Missionare, die in der einen Ecke die Unordnung, in der anderen die Ordnung predigen: alles ist in uns. Sie können uns von nichts überzeugen. Ein solcher Lyrismus wäre ganz und gar gegenstandslos.

Nur der Zufall führt einen in die Ordnung oder die Unordnung der Menschenherden, die in der jeweiligen Landschaft leben, und man wird immer gezwungen sein, ein Urteil zu fällen, zu lieben, zu verachten, nachzugeben, Widerstand zu leisten. Der Mensch wartet auf den Menschen, das ist seine einzige vernünftige Beschäftigung. Dann verwechselt er auch das ländliche Wohlleben nicht mit einer Seelengemeinschaft und die Farbmischungen nicht mit den Inspirationen der Gnade. Es gibt keinen Anlaß, sich für erlöst zu halten, weil man das Getreide auf den Feldern grünen sieht: der Anblick der Familien, die sonntags nach Nogent-sur-Marne herunterkommen, enthält alles, wovon man in der Natur wirklich berührt sein kann.

Erzählt mir so lange ihr wollt, was der Mensch auf dieser ständig wechselnden Bühne treibt, und es ist möglich, daß ich euch begreife. Nur ein menschliches Urteil ist verständlich, selbst wenn es sich um die Erde handelt: ein Landstrich wirkt melancholisch, wenn Kinder in ihm verhungern, tragisch, wenn Polizeitruppen und Kanonen ihn durchqueren, schön, wenn in ihm jeder eine Frau küssen kann, ohne vor Kälte oder Angst zu zittern. Das einzige, was ich verstehe, ist, daß die verschiedenen Länder den Begierden und der Freude unterschiedliche Widerstände entgegensetzen. Wenn ich zwischen den vier Elementen wie ein Mensch leben kann, dann ist mir jedes Land recht. Wenn ich nur atmen kann. Die Liebe zum Schönen wird mich vielleicht erfassen, wenn ich alt bin. Aber über eure Offenbarungen der Natur, die voller Symbole stecken soll, kann ich nur lachen. Warum soll ich mich ohne Hoffnung auf menschlichen Umgang in die Natur zurückziehen und ihr mehr vertrauen als den Lebenden? Nur eine Verweigerung der Liebe, der Freundschaft, des Sieges, nur völlige Verzweiflung können zu einem solchen Rückzug führen. Diese Weisheit, die jede Hoffnung auf den Menschen verloren hat, ist die Weisheit Epikurs: als alles verloren schien, ließ dieser Held brennen, was nicht zu retten war. Warum wollt ihr mich absolut so verzweifelt sehen, daß ich mich den Bewegungen des Himmels ausliefern muß? Ich werde euch mehr zu schaffen machen, als ihr es für möglich haltet.

Als ich die Menschen begriffen hatte, dachte ich nur noch an Rückkehr und war ungeduldig wie ein Pferd mit großen schwarzen Augen und ängstlichen Füßen. Ich sah, wie ich meine Zeit verlor, das einzige, was mir wirklich gehörte. Aber wie alle Leute habe auch ich zu wenig davon: Ich werde sterben. Meine Isolierung verbot mir jede wirksame Aktion, jeden Kampf, der in einer Stadt des Orients lächerlich gewesen wäre. Ich vermutete auch, daß ich in Europa in meinem Kampf nicht allein bleiben würde.

Nur den Menschen, die man kennt, kann man Freude machen, und die Liebe ist die vollendetste Form des Kennens, ebenso wie der Haß. Unter allen Feinden des Menschen war mir keiner so vertraut wie Frankreich. Frankreich konnte ich also nach allen meinen Kräften den größten Schaden zufügen. Es gibt viele Arten, jemandem Schaden zuzufügen, wenn man seine Lügen, seine Eitelkeiten, die empfindlichen Stellen seines Körpers kennt. Ich dachte also anders an Europa, als bevor ich es verlassen hatte. Europa ist kein Toter, sondern ein Baumstumpf, der nach überallhin seine wildwachsenden Wurzeln ausstreckt wie ein Banyanfeigenbaum. Machen wir uns also erst an den Stumpf, denn im Schatten seiner Blätter herrscht der Tod.

XIV

Gemessen an meiner Ungeduld, komme ich zu langsam zurück, oder besser: zu langsam wieder herauf. Wir glaubten an die Welt zu denken und denken nur an die Landkarte, und wenn man von Süden nach Norden fährt, fährt man auf der Weltkarte von unten nach oben. Im Himmel hat das keine Bedeutung. Der Norden liegt in allen Himmelsrichtungen.

Diese Reise wird von Winden und dem Laden und Löschen der Fracht täglich verzögert. Zwischen Massaua und Dschidda müssen wir gegen einen Sturm ankommen, der uns blendet und weiß ist mitten in den Bränden der durchgewirbelten Luft. Unsere Geschwindigkeit sinkt auf fünf Knoten. Ich esse chinesische Bananen, das Geschenk eines arabischen Kaufmanns aus Hodeida, ich rieche den Geruch der Schafe im Laderaum, ich brenne vor Ungeduld und Wut. Werden mir jetzt sogar noch Winde entgegengeschleudert?

Die zur Hälfte im Sand versunkenen Städte hinter den Korallenlinien geben Zeichen, die sofort wieder erlöschen. Das ist ein schrecklicher Film von aufblinkenden und sofort wieder verschwindenden Bildern, der nur schwache Erinnerungen hinterläßt.

Zeila ist einer der Häfen der britischen Küste von Somaliland. Es heißt, es sei auch ein Hafen der Königin von Saba gewesen. Es liegt ungefähr 60 Meilen südöstlich von Dschibuti.

Es ist nur ein Flecken, der den Meeresspiegel nicht weiter überragt als ein Floß. Vom Schiff aus wirkt es wie ein verblichenes Bild. Es ist ganz und gar nicht eine jener hohen Sonnenerscheinungen, die wie große Galeeren mit Flaggen, Türmen und Masten aus der Wasserfläche emporragen, sondern ein Bild, das den Einwirkungen von Sand, Wind und Sonne ausgeliefert ist.

Da die hohe See vom sichtbaren Ufer durch eine jener heimtückischen Untiefen getrennt ist, deren Linie man auf den nautischen Karten verfolgen kann, bleiben die Schiffe weit draußen. Die Passagiere steigen zunächst in eine kleine Eingeborenendau, die selbst bei Windstille auf dem Wasser schaukelt. Schwarze Seeleute kauern am Bug und warten ungeduldig darauf, das Ufer mit den Händen berühren zu können. Dann stößt die Dau auf Grund. In einer Sänfte wird man von zwei großen Somalis an Land getragen, denen das Wirrwarr der Untiefen und Tiefen völlig vertraut ist. Jungen rennen ins Meer und schreien in dem aufspritzenden kupfernen

Wasser, das über ihre schöne rotschimmernde schwarze Haut rinnt. Ihr Geschrei, das zum Himmel aufsteigt, fällt nicht wieder herab.

Der Boden ist wie ein Brei von toten Fischen, mit jedem Schritt tritt man auf Gräten und Muschelschalen und wirbelt einen mit Schuppen vermischten Staub auf.

Ein Kinderschrei, ein Gezänk alter Frauen, das Blöken eines Schafs, das hinter einem Himbeerstrauch geschlachtet wird, kein Geräusch von Schritten, kein Rauschen von Blättern, kein Gesang, kein Streit – ein grenzenloses Schweigen fällt vom Himmel wie der Staubregen eines Vulkans, der weiter entfernt ist, als der Gesang einer Lerche reicht.

Auf leeren Plätzen sieht man Menschengruppen schlafen. In kahlen weißen Räumen kaufen und verkaufen meist beschäftigungslose Händler einige Häute. Sie rauchen die Zigarettenmarken *Elephant* oder *Ciseaux*, die Wills für die Farbigen herstellt und die ein Weißer nicht raucht. Nähren sich die Leute in Zeila von Steinen? Kommen sie sich am Rand ihrer Wüste nicht verlassen vor? Leben sie unter der Erde, um ihre Körper an das große Gewicht des Todes zu gewöhnen?

In Hodeida, dem Hafen von Sana und Manacha, vom oberen Jemen, in den Silos, am Ende langer Gänge, hinter verzogenen Türflügeln, sind die grünlich schimmernden Kaffeehügel zusammengebrochen, dort würden die Glieder wie in einem kalten Bad ihren Schweiß verlieren. Dieser Kaffee wird von kleinen Jüdinnen sortiert, die von ihren Bergen von Sana heruntergekommen sind. Sie sind mit blauem, steifem Tuch bedeckt und halten mit den Zähnen, im Wind der Wüste, ein Stück rot-schwarzen Stoff. Was für ein Verlangen könnten sie unter ihrem Schmutz erregen! Mangels Zeit löst sich dieses Verlangen in der Sonne auf.

Es ist April. Die Pilger ziehen nach Dschanbo und Dschidda, den Häfen von Medina und Mekka. Auf der Höhe von Lohaia treffen wir Transporter mit Leuten von den Malaiischen Inseln und aus Indien, die sich seit langem auf dem Meer herumtreiben, schweigende Reisende, die vom Ende ihrer Reise das Heil erwarten. Sie haben große Kinderscharen mit vergoldeten Mützen, blumenbemalte Metallkoffer und baumwollene Regenschirme. Sie haben viel Zeit, um sich auf das Vergnügen der Quarantänen, der Büros, der Zollämter, der ägyptischen Ärzte mit ihrer schneidenden Höflichkeit vorbereiten zu können. Sie sitzen in überdeckten Hallen, wo sie dem Wind der Häfen ausgeliefert sind, und geben Musterbeispiele von Geduld ab. Mitten in Dschidda, das voll ist von eingefallenen Mauern und Schutthaufen, warten auf der Seite des Grabes der Großen Mutter und der des Hafens von Mekka Karawanen schwerbelasteter Kamele und klapprige Fords aus der Zeit der ersten Filme von Mack Sennett. In der Apathie einer Krankheit ist alles Anlaß zur Hoffnung. Die Pilger nehmen alles hin, die Brutalitäten, die Wartezeiten, die Diebstähle der Pilgerfahrtunternehmer. Es fehlen nur noch die blauen Kanister, die Bernadetten aus Gips, die Medaillen der Jungfrau und die Krankenträger aus der École Polytechnique, und man käme sich vor wie in Lourdes.

Fahnen hängen wie Häute an der ganzen Länge der Fahnenstangen herab, es sind die Flaggen der europäischen Konsulate, der Länder mit islamischen Untertanen. Man denkt unwillkürlich an ein Genf des Islams. Die rote Fahne der Sowjetunion hängt hier einmal in der mörderischen Gesellschaft des Union Jack. Indessen schlafen die Konsuln hinter ihren geschlossenen und durchbrochenen Balkons in allen Ecken dieser Stadt ohne Eis, in der der Veilchensaft die Temperatur eines Arzneitranks hat.

Im Hafen verrostet zwischen zwei Korallenreihen die weiße Jacht des Königs Ibn Saud auf einem Wasser, das wie Kupfersulfat aussieht.

Geduld und Schlaf sind die beiden Losungen dieser untröstlichen Länder voller trüber Geheimisse und unheilversprechender Menschen. In einem arabischen Gedicht sagt der Araber von sich: «Ich bin der Sohn der Geduld.» Dieser Orient trocknet in der Sonne wie die angeschwemmten Fische, wie die Toten in der keimlosen Luft der Wüste. Eine sterile Verwesung. Die Bewohner, deren Zahl inmitten dieser mineralischen Einsamkeit ungeheuer groß erscheint, bewegen sich kaum. Sie gehen Tätigkeiten nach, deren Sinn vollkommen in Vergessenheit geraten ist, sie lassen sich auf den Tod hintreiben und sitzen auf Steinen, die von ihren Häusern heruntergefallen sind. Sie leben in einer Art stummer Seligkeit, die sie manchmal unterbrechen, um mit großer Schnelligkeit zu sprechen oder plötzlich irgendwelche Handelspapiere zu unterzeichnen.

Einem Europäer gelingt es niemals, in seinen Vorstellungen vom Leben die menschlichen Gesten von den erfrischenden Erscheinungen der Vegetation, der Flüsse und der Maschinen zu trennen. Angesichts einer Existenz, die sich unerklärlichen Aufgaben widmet, die sich letztlich nicht am Wachstum einer Ernte oder an der Produktion eines Werkzeugs messen lassen, angesichts von Formen der Muße, die normalerweise nicht einen Gang in den Garten umfassen, wird der Enkel von Bauern und Handwerkern von einer Unruhe ergriffen, die sich mit den besten Gründen nicht vertreiben läßt.

Der leichteste und konstanteste Austausch zwischen seinem Leben und dem der Pflanzen ist der Wechsel der Jahreszeiten, die für ihn eine vegetabile Wirklichkeit darstellen und nach denen er seine Vergnügungen, seine Ferien und sogar seine religiösen Feste ausrichtet. Er weiß, welche Arbeiten und welche Vergnügungen zu jeder Jahreszeit gehören. Der Städter wird von diesen Gesetzen nicht ausgenommen: es genügt, daß er die Kastanienblätter keimen, beim Obsthändler Kirschen auftauchen sieht. Er weiß die gemäßigten Kräfte seines Klimas zu beherrschen. Daher erliegt er der Illusion von einer zahmen und vielleicht mit ihm verbündeten Natur, die seinem eigenen Schicksal unterworfen ist. In den gemäßigten Zonen der Erde fühlt er sich frei, weil er immer Sieger bleibt.

Der Europäer ist außerdem ein Mechaniker. Die Erfindung, der Gebrauch und das Verstehen von Instrumenten und Maschinen nehmen die Stunden ein, die nicht letztlich an einen fruchtbaren Boden gebunden sind. Jede dieser Operationen beweist ihm ebenfalls seine Macht. Er hat keine Vorstellung von der Fatalität der Natur. Diese Gesten können die Europäer noch retten.

Aber in den Wüstenzonen unterhalten die Menschen allzu geheimnisvolle oder allzu einfache Beziehungen zu einer Erde, die sich an den lebensnotwendigen Hervorbringungen nicht beteiligt. Sie ist nur ein Raum für eintönige Wanderungen, ein Gegenstand für monotone Kontemplationen. Zwischen der Sinai-Halbinsel und der Insel Sokotra muß man sich mit einer Natur abfinden, in der die Menschen eigentlich Fremdkörper sind: sie können nichts tun, ihre Wünsche, ihre Begierden prallen an der Ewigkeit der Wüste ab. Die Zwischenfälle des Klimas, die Sandstürme und Gewitter nehmen eine Gewalt an, die jeden Versuch des Menschen, ihr zu widerstehen oder sie zu benutzen, von vornherein unmöglich macht. Mangels Getreide, weil die Winde so stark sind und es keine Flüsse gibt, gibt es keine Mühlen. Auf dieser Ohnmacht fußt der Glaube an das Kismet. Ein Mensch, der sich gleichzeitig für einen Wasserfall begeistern und eine Turbine an ihm anbringen kann, glaubt nicht daran, daß alles schon in den Sternen steht.

Von jenen verlorenen Städten geht daher für den Europäer der Eindruck einer Art krankhafter Trägheit aus. Verworfen und vergessen verzehren sie sich selbst, und das Leben nimmt Formen des Todes an. Vom Kief, vom Nirwana wollen die Europäer nichts wissen. Sie sagen: «Laßt doch die Toten ihre Toten begraben!»

Endlich taucht das Mittelmeer wieder auf, dessen Ufer von allen Schiffbrüchigen der Antike besiedelt ist.

Der Kreis ist geschlossen, eines Morgens sehe ich die Burg If und vor den weißen Hügeln Notre-Dame-de-la-Garde. Ich bin bedient: die ersten Embleme, auf die ich stoße, gehören zu den beiden revoltierendsten Gegenständen der Erde: eine Kirche, ein Gefängnis.

XV

Frankreich, das mich mit seiner Muttermilch ernährt hat

Da habe ich also wieder Frankreich vor Augen. Ich nähere mich ihm. Mit jeder Drehung der Schiffsschraube wird die Entfernung geringer. Die Inseln, Marseille, die Zollstationen. Ich erkenne es wieder, das vertraute Gesicht eines Volkes. Ich bin in ihm geboren und aufgewachsen wie Brer Rabbit in seinem Dornbusch.

Ich habe weniger gesehen als Odysseus, aber das ist mein Ithaka, wo mich keine treue Frau erwartet. Ich bin durch Städte gekommen, aber überall lebten die gleichen Menschen. Wenn der Reisende zurückkehrt, hat er Zeit gehabt, in den Tagen und Nächten beim eintönigen Geräusch der Ventilatoren endlose Listen aufzustellen, mit wem er alles abzurechnen hat. Die Abrechnung verläuft nicht zwangsläufig so prompt, so lustig wie bei Odysseus. Dennoch wurde sie für mich zur erregendsten Prophezeiung, die einem Menschen gemacht werden kann:

> Jetzo schaute Odysseus umher im Saale, ob irgend
> Noch ein Lebender sich dem schwarzen Tode verberge.
> Aber er sahe sie alle, mit Blut und Staube besudelt,
> Weit den Boden bedecken: wie Fische, welcher die Fischer

Aus dem bläulichen Meer ans hohe Felsengestade
Im vielmaschichten Netz aufzogen; nun liegen sie
lechzend
Nach den Fluten des Meeres, im dürren Sande verbreitet,
Und die sengende Hitze der Sonne raubet ihr Leben.

Im Salon eines Passagierdampfers, der wie die Totenkammer eines Pharao ausstaffiert ist – und alle Schauspieler der Comédie Française und die Damen der Beamten überschlagen sich vor Dankbarkeit gegenüber der Schiffahrtsgesellschaft –, erkannte ich Frankreich an seinem eigenen Bild. Alle seine Laster sind an den reizenden konventionellen Zeichnungen zu sehen, mit denen sich die Kenntnis der Erde erschöpft: es gibt Wesen, die das Böse, das in ihnen steckt, an der Oberfläche ihrer Porträts erkennen lassen. Schon auf der Karte sieht man, wie kleinlich und geizig es zwischen seinen Meeren, Gebirgen und seinem Rhein daliegt. Eine fest verschlossene Kiste. Die Grenzen sind durch die Zufälle der geologischen Formationen und prähistorischen Kataklysmen vorgezeichnet, die für die künftigen Landwirte und Stahlhändler, die noch in den verborgenen Winkeln eines großen Affen schlummern, günstig sein werden. Diese Grenzen haben sein großes Quantum an Feigheit und historischen Morden gerechtfertigt und die wenigen militärischen Ruhmestaten, die die letzten Lehrpredigten der in die Académie Française aufgenommenen Marschälle verklären. Diese Erdhaufen genügen seinen Politikern, jenen leicht erregbaren Greisen, die sein Schicksal lenken, jenen großen Patrioten, all jenen Leichenfressern und Grabschändern, die die Toten Frankreichs wieder auf ihre Füße stellen und vor völliger Verwesung bewahren wollen, was nicht mehr zu retten ist. Überall herrscht der Geruch von Einbalsamierungen. Wie soll man Leute ernst nehmen, deren Horizont nicht weiter reicht als 500000 Quadratkilometer?

Dieses von Sklaventreibern und folgsamen Sklaven bewohnte Land, in dem letztere, nur weil ihre Ketten immer leichter werden, die Illusion einer wachsenden Freiheit hegen und so tun, als wären sie eine Macht geworden, ist vom Meer umgeben. Aber es fängt nichts damit an. Es fürchtet, daß seine Söhne sich die Füße naßmachen und erkälten könnten. «Jean, bleib im Dorf.» Dieses Lied erklingt an jedem Sommerabend auf allen Plätzen der Provinz. Das Meer ist für die Herren der Franzosen ein Reservoir für die Verteidigung und ein Vorwand für Verteidigungsmaßnahmen, Geschützbatterien, Unterseeboote und Kreuzer. Von der Freiheit versucht werden? Wer spricht von Versuchungen? Aus wem spricht hier der Geist des Bösen, um die Fausts zu verführen, die in den Bezirkshauptorten herumstolpern? Man könnte uns überfallen. Die Franzosen können keine Sirenen hören.

Frankreich sehnt sich danach, undurchdringliche Grenzen zu haben, Grenzen aus Diamant, aus Korund! Aber die Grenzen sind leider nur aus Wasser, Granit und Schiefer.

Noch schmutzig von den Exkrementen und dem Dreck seines Krieges, stöhnt es über seine Armut, über seine Würde, über seine geistige Mission, die Spärlichkeit seiner Mittel und die Größe seines guten Willens. Denn es wird gelenkt von scheinheiligen Kaufleuten, die die Profite ihrer Bilanzen verheimlichen und über die Härte der Zeiten klagen. Ihre Stimme wiederholt in seinem Namen, es sei die Hauptstadt des Geistes, die ältere Tochter der Kirche, die Muse der Demokratie: so nähren sie die Illusionen der Menschen, denen der Zufall von Eheschließungen, Liebe und Reisen die Eigenschaft verliehen hat, Franzosen zu sein. Ein leerer Bauch hat viele Ohren. So spielen sie sich vor den Leuten auf, die jenseits seiner Grenzen in skandalösen Betten schlafen, die nicht die Form ihrer Betten haben.

Ich verstehe unter Frankreich die Bande der Besitzer des Territoriums, der Bergwerke, der Steinbrüche, der Fabriken, der Mühlen, der Häuser, die Bande der Herren, die mir das Recht geben, Frankreich mit ihnen gleichzusetzen, weil nur sie sich überall für berechtigt halten, in seinem Namen zu sprechen. Es ist jetzt nicht der Augenblick, von ihren Opfern zu reden, den Landarbeitern und Fabrikarbeitern, den Soldaten und Angestellten, den Krawattenverkäufern und den Mädchen, die ihre Kinder abtreiben lassen müssen, den Männern und Frauen, denen Frankreich nicht gehört.

Außerdem ist Frankreich keine Person, wie die Statuen von Jules Dalou es die Schulkinder glauben machen. Man darf sich nicht vorstellen, es sei eine überdimensionale Persönlichkeit, die mit Vögeln auf dem Haupt zwischen den Mauern, die sein Territorium umschließen, dahinschreitet, eine Art großer Bienenkönigin, Mutter von vierzig Millionen Kindern. Frankreich ist ein Sammelbecken von Menschen, Ereignissen und Produkten.

Ich mag diese Menschen nicht, noch ihre Produkte, noch die französischen Ereignisse. Niemand möge mir sagen, ich solle mich schämen, weil ich eine Göttin beleidige. Ewiges Gesicht. Ewige Herrin von Generalen. Ich habe es an Respekt vor dieser Jungfrau nicht fehlen lassen, weil es sie nicht gibt.

Besitz Frankreich, Besitzer Frankreichs, französische Besitzer, Besitz Frankreichs: schönes Wortspiel.

Keiner fehlt von diesen Besitzern. Sie kommen auf meinen Ruf herbeigelaufen, wie die Möwen mich einst umringten, als ich im Land der Ferien ankam. Nicht einer fehlt von diesen Kleinbürgern, zu denen auch ich gehörte, mit ihren sauberen falschen Kragen, die lange Zeit gesteift waren und heute so weich sind, daß sie ihnen eine falsche amerikanische Lässigkeit verleihen, mit ihren schwarzen Anzügen, ewige Trauer um irgend jemanden, um einen Kardinal, eine Frau, einen Onkel, einen Terrier, mit ihren Melonen, ihren weichen Hüten und ihren Sonntagsspazierstöcken. Nicht eine fehlt von ihren beschäftigungslosen Frauen oder ihren Hausfrauen, die durch die Liebe stampfen wie eine Schwadron Soldaten durchs Getreide stampft, so daß kein Halm stehenbleibt. Nicht eine fehlt von ihren armen Prostituierten in Uniform, von ihren Kindern, die an der Lebensweisheit ihrer Väter erstickt sind. Nicht eines fehlt von jenen korrekten Gesichtern, denen es nicht gelingt, morgens in ihrem Waschbecken die Spuren ihres Dünkels oder der Feigheit oder der Langeweile zu verwischen. Rechts und links, vor mir und hinter mir sehe ich meine früheren Brüder, die der Humus für mein Wachstum waren, eine starke vegetabile Schicht von Kaufleuten, Professoren, Senatsabgeordneten, Handelsreisenden, Industriellen, Rechtsanwälten, Offizieren und Bücherlesern, Männern, die einen Monat an die See fahren, die erröten, wenn sie die Syphilis haben, aber gegenüber dem Tripper voller Verständnis sind, die die Liebe verabscheuen und die Ehe achten und ihr millionenfach abgezogenes Porträt jeden Morgen in den Zeitungen wiedererkennen.

Ich erkenne die kleinste ihrer Gesten wieder, und keiner einzigen gelingt es, mich zu berühren: ich lebe in dem Volk, das einen am wenigsten berührt. Ich verstehe die Titel der Bücher, das Geschrei auf der Straße, das Wort «Radikal» und das Wort «Geist». Ein französischer Bürger kehrt mit mir zurück, oder vielmehr, dieser Doppelgänger erwartete mich in Marseille und folgt mir nun auf dem Fuße. Ich versuche alles, ihn abzuschütteln. Er hat mir alles mitgebracht, was weit hinter mir versunken war, als der Name meiner Provinz Hadramaut hieß.

Arabien – Frankreich, Aden – Paris, Versailles – Lahedsch, Länder- und Städtenamen sind austauschbar geworden, und ich spüre, daß ich ebensogut sagen könnte: Paris – New York, London – Melbourne. Die Place de l'Opéra deckt sich genau mit dem Victoria Crescent, die Büros meiner Eltern, meiner Freunde mit denen der englisch-indischen Firmen, die Kaserne von Clignancourt mit der Zweiten Kaserne von Devon.

Die Leute, denen ich um sechs Uhr am Métro-Ausgang begegne und die aus diesen Schächten so benommen herauskommen wie Orpheus aus der Unterwelt, haben herunterhängende Arme, graue Stirnen und Körper, die von den Maschinen der Geschäftsleute entliehen scheinen, die ich am Spätnachmittag in den Klub von Aden begleitete.

Aden sagte mir, daß ich jetzt alles in meiner Heimat verstehen würde. Aber ich bin gar nicht stolz auf ein Verständnis, das das Funktionieren von Phonographen begriffen hat. Nichts ist einfacher zu verstehen als Modelle, die man auseinandernehmen kann. So entdeckt ein Kind alle Geheimnisse des Körpers an Hand von Leichen aus Pappe: es klappt einen Deckel auf, es klappt das Herz auf, dahinter ist ein weiterer Deckel, und schließlich hat es nur noch die Wirbelsäule in den Händen.

Die Franzosen verleben alle Tage ihres endlosen Lebens wie Schnecken in ihren Gehäusen, die zu schwer sind, als daß sie damit die großen Wüsten durchqueren könnten, die sie von Taten und Gedanken trennen. Mit der Umsicht alter Würdenträger verschaffen sie sich Lebensrenten, damit bei ihnen ja nichts passiert. Sie erlauben sich nicht einmal jenes Gesellschaftsspiel, mit maschinengewehrbeladenen Autos aufeinander loszufahren, das für die Amerikaner die letzte Möglichkeit ist, sich in Gesellschaft zu unterhalten.

Es sind Körper voller Schmarotzer und Rückstände des Gedächtnisses, die tief in ihren Betten wiederkäuen, was früher war und noch alles kommen kann. Sie projizieren Profite in die Zukunft, Profite, die sie auswendig kennen, Profite aus ihrer Frömmigkeit, ihrer Berufsehre, ihrer Militärzeit, ihrer Schulzeit, ihren Freudenhausbesuchen. Sparsame Buchhalter, die in der Ecke sitzen und rechnen. Sparsame Liebhaber, die sich allein in der Ecke befriedigen. Sie fliehen vor sich selbst und verachten sich, denn sie leben wie Fremdlinge unter ihresgleichen. Sie sind immer nur Komplizen. Sich einem anderen Wesen wirklich nähern, davor fürchten sie sich wie vor der Hölle. Sprecht ihnen nicht von Freundschaft, sie bevorzugen den Spiritismus. Wenn sie eine Frau lieben, dann wollen sie sie kommandieren wie einen Arbeiter, sie besitzen wie ein Paar Handschuhe.

Ihre Denker haben für sie sterilisierte Modelle des Menschen konstruiert, die man auf der Schule auseinandernehmen lernt, und diese Arbeit enthebt einen wirklicher Erkenntnis und wirklicher Liebe. Man ist sogar zufrieden, so viel über den Menschen zu wissen, es ist mehr, als man für die Erledigung seiner Geschäfte braucht, und diese abstrakten Beschreibungen reichen ja für das, was man aus dem Menschen gemacht hat, völlig aus: man nennt es Kultur.

Sie sitzen in ihren Löchern, verteidigen dauernd ihren Besitz gegen die umliegenden Besitzer und das Eigentum gegen die, die nichts besitzen. Frankreich ist das Land der Prozesse für Zwischenwände. Überall stößt man auf Fußeisen, bissige Hunde, Stacheldraht, Glasscherben, Flaschenböden und den *Code civil*. Wenn sie sich wirklich über etwas freuen, so ist es das Schild: *Durchgang verboten!*

Alle meine Verwandten, Vettern und Spielkameraden sind Exemplare dieser Spezies, die zwischen ihren Trinkgeldern und ihren Rücksichten steril dahinlebt.

An Macht und Würde denen unterlegen, die diese Spezies selbst Großbürger nennt, führt sie deren Anweisungen aus, klebt an deren Schicksal und ist mit ihnen verbündet in der Unterdrückung eines riesigen Proletariats, das aus der Bewußtlosigkeit auftaucht wie aus einer Nacht und die letzten Hoffnungen für den Menschen verkörpert. Diese Heilige Allianz wird ihr mit Profiten bezahlt, für die sie verschiedene Namen erfunden hat: diese feinfühlige Spezies lehnt die Wörter ab, die den Preis der realen Arbeit von Arbeitern und von Bauern bezeichnen. Da sie ihre Arbeit als geistige Mission ausgibt, unterscheidet sie sich in ihren Wörtern von den

Lohnempfängern, die nur arbeiten, um etwas zu essen zu haben: sie bezieht «Gehälter», «Honorare», «Einkommen», «Vergütungen», aber keinen «Lohn», keine «Bezahlung». Und schließlich kommt der glorreiche Tag, an dem ihre Mitglieder eine Dividende erhalten. Endlich haben sie die Barriere übersprungen, die sie noch von der vollständigen Komplizenschaft trennte. Endlich können sie mit aufrichtiger Rührung – und das ist die einzige, deren sie fähig sind – das religiöse Wort «Kapital» aussprechen. Von ihren Herren trennt sie jetzt nur noch ein quantitativer Unterschied, aber sie sind von der gleichen Qualität. Ob man eine oder tausend Aktien hat, spielt keine Rolle mehr. Ihre ganze Erbärmlichkeit, ihre ganze Schwerfälligkeit, ihre ganze Unmenschlichkeit gehen auf diesen Aufstieg zurück. Sie verteidigen nicht mehr ihr Leben, sondern einen luxuriösen Profit und die Idee ihrer Bedeutung, die ihnen dieser Profit vermittelt. Die Höhe des Profits selbst ist nebensächlich. Sie können sogar grausam werden. Sie opfern alles für die Ordnung, die ihnen diesen Profit sichert und ihre mystische Verwandlung von Arbeitern in Rentiers zu einer unumstößlichen Tatsache macht. Und das alles, obwohl ihnen diese Profite keinerlei konkrete Befriedigung verschaffen. Mit Profit kauft man etwas, Profit wird in einen Erwerb umgesetzt. Aber dieser Erwerb ist ein toter Gegenstand, der, sobald man ihn besitzt, völlig unbrauchbar ist. Er bringt eine Krankheit, falsche Wünsche hervor. Man kann sich dieser Profite nur erfreuen und sie sich bewußt machen, indem man sie in Bestätigungen seiner Einsamkeit und seiner Macht verwandelt. Eine gewisse Befriedigung empfinden sie nur in dem Augenblick, in dem sie einen Profit für eine Ausgabe verwenden. Ein Bürger geht zum Beispiel nicht ins Krankenhaus, sondern hält sich einen Privatarzt. Er leidet darunter, daß seine Geliebte ihn nichts kostet, er muß sie bezahlen. Sein einziges Ziel ist, durch Kaufkraft zu herrschen, was dazu führt, daß der Käufer beneidet wird und andere aus dem Wege räumt. Die Macht kann noch so gering sein. Andere zu verachten und Neid zu erregen, darin erschöpft sich ihr Lebensgefühl. Sie spüren nur dann, daß sie leben, wenn sie von jemandem beneidet oder gehaßt werden. Damit sind sie zufrieden, denn man muß ja an irgend etwas merken, daß man lebt, daß man vorhanden ist. Niemand fühlt sich wohl, wenn er sich langweilt. Ich sage, sie langweilen sich, denn ihr eigentliches Leben ist ein für allemal abgetötet. Die Menschen sind keine Krabben, deren abgeschnittene Teile allein weiterwachsen.

Eine verflüchtigte Wirklichkeit, eine Existenz aus Rauch. Traumleidenschaften. Der Mensch ist unbekannt, wurde niemals gesehen, ist in die Kategorie von Profit und Verlust eingegangen.

Wirkliche Arbeit und wirklichen Besitz gibt es bei Bauern, Handwerkern und Dichtern, für die Besitz die Einheit von Arbeit, Preis und Produkt ist. Aber die Bürger produzieren und besitzen auf abstrakte Art. Es ist ja lange her, daß sie das Erbe Israels angetreten haben, daher können sie ohne Skrupel ihr Leben damit verbringen, gegen Zinsen Geld zu leihen, große oder kleine Summen zu investieren, Schuldverschreibungen zu haben und abstrakte Gelder einzustreichen, die sie von abstrakten Schuldnern erhalten, von einer Stadt, von einer Firma, von einem Staat, von einer Eisenbahngesellschaft. Oder sie haben Aktien: Arbeiter aus Fleisch und Blut arbeiten dafür, ihr Schattendasein zu verlängern. Von menschlichen Wesen, von einem menschlichen Leben trennt sie die Bank mit ihrem gespenstischen Gefolge von Börsen, Obligationen, Effektenhändlern. Der Charakter des bürgerlichen Besitzes und Profits trennt sie von allem, was wirklich ist, sie kennen nur Zeichen und magische Kontakte aus Entfernung. Ihre Welt ist magisch. An dem Tage, an dem diese Leute eine durch Stempel verbürgte Macht, ein Wertpapier in Händen haben, haben sie Teil an der mystischen Natur eines

Wesens, das es nicht gibt. Sie schlucken ihre Hostien des Kapitals.

Sie existieren gar nicht. Sie werden von den Dämonen der Abstraktion gelenkt. Was denken sie? Wer denkt sie? Zivilstände, Kataloge. Sie sind reich an Etiketten wie ein weitgereister Koffer. Ihr ganzes Repertoire an Zeichen und Emblemen haben sie in ihren ordentlichen Zimmern verschlossen, damit sie ruhig schlafen können; ihren Trauschein, ihr Soldbuch, ihren Wahlschein und den ganzen Papierwust, den die Geldzirkulation in den Häusern der Menschen hinterläßt.

Alle Monumente Frankreichs verteidigen den magischen Charakter dieser Menschen. Ihr Anstaltsleben ist nach allen Himmelsrichtungen hin gegen die Versuchungen des Lebens draußen abgeschirmt. Unmöglich, hier zu atmen, man fühlt sich wie in einem tiefen Brunnenschacht. Ich weiß jetzt, warum ich unter ihnen zu ersticken glaubte, das ist kein unerklärliches Ersticken mehr, keine blinde Bewegung eines Kampfes im Traum, sondern die Entziehung der Sonne, ein Ersticken am hellichten Tage, in Anwesenheit eines Publikums, das dabei zusieht. Alles, was um mich herum ist, gehört meinen Feinden. Ich habe nichts, ich erfreue mich an nichts. Überall stoße ich auf die steinernen Beweise ihrer Herrschaft: Kirchen, staatliche Gebäude, Kasernen, Institute, Kommissariate, Justizgebäude, Bordelle, Ministerien. Man kann seine Arme nicht ausstrecken, ohne mit den Fingern an die Tür einer Bank, den Brustkorb eines Agenten oder eines Ritters der Ehrenlegion zu stoßen. Wird mir die Frau, die ich liebe, von ihnen weggenommen werden? Sie werfen einem einen Knüppel zwischen die Beine, wenn man liebt. Sie kommen aus allen Richtungen angelaufen, wenn irgendwo ein Wort des Protests, ein Ausbruchversuch ruchbar wird. Wo sie sich zurückziehen, hinterlassen sie einen leergefegten Platz. Ihre Polizisten, Klatschweiber und Medizinmänner agieren mit der schlafwandlerischen Sicherheit von Maschinen. Woran denkt eine vertikale Drehscheibe? Woran denkt der Agent 36 541? Woran denkt Herr Bergson?

Ich verstehe jetzt, daß man umkommt in diesem Land, das voll ist von Arten, Unterschieden, von Familien des *homo oeconomicus*.

Als die Gelehrten in ihren Sesseln vor langer Zeit darangingen, die Erscheinungsweisen und Gebräuche des *homo oeconomicus* zu beschreiben, glaubten ihnen viele Menschen nicht und führten den wirklichen Menschen gegen diesen abstrakten Menschen ins Feld. Niemand konnte damals sehen, daß jene Professoren und Kalkulatoren nur dabei waren, die neue abstrakte Existenz der Menschheit zu beschreiben, und daß sie als erste den Untergang des realen Menschen ankündigten. Niemand ahnte, daß ihre Beschreibung nur deshalb abstrakt war, weil sie die Abstraktion ihres neuen Modells exakt wiedergab.

Anfangs war der *homo oeconomicus* einfach wie ein Dreieck. Alle seine Exemplare ähnelten sich wie ein Ei dem anderen. Aber er hatte eine weitläufige Nachkommenschaft von Familien, die sich untereinander nicht immer mögen, obwohl sie alle von demselben Ahnherren abstammen. Der *homo oeconomicus* ist heute Bankier, Industrieller, Kommissar und Börsenmakler. Es gibt eine Fülle von verschiedenen Rentiers, kleineren Eigentümern, Börsenspielern. Man trifft den *homo oeconomicus* als Beamten und sogar als Arbeiter an. Es ist ein Lebewesen, das glücklich ist, wenn es zusätzliche Profite herauswirtschaften kann. Obwohl es in seiner Vorliebe für sinnreiche Sprüche immer wieder sagt «Von nichts kommt nichts», gewinnt es diese Profite ohne jede Gegenleistung. Und es klammert sich um so mehr an sie, als es diese Profite wirklich kostenlos erworben hat. Es hat die Gestalt eines Menschen. Hunde, Pferde, Frauen und der Todesengel sehen nicht, daß es nur eine Karikatur des Menschen ist. Es liebt, ißt, verdaut, scheidet mit menschlichen Organen aus, schließt nachts die Augen und kann laufen. Entgegen allem Anschein ähnelt es jedoch mehr einem Automaten, einem Apparat, der spricht und sich fortbewegt und ebensowenig von einem Menschen hat wie Lampen, die angehen, und Motoren, die anspringen, wenn Strom eingeschaltet wird. Es ist möglich, daß die Lampen von alleine anzugehen glauben, daß das Rad sich bewegt in dem angenehmen Bewußtsein, Herr seiner Rotationen zu sein.

Der *homo oeconomicus* marschiert gegen die letzten Menschen, bekämpft die letzten Lebenden und will sie zum Tode bekehren. Die große List der Bourgeoisie besteht darin, die Arbeiter zu Aktionären und Rentiers zu machen und sie für die Moral, die Härte und den Tod des *homo oeconomicus* zu gewinnen. Werden die Menschen auf ewig diesem Leerlauf und der Verführung durch sprechende Maschinen verfallen? Es ist Zeit, den *homo oeconomicus* zu vernichten, er ist verletzbar wie ein Mensch, der nackt ist. Aber man kann ihn nicht überreden. Er weiß ja nicht, daß er einen zerstört, noch warum er es tut. Das Kapital verlangt einfach, daß er zerstört, es herrscht wie das Gesetz eines Gottes. Das Kapital verleiht ihm genügend Leidenschaften und Gefühle, damit er seine Aufgabe mit Überzeugung erfüllt, denn die Leidenschaften vermehren ja den Profit. Er zerstört ohne Plan und Motiv. Er fühlt sich nicht bewundernswürdig oder vollkommen oder glückselig, weil er zerstört. Der *homo oeconomicus* empfindet keine Freude, das Unglück der Menschen macht ihn nicht glücklich. Es ist nicht so, daß links von einem Richter Sklaven und rechts vollendete Übermenschen stehen. Kein Opfer dient der Schönheit oder der Freude des *homo oeconomicus*. Man sehe sich nur seine Vergnügungen, seine Gesichter an! Unmöglich, für die Absurdität seines Lebens und die Fatalität seiner Macht irgendeine menschliche Rechtfertigung zu finden. Unmöglich, auf die Vorwände Platons zurückzugreifen, der Sklaverei und Verfall mit der Hervorbringung wirklich fröhlicher Weiser rechtfertigte, deren Leben das von 10000 mal 10000 versklavter Arbeiter aufwiegen könnte. Wir leben nicht im 5. Jahrhundert vor Christi Geburt noch zur Zeit Christi selbst. Dieser armselige Magier schützt übrigens nur noch die Eisengießereibesitzer, Spinnereibesitzer und Kautschukhändler.

Der *homo oeconomicus* hat seine eigenen Illusionen vom Glück: er spricht von seiner Macht und unterhält Menschen, die ihm Illusionen fabrizieren: Romanciers, Historiker, Ependichter und Philosophen. Von Zeit zu Zeit, wenn gerade einmal eines seiner Organe schlecht funktioniert, merkt er nämlich, daß seinem Leben die lebensnotwendige Substanz fehlt. Dann wirft er sich auf imaginäre Befriedigungen. Glücklicherweise ist er ein respektvolles Lebewesen, das die Verehrung schätzt. Der *homo oeconomicus* verehrt, was ihn schützt. Und zwar in allen Bereichen. Das ist der moderne Komfort des Bewußtseins. Mit gespielter Begeisterung übernimmt er zum Beispiel alle Rechtfertigungen, die man sich ausdenkt, um seine Wüste erträglich zu machen: das Recht, die Pflicht, die Loyalität, die Caritas, das Vaterland. Diese Wörter hatten zu ihrer Zeit Gewicht, obwohl man heute nicht mehr begreifen kann, daß sie einst einer menschlichen Sprache angehörten und Gegenstände bezeichneten, für die Menschen sterben konnten, was der einzige Beweis für wirkliche Liebe ist. Aber heute sind es leere Begriffe, leere Schneckenhäuser, die in Aufsichts- und Ministerräten, in denen die Politiker ihre finsteren Geschäfte bemänteln, aufeinanderprallen. Der *homo oeconomicus* verehrt zum Beispiel seine Großen Männer. Die Großen Männer rechtfertigen ihn. Man muß gesehen haben, wie die Franzosen an Nationalfeiertagen vor den Helden vorbeiziehen, mit denen man geschickt ihre Bedürfnisse nach Entspannung befriedigt, man muß sie gesehen haben bei den Dressurvorführungen ihrer Denker, ihrer Minister, vor ihren Toten. Und diese Dressurvorführungen beweisen ihnen ihr Zusammengehörigkeitsgefühl und ihr Leben.

Man muß sie gesehen haben, wenn einer ihrer kleinen Großen Männer gestorben ist. In dieser Umgebung von Wandbehängen, Fahnen und Messen fühlen sie sich zu Hause. In Massen verfügen sie sich an den Ort öffentlicher Ausstellungen, Männer, Frauen und Kinder, die nach Vorbildern lechzen. An solchen Tagen kann man riesige, schweigende, von der Polizei bewachte Herden schwarzer Schafe sehen. Wenn es Abend wird und die Zahl der Wagen abnimmt, hört man nur noch jenes gedämpfte Getrappel von Hochzeits- und Beerdigungsgästen in der Kirche. Die Lippen dieser Gesichter aus weichem Stein sind unbeweglich. Sie neigen die Köpfe, sie sind erfüllt von jener Fäulnis, die man die Majestät des Todes nennt. Eine geheimnisvolle Anziehungskraft zieht sie zu Leichen hin wie Insekten, die in langen Reihen auf toten Maulwürfen, Wieseln und Ratten weiden. Da sie keine Gottheit haben, sind sie schon froh, daß sie in ihren Arbeitspausen wenigstens einen Toten anbeten können. Sie haben nichts zu beißen. Überall Leichen, sie wittern die pompösen Trauerfälle der wichtigen Familien, die schließlich zu anonymen Banden werden. Was für eine Lust, zwischen Holzbarrieren zu gehen, seinen Hut zu ziehen, «Im Namen des Vaters» zu sagen. Durch diesen Kontakt werden sie aufgeladen wie alte Batterien. Sie freuen sich über ihre toten Götter mit ihren hervortretenden Zähnen, ihre eingefallenen Wangen und ihren Kinnbändern.

Außerdem gibt es noch die patriotischen Feste mit ihrer Begeisterung für vorbeifahrende Maschinengewehre und Kanonen, die offenbar poetischer sind als die Busen, die man an den Nationalfeiertagen zu sehen bekommt, an denen nur ihre Würde sie zurückhält, sich auf das erste beste Mädchen zu stürzen, das sie auf der Straße treffen. Dazu kommen Rennveranstaltungen, Hochzeiten, mondäne Zeremonien, wieder auf allen Ebenen, im *Cercle Interallié* oder beim Apotheker von Tours oder bei Ch. L. Dreyfus.

Das ist alles, womit man sie unterhalten kann. Dazu kommen noch die Bücher von Anatole France und Paul Valéry, das Theater, die Gemälde. Wenn die Tage des Gemeinsamseins vorüber sind, fallen sie in die Welt der Entbehrungen zurück, ohne sich auch nur jener allgemein bekannten Wahrheit bewußt zu sein, daß Männer und Frauen Körper haben, Arme, die sich in der Menge stoßen, Gesichter zum Lieben. Sie denken niemals daran, daß es beim Begräbnis von General Foch, am 11. November, oder im *Cercle Interallié* Menschen gegeben hatte, Frauen, Arme und Beine. Sie ahnen nicht, welchen Gewinn man bei einem Fest, es mag noch so gewöhnlich sein, aus Begegnungen ziehen könnte, die bei ihnen nur zwischen den Zähnen gemurmelte Flüche oder oberflächliche Höflichkeiten hervorrufen.

Mit all ihren Profiten sind sie bettelarm, ebenso arm wie die Leute, die ich liebe, wie ich selbst. Gefängnisaufseher langweilen sich fast ebenso wie ihre Häftlinge, Feldwebel sind nicht viel glücklicher als ihre Mannschaften. Aber sie tragen Masken, wenn sie sich im Spiegel betrachten. Hinter der vergoldeten Pappe können sie ihr schlechtes Aussehen nicht wahrnehmen. Wir aber tragen keine Masken, wir sehen unsere Armseligkeit, unsere Not und unser Unglück, wir kennen unsere Verstümmelungen, nichts kann unseren Appetit täuschen, wir lutschen nicht an Steinen, um unseren Durst zu vergessen und ihn für gestillt zu halten. Ihr Leben, die Reihe ihrer Jahre, die Ordnung ihrer Geschicke beruhen auf unserer Vernichtung.

Sie leben von dem Gefühl ihrer Wichtigkeit, das sie aus ihrem Leben gewinnen, von einer schändlichen Verrenkung und Streckung der Eigenliebe. Ihr Dünkel läßt sie ihre Ungeduld von Hungerleidern, ihr Bedürfnis nach Ablenkung und Legenden nicht erkennen. In Aden verschob man Ablenkungen und Legenden auf die Zeit der Rückkehr nach Europa. Aus Dünkel schieben sie sich falsche Nahrung zwischen die Zähne, aus Dünkel zerstören sie, aus Dünkel sind sie manchmal mildtätig, in von ihrem Dünkel geprägten Räumen setzen sie sich zum Essen nieder, legen sie sich zum Schlafen hin, sie lesen und gehen ins Theater und glauben in ihrem Dünkel, daß nur sie diese Texte und Bilder verstehen, weil nur sie genügend eingeweiht sind und genügend Muße dazu haben. Ihre einzige Kompensation ist: besitzen, was anderen fehlt. Ihr Dünkel rührt von ihrem Menschenhaß her, von ihrer Lust, Böses zu tun. Sie wissen nicht, daß sie ihre unheilvolle Macht gern ausüben, aber die Macht, zu zerstören, und die Fähigkeit, zu demütigen, sind die einzigen Tätigkeiten, die ihnen Selbstbewußtsein geben. Keine andere Macht fällt ihnen zu: wenn sie stolz sind, so nicht wie Beethoven, als er die 9. Symphonie vollendet hatte, wie Lenin, als er die Revolution siegen sah, sondern wie ein Affe, der einen alten Zylinderhut gefunden und aufgesetzt hat. Dieses äffische Verhalten kaschiert ihr Unglück. Und der *homo oeconomicus* ist mit seinem Schicksal zufrieden, weil er von seinen ärmeren Verwandten beneidet wird. Niemand von den Lebenden möge seine Zeit damit verlieren, ihm sein Unglück und seine Sterilität zu beschreiben, Epikur machte nicht den Versuch, die Tyrannen und die Bankiers zu erlösen; er erlöste Handwerker, Sklaven und Huren. Ich habe das Lachen dieser Maschine gehört. Es ist leichter, sie zu zerstören, als ihr menschlichen Odem einzublasen. Wenn einer unserer Feinde entdeckt, daß er den Schaum mit dem Meer verwechselt, so wird er sich selbst erlösen. Aber kein Ruf dringt bis zu den Gipfeln dieses Dünkels, kein Ruf dringt durch die Schicht der Ablagerungen schlechter Gewohnheiten. Wenn die letzten Reste menschlichen Safts in ihren Gefäßen versiegt sind, soll man diese alten Bäume sich selbst überlassen.

Aber das Unglück betrifft nicht sie allein. Ihr Unglück und

seine Ursachen werden von ihnen mit List, Gewalt, Hartnäckigkeit und Umsicht verteidigt und aufrechterhalten. Ihre Leere zieht das Unglück jener nach sich, die das Nichts hassen und leben wollen: diese schlafwandlerischen Feinde voller Nacht sind die furchtbarsten Feinde, die wir haben. Ich fürchtete zugleich ihr eigenes Leben und das, was sie den anderen aufzwingen. Sie sind anonym wie der Strick des Erhängten, der keine Wünsche und Freuden kennt. Sie können nicht gerechtfertigt werden. Sie können nur gemessen werden, sie und ihre Seelen. Denn sie haben Seelen.

Polizei, Regierung, Moral, Justiz, Sünde und Sanktion bewegen ihr Denken. Seele ist, was nicht der Mensch selbst ist, sondern von außen kommt und in ihm lebt. Die Seele ist ein Besitz. Es ist Zeit, von diesen Dämonen befreit zu werden. Auch das Kapital ist eine Seele. Sie haben weit mehr Seelen als ich, ihre Seelen sind noch zahlreicher als die der Leute von Aden, denn sie müssen sich verteidigen. In Aden wurde die Souveränität des *homo oeconomicus* von niemandem angezweifelt. Niemand klagte seine Leere an. Niemand verurteilte seine tödliche Anwesenheit. Ein Revolutionär braucht keine Seele, keinen Zivilstand. Ich wäre bereit, unter einer Ordnungsnummer zu altern. Diese ganze abstrakte Maschinerie von Kräften und Ideen ist die eigentliche Ursache der Sklaverei und meiner unbestimmten Furcht. Ich brenne darauf, diese Gliederpuppen aus Haut, Knochen und Rechenvorgängen, die ich für unbesiegbare Dämonen hielt, auszuziehen und zu zerschlagen. Jetzt muß der Krieg gegen die Ursachen der Angst beginnen, jetzt muß man sich die Hände schmutzig machen. Es wird immer noch Zeit sein, Brüder zu finden. Jetzt bin ich in der Lage, den Krieg zu eröffnen, damit ich die Angst, die mich bis nach Arabien verfolgt hat, wo ich mich sicher glaubte, endlich loswerden kann. Fliehen nützt nichts. Ich bleibe. Wenn ich mich schlage, wird die Angst weichen. Zur Hälfte bin ich schon gerettet. Jetzt heißt es aufpassen, nichts vergessen. Sie lauern uns in ihren bequemen Löchern auf. Uns erwartet keine rosige Zukunft. Genauso wie sie werden, mit der beschämenden Erinnerung, daß man in seiner Jugend wie ein Mensch hat leben wollen! Einer ihrer Diener werden, mit Aufgaben betraut, die sie uns bis ins kleinste vorschreiben! Genau davor hatte ich Angst. Ich will weder auf einen Bankier noch auf einen braven Arbeiter herunterkommen.

Der Bankier und der Arbeiter sind die letzten Symbole, die sich über dem rauchigen Horizont der Lichter von Paris erheben. Die Wirklichkeit dieser Welt ähnelt einer Karikatur der *Prawda*. Sie spielt auf der Bühne eines riesigen Kasperletheaters, das von Kommunisten gebaut und ausgestattet ist. Es gibt keine anderen Figuren mehr: Meister und Geselle, Vater und Sohn, Ariel und Kaliban treffen sich mit dem Herrn, dem Mönch und dem Leibeigenen in der Kiste der vergessenen Puppen. Dichter, Politiker und Philosophen finden diese Vision zu simpel und grob: die Dinge sind viel differenzierter. Aber haben wir doch einmal den Mut, grob zu sein: die Feinfühligkeit gehört mit den Fahnen und Großen Männern des Kriegs auf den Müll. Es gibt nur noch zwei Arten von Menschen, die nur durch den Haß verbunden sind, die Art, die zerstört, und die Art, die sich nicht zerstören lassen will. Zwischen diesen Arten hat es niemals einen Friedensvertrag gegeben, zwischen diesen Arten gibt es nur den Krieg. Jede Minute muß einen Gedanken gegen unsere Feinde hervorbringen. So dachten die Greise 1913 ununterbrochen an Deutschland.

Ich werde also mitten unter meinen Feinden leben, beständig, das heißt, nicht passiv; ich werde darauf achten, daß mich die Zeit nicht mit dem trägen und liebenswürdigen Geräusch ihres Dahinfließens einschläfert. Ich werde leben mit Geduld, Wachsamkeit und Zorn. Ich brauche die Tugend, die uns am meisten fehlte: Beständigkeit. Aber gegenüber einem Krieg kann man viel beständiger sein als gegenüber der Poesie oder einer Frau. Die Poesie und die Frauen vergehen, aber die Revolution ist nie vergangen.

Ihr seid allein. Wenn ihr eßt, im Theater, im Kino sitzt, auf dem Bürgersteig geht, mit einer Frau im Bett liegt, dann gebt acht auf Fallen. Das Dekor, in dem ihr lebt, stammt von eurem Feind. Es richtet sich gegen euch. Ihr müßt es zerstören. Vom Aufwachen bis zum Einschlafen im Mutterleib eurer Betten lebt ihr unter Feinden. Lebt wie Spione, und ihr werdet euren Haß nähren und euch keine Ruhe gönnen. Glaubt ihr, ohne Haß hinter ihre Geheimnisse kommen zu können?

In diesem Krieg gibt es keine Ritterlichkeit. Der Gegner ist nicht euresgleichen. Es ist ein Kampf, in dem ihr eure Feinde verachten müßt, ihr, die ihr Menschen sein wollt. Werdet ihr euch immer nach eurem Katechismus richten? Verweigert ihren Sterbenden ein Glas Wasser, sie bezahlen Notare und Priester, die ihnen im Tod beistehen, ihre Sterbenden wissen mit dem Beistand eines Menschen nichts anzufangen, sie haben den Beistand der Religion. Es geht um eine Zerstörung und nicht nur um einen Sieg, bei dem der Feind am Leben bleibt. Es ist ein unerbittlicher Krieg. Wir leben nicht mehr in der Zeit der Feudalkriege mit ihrem Gottesfrieden. Wir leben nicht mehr zur Zeit des Ringkampfs zwischen Jakob und dem Engel. Man erzählt, daß in bestimmten griechischen Stadtstaaten die Oligarchen folgenden Eid schworen: «Ich werde der Feind des Volkes sein und ihm im Rat schaden, wo immer ich kann.» Sollen nur eure Feinde solche Eide schwören?

Keine unserer Aktionen soll frei von Haß sein. Die Atempausen und die Ferien der Nacht sind verlorene Zeit, Verzögerungen des Kampfs. Nur die Liebe ist auch ein Akt der Revolte, denn sie wollen sie zerstören. Wenn ihr merkt, daß eure Eltern, eure Frauen auf der Seite des Feindes stehen, dann verlaßt sie!

Wir dürfen uns nicht mehr scheuen zu hassen. Wir dürfen

uns nicht mehr schämen, fanatisch zu sein. Ich schulde ihnen Böses, sie hätten mich beinahe zur Strecke gebracht. Der Haß wird noch größer werden, wenn wir erkennen, daß er eine Verarmung ist, ein Sohn der Not. Spinoza sagt, Haß und Reue seien die beiden Feinde des Menschengeschlechts. Reue werde ich nicht kennen, aber mit dem Haß werde ich leben. Ebenso wie mit dem Vergessen. Die ehrenvollen Pflichten und die magischen Dramen des Herzens sind nur noch die Symbole menschenmordender Spiele.

Was von der Reise bleibt, ist ein Chaos von Bildern: die Flucht vor den Feinden des Menschen, die Wirren an der Oberfläche der Erde und einige Menschen in schwarzer Jacke, die Arme zum Pflaster hin geöffnet, mitten auf der verlassenen Place de la Concorde.

Die Wachhunde

Einführung

Dominique Parodi: Marcel vermittelt uns viel mehr eine Idee von der Behauptung des Absoluten als die Behauptung der Idee von etwas Ewigem, weil die Dynamik, der Schöpfungsakt, an dem wir spürbar teilhaben, wenn es ein Schöpfungsakt ist, wesentlich als etwas erscheint, das uns nicht «voraus» ist und sich erst Schritt für Schritt verwirklicht. Diese ewige Schöpfung ist ein ewiges Handeln, ein Fortschreiten, eine Dynamik, ein Bemühen. Es kann die höchste Wirklichkeit, Wirklichkeit par excellence sein, es ist das Gegenteil der Idee von etwas Ewigem. Julien Benda: Das Ewige ist statisch.

Bulletin de l'Union pour la Vérité

Am 9. August trat noch einmal der Gerichtshof in Hanoi zusammen. Es war die schlimmste Gerichtssitzung: zwölf Todesurteile, elf Verurteilungen zu lebenslänglicher Zwangsarbeit, vier zu zwanzig Jahren und vier zu zehn Jahren Zwangsarbeit, 114 zu Deportation, drei zu zehn Jahren und zwei zu fünf Jahren Zuchthaus, vier zu fünf Jahren Gefängnis.

Pressemeldung

Das Gefühl von dieser Bewußtseins- und Schöpfungskraft, das uns durchdringt… das ist, wenn man so will, das Gefühl des Göttlichen.

Dominique Parodi

La Rochelle, 24. März 1930. – Die Meuterei der Strafkompanien auf der Festung Oléron dauert an. Aus Mangel an Nahrungsmitteln haben sich jedoch zehn der Meuternden ergeben. Die 38 übrigen leisten heute nachmittag noch Widerstand. Um ihren Hunger zu stillen, reißen sie den Seetang von den Wänden der Zitadelle ab und schlingen ihn roh herunter.

Pressemeldung

I

Die Bestimmung der Ideen

Werden die jungen Philosophiestudenten und die, die sich für Philosophie begeistern, noch lange bereit sein, Nächte hindurch zu arbeiten, ohne auf irgendeine Frage nach Sinn und Bedeutung ihres Studiums eine Antwort finden zu können?

Was sollen sie außerdem mit der philosophischen Terminologie anfangen? Werden sie wie ihre Lehrer den gleichen Wein in die alten Schläuche füllen oder einen neuen Wein? Werden sie die alten Schläuche und den alten Wein ersetzen durch neue Schläuche und neuen Wein?

Es ist höchste Zeit, den Neuanfängern deutlich zu sagen, wie die Dinge stehen, und sie über ein paar einfache Tatsachen aufzuklären. Viele von ihnen haben die besten Absichten, sie haben sich für die Philosophie entschieden oder ihr ein Teil ihres Denkens gewidmet, eben gerade weil sie nicht wußten, wohin sie sich mit ihren guten Absichten wenden sollten. Sie haben das mehr oder weniger deutliche Gefühl, daß die Philosophie die guten Absichten gegenüber den Menschen verwirkliche und daß man sich ihr nur zu verschreiben brauche, damit diese großmütigen Neigungen Früchte tragen und unter den Menschen guten Willens Frieden herrscht.

Man sollte jedoch endlich begreifen und öffentlich aussprechen, daß die Philosophie durchaus nicht bis in alle Ewigkeit die spontane Verwirklichung, die spontane Anwendung, der spontane Sieg des guten Willens ist. Nur weil Sokrates für sie gestorben ist, weil Voltaire Calas verteidigt hat, weil Kant, als die Menschenrechte triumphierten, seinen alten Spaziergang in Königsberg vergessen hat?

Man sollte endlich begreifen und öffentlich aussprechen, daß manche Philosophien für die Menschen heilsam sind, andere tödlich, und daß der konkrete Nutzen einer bestimmten Weisheit kein allgemeines Kennzeichen der Philosophie schlechthin ist.

Dennoch trifft man immer noch Leute, junge Studenten, die glauben, alle formal philosophischen Arbeiten brächten dem Menschengeschlecht Gewinn, weil man ihnen eingeredet hat, daß es sich mit allen geistigen Unternehmungen so verhält. Gute Absichten haben heißt indessen, vereinfacht, eben gerade diesen Gewinn bewirken. Schon in der Septima, in der laïzistischen Schule, hat man ihnen beigebracht, daß der Geist der höchste aller Werte sei und daß er die Welt regiere, seit Gott sich von ihr entfernt habe. Wer hat mit 16 Jahren keinen Seminaristenglauben? Ich zum Beispiel hatte auch solche Vorstellungen. Wenn ich bis spät in die Nacht Bücher las und philosophische Lehrsätze und Argumentationen schneller begriff als ein Schlosser, dann hielt ich mich nicht für einen anonymen Menschen, sondern war davon überzeugt – denn so hatte man es mich gelehrt –, der Arbeiter auf der Straße und der Bauer auf seinem Hof seien mir zu Dank verpflichtet, weil ich mich in edler, reiner und uneigennütziger Weise dem Geistigen verschrieben hatte zum Wohle des Menschen im allgemeinen, einschließlich der Spezies der Arbeiter und Bauern. Meine Lehrer taten alles, mir diese Illusion zu erhalten, die ja auch für sie selbst sehr angenehm war. Wie hätte ich den, der sich mit Philosophie beschäftigte – der Inhalt spielte dabei kaum eine Rolle –, nicht für eine Art Arzt und Priester halten sollen, der kraft seines Kopfzerbrechens jeden Augenblick die Welt erlöste? So glauben viele naive Menschen, das Studium der Soziologie, der Geschichte des Kritizismus oder der Logik erheische die Dankbarkeit des Menschen. Diese Anschauung beruht auf dem Mythos der akademischen Klerisei.

Dabei ist es absolut unmöglich, immer noch zu glauben, daß eine Arbeit über Moderatus von Gadès, ein Buch über ein mathematisches Problem ihren Verfassern die Lebensrettungsmedaille und die Dankbarkeit der Völker einbringen müßten. Es ist schon schlimm genug, daß die Ehrenlegion die Statthalter des Geistes auszeichnet wie Hauptleute, alte Schauspieler und Nationalhelden. Die Menschen lassen sich nicht gerne hinters Licht führen, alle sind nicht so naiv zu glauben, ein Kandidat der Philosophie sei kraft seiner Funktion ein Neufundländer oder gar eine respektable Person.

Die Philosophie an sich gibt es ebensowenig wie das Pferd an sich. Es gibt nur Philosophien, so wie es Araber, Percherons, Leoniers und Anglo-Normannen gibt. Die Philosophien sind das Werk von Philosophen: diese Feststellung ist durchaus nicht so selbstverständlich, wie man gemeinhin glaubt. Da es 36000 Sorten von Philosophen gibt, gibt es ebenso viele Philosophiesorten.

Die Philosophie ist eine bestimmte Art der Formgebung, die die verschiedensten Elemente miteinander verbindet und kombiniert, gleichgültig, von welcher Beschaffenheit diese Elemente sind. Es gibt keinen philosophischen Stoff, sondern nur einen bestimmten Usus, mittels an sich vollständig sinnfreier Techniken Behauptungen miteinander zu koppeln. Der Thomismus ist ebenso Philosophie wie der Kantianismus.

Die Philosophie kann sagen, was sie will, sie hat keine ewige Berufung, sie ist niemals eindeutig und ist es auch nie gewesen, sie ist vielmehr die ausgeprägteste Form der Mehrdeutigkeit. Die Philosophie schlechthin ist das, was von den verschiedenen Philosophien überlebt, wenn sie von allem Stoff gereinigt worden sind, so daß nichts anderes übrigbleibt als ein bestimmter Familiengeruch, eine Atmosphäre, die von Traditionen, stillschweigenden Übereinkünften und Geheimnissen geschwängert ist. Sie ist eine Entität der Rede.

Da jedoch eine Entität nicht völlig grundlos entsteht, kann man annehmen, daß die Philosophien eine beabsichtigte formale Einheit besitzen: sie sprechen sich, als Titel und permanenten Anspruch, die Macht und die Aufgabe zu, Anweisungen und Leitbilder für das menschliche Leben zu formulieren. Die Philosophie spricht letztlich immer von der Stellung des Menschen in der Welt; sie folgt immer dem Programm, das Platon ihr gegeben hat: «Gegenstand der Philosophie ist der Mensch und alles, was seinem Wesen, zu leiden und zu handeln, angehört.»

Da es jedoch nicht nur eine einzige Ordnung der Stellung des Menschen in der Welt, keine von Ewigkeit her bestimmte Lösung des menschlichen Schicksals, nicht nur eine einzige Erklärung für seine Situation gibt, bleibt die Philosophie mehrdeutig. Die erste Aufgabe, die sich daher einer Kritik, einer Überprüfung ihres Wesens stellt, ist die Bestimmung der gegenwärtigen Mehrdeutigkeit des Wortes «Philosophie».

Keine mystische Berufung, keine theologische Prädestination, keine Gnade verpflichten die Philosophie, zum Wohle der Menschen zu arbeiten. Wenn die jungen Philosophiestudenten und begeisterten Ideenjünger der Meinung sind, die Philosophie sei eine Verwirklichung des guten Willens und seiner Verheißungen, dann übernehmen sie, implizit und unkritisch, die Vorstellung, daß die Philosophie für ihr Amt berufen, prädestiniert, in besonderer Weise begnadet sei.

Aber das ist gerade der Irrtum. Man kann keine einzelne Philosophie beurteilen, indem man sich, wie auf eine unveränderliche Maßeinheit, auf eine grundsätzliche Berufung und Macht der Philosophie bezieht.

Man kann der Meinung sein, die Philosophie von Herrn Bergson sei abstoßend ebenso wie die Philosophie von Boutroux oder die von Leibniz, und das aus vielen Gründen, die sich nur auf diese Gegenstände beziehen, aber man kann nicht sagen, sie seien abstoßend, weil sie vorübergehende Abweichungen, zufällige Krankheiten der Ewigen Philosophie seien

– eben weil es diese nicht gibt. Damit verrät man keinen Weltgeist. Herr Maritain glaubt an eine Ewige Philosophie, aber wer keine Beziehung zu Gott oder seinen Doktoren hat, wird diese Ewigkeit nie begreifen, sondern er wird der Meinung sein, daß gerade die Ewigkeit den Menschen zum Leben und Denken eines Zuchthäuslers verurteilt.

Herr Bergson und Herr Boutroux gehören einfach zu einer Philosophenfamilie, die ich hasse. Aber dieser Haß rührt nicht von der Liebe zu der ewigen Mission der Philosophie an sich her. Ich bin kein Vertrauter des Schicksals.

Auch die gegenwärtige Ausbeutung der Arbeiter, die Anarchie auf der Erde, die Korruption der Politiker und der allgemeine Katzenjammer, an dem heute alle Welt krankt, sind keine vorübergehenden Verirrungen eines glückseligen Geschicks der Menschheit an sich.

Bestimmte Philosophien existieren jedoch wie Dinge im Raum. Sie werden in Büchern und Zeitschriften abgedruckt, von Stimmen verkündet, sie haben wie Gegenstände ihre Besonderheiten und können nicht als Emanationen eines einzigen Wesens, als Demonstrationen einer einzigen Macht angesehen werden. Sie haben mit anderen Philosophien ebensowenig zu tun wie ein Bauernaufstand mit einem Pogrom, obwohl es auch zwischen diesen Ausbrüchen einer gezielten Gewalt formale Ähnlichkeiten geben kann.

Leider läßt sich bei den gegenwärtigen Denkgewohnheiten jeder von derartigen Ähnlichkeiten täuschen: der systematische Aufbau und der Denkstil, der den verschiedensten philosophischen Konstruktionen gemeinsam ist, lassen die Meditation von Herrn Lalande in dem gleichen Maße als eine Verkörperung der Philosophie erscheinen wie den Spinozismus. Wenn auch durchaus zugegeben wird, daß es sich bei jenen um eine blassere, minderwertigere, blutlosere Verkörperung der Philosophie handelt, erscheinen beide Verkörperungen doch strenggenommen als vergleichbar, weil sie angeblich vom gleichen Fleisch und Blut sind. Dieser Vergleich ist nur dann legitim, wenn sich niemand um die konkreten Folgen kümmert, sondern sich nur für die äußere Übereinstimmung mit den formalen Prinzipien eines gegenstandslosen Verstandes interessiert. Es muß also zunächst gesagt werden, daß die methodische Anwendung der verschiedenen logischen Instrumentarien genügt, das Vorhandensein von Philosophie auszumachen.

Ordnen wir die Philosophen einmal anders als nach dem Grad ihrer Intelligenz ein! Die Intelligenz dient zu allem, ist für alles gut, dieses passive Weibchen geht mit allen auf den Strich. Sie dient der Wahrheit und dem Irrtum, dem Frieden und dem Krieg, dem Haß und der Liebe. Mit der Gleichgültigkeit eines Sklaven arbeitet sie für die Dinge, denen sie sich wechselnd verschreibt, die Geometrie und die Leidenschaften der Liebe, die Revolution und die Strategie der Generalstäbe. Diese große Gabe ist lediglich eine Technik. Gefängniswächter sind ebenso intelligent wie ihre Häftlinge, Sieger sind ebenso intelligent wie Besiegte. Ohne aufzubegehren, ohne sich zu rühren, kann sie Philosophien der Befreiung und der Unterdrückung, reaktionären und demokratischen Theorien dienen. Sie kann ein Feind des Menschen sein oder in seinem Dienste stehen. Sie ist ein lange erprobtes und verfeinertes Werkzeug. Aber am Werkzeug allein läßt sich noch nicht erkennen, zu welchem Zweck es benutzt wird, so wie die Egge allein nicht die Arbeit des Bauern verrät. Von dieser Magd lassen sich die einseitigen Definitionen der Philosophie nicht herleiten.

Auf der anderen Seite stehen die konkreten Menschen, deren Begriff der theoretische Gegenstand der Philosophie ist. Sie schließen sehr viel mehr Unterschiede ein, als sie denken kann.

Wir wollen hier nur einfache, unmittelbare, wesentliche und sozusagen primäre Tatsachen feststellen, die man ebensooft wiederholen muß, wie die Schulmeister die vier Regeln und die Übereinstimmung der Partizipien wiederholen. Diese allgemeinen Tatsachen besagen, daß es keinen *homo faber, homo artifex* und *homo sapiens*, keinen *homo oeconomicus* und *homo politicus*, keinen *homo noumenon* und *homo phaenomenon* gibt, sondern alle jene einzelnen Menschen, die geboren werden, ein bestimmtes Leben führen, Kinder zeugen und sterben, der ungelernte Arbeiter, der pro Tag 25 Francs verdient, und der Politiker, der in der Villa Said wohnt, das Mädchen, das zu Villiers geht, und das Mädchen, das in der Cité Jeanne d'Arc im selben Raum mit seinen Eltern und Brüdern schläft, der militante Revolutionär und der Polizeiinspektor. Es gibt auf der einen Seite die idealistische Philosophie, die Wahrheiten über den Menschen ausspricht, und auf der anderen Seite die Tabelle der Verbreitung der Tuberkulose in Paris, die darüber Aufschluß gibt, wie die Menschen sterben. Bleiben wir auf diesen eingezäunten Wegen, die gewundener sind als die großen Straßen der Systeme und an deren Kreuzungen Polizisten stehen. Den *homo noumenon* habe ich noch niemals getroffen, und ich bediene mich auch nicht der ihn betreffenden Ideen, Hypothesen und Definitionen, aber in der Zeitung sehe ich ein Foto von Herrn Tardieu[1] auf den Schneefeldern von St. Moritz, und dann lese ich zufällig einen Bericht über die Zwangsarbeit. Vor wirklich philosophische Fragen stellen mich die revoltierende Bedeutung der Existenz von Herrn Tardieu und die in anderer Weise revoltierende Existenz der Statistiken über die Zwangsarbeit. Aber den für Herrn Lalande ach so beunruhigenden, so delikaten Konflikt zwischen konstituierender Ver-

1 André Tardieu, von 1928 bis 1930 französischer Innenminister (Anm. d. Übers.)

nunft und konstituierter Vernunft empfinde ich als absolut lächerlich.

Während sich die Philosophen nur für die Verkörperungen der Philosophie interessieren und nicht für die Menschen, beschäftigen sich jene Querköpfe mit Philosophie. Es ist ein skandalöser Mangel an Gegenseitigkeit festzustellen. Keiner von ihnen kann die Philosophie mit Abstand betrachten, obwohl die Philosophen das mit den Menschen tun. Die simplen Menschenköpfe fühlen sich in der Eiswüste der Ideen nicht wohl. An den intelligiblen Orten läßt es sich nicht frei atmen. Sie besitzen die Unverfrorenheit, sich nicht ausschließlich für die Brillanz eines Arguments, die formalen Feinheiten einer Lösung, der Geschicklichkeit philosophischer Begriffsakrobatik zu begeistern. Sie verlangen, daß man ihnen erklärt, was eine bestimmte Philosophie für sie bedeutet, was die tatsächliche Bewahrheitung und Bewährung einer philosophischen Aussage über das Geschick der Menschen für sie für Folgen hätte. Manche von ihnen, die sozusagen stellvertretend für die anderen sprechen, verlangen von der Philosophie Rechenschaft, wenn sie sich gegen sie wendet oder sich einfach nicht mit ihnen beschäftigt. Wenn die Philosophen vom Geist und den Ideen, von der Moral und dem höchsten Gut, von der Vernunft und der Gerechtigkeit handeln, aber nicht von den Erlebnissen, Unglücksfällen, Ereignissen und Tagesläufen, aus denen sich das Leben zusammensetzt, dann findet diese erhabene Sicht der Philosophie nicht den Beifall derer, denen Unglück zustößt, die die Auswirkung von Ereignissen zu spüren bekommen, die in gefährliche Situationen geraten und deren Tage bis zum Ende ihres Lebens nutzlos vorübergehen. Sie beurteilen alle Philosophien nach ihrem eigenen Glück und Unglück und nicht nach dem Gebäude der Weltphilosophie. Sie billigen sie in großen Zügen oder machen sie sich zu eigen, oder aber sie revoltieren gegen sie. Sie sind niemals passive Gegenstände, denen die Kenntnis, die man von ihnen hat, die Urteile, die man über sie fällt, die Geschicke, die man ihnen zuweist oder verheißt, die Ratschläge, die man ihnen ungebeten gibt, gleichgültig sind. Sie wollen wissen, ob eine bestimmte Philosophie ihr Verbündeter oder ihr Feind ist, oder ob sie gegen sie ist, einfach weil sie sich nicht mit ihnen beschäftigt. Sie sind anspruchsvoller, als die Philosophen ahnen; sie wollen, daß alles, was auf der Welt entsteht, ihnen nützt, Maschinen und Bücher, Reden und Gedanken, Staaten und Gedichte. So verfährt diese Art: sie bezieht alles auf sich! Diesen Sinn kann man immer aus dem alten Spruch des Protagoras herauslesen. So haben also die einfachen Menschen das letzte Wort über die Philosophie, die sie zunächst nach ihren Folgen beurteilen. So urteilt Anytos über Sokrates, Lenin über den Empiriokritizismus. Das Denken der Menge muß gegen die Selbstgefälligkeit der Berufsdenker verteidigt werden.

Wir verlangen Klärung der Situation. Da die Neulinge der Philosophie noch unter den Menschen leben, da ihre Verbindung zu den Menschen noch nicht völlig abgerissen ist, haben sie die Aufgabe, die Philosophie ihrer Zeit an den Folgen zu messen. Das philosophische Handwerk mag sie schon jenem Staub, den das menschliche Leben aufwirbelt, und jenem Lärm und Getrappel, das es hören läßt, entrückt haben, aber es wird ihnen doch noch möglich sein, rechtzeitig vor den glatten Straßen und kahlen Avenuen der Philosophie des Himmels umzukehren, «die eklektischen Bettelsuppen satt zu bekommen, die ... an den Universitäten ausgelöffelt werden unter dem Namen Philosophie»[1]. Und das Messen dieser Folgen wird auf keinen Fall um eine Untersuchung der Ursachen dieser Philosophie herumkommen.

Der Philosophie werden hier nur die allerbanalsten Fragen

1 Friedrich Engels: *«Ludwig Feuerbach und der Ausgang der klassischen deutschen Philosophie»*, Vorbemerkung.

gestellt. Ist die gegenwärtige Philosophie, die behauptet und auch glaubt, daß sie zum Wohle des Menschen betrieben wird, wirklich oder nur verbal und ihrer eigenen Meinung nach für die konkreten Menschen von Nutzen? Wozu dient diese Philosophie? Was tut sie für die Menschen? Was tut sie gegen sie? Was bedeutet die Philosophie schlechthin für die Menschen? Nur in ihrem Namen und von ihnen aus kann die Mehrdeutigkeit des Wortes «Philosophie» aus der Welt geschafft werden. Ihren abstrakten Verheißungen und der behäbigen Großmut, die aus ihren Worten spricht, darf man nicht unbesehen vertrauen.

II

Die Philosophen gegen die Geschichte

Die Philosophiehistoriker, die das Gros der heutigen Philosophen ausmachen, behaupten, das Denken sei den besonderen Gesetzen eines speziellen Bereichs der Existenz unterworfen. Sie tun so, als seien sie von dieser ihrer Behauptung überzeugt. Das Denken ist für sie eine schwerelose Tätigkeit von Wesen, die weder an Ort und Zeit noch an einen Körper oder irgendeine andere Zuordnung gebunden sind. Diese Denker behaupten also, die Philosophie habe im Laufe ihrer Geschichte nichts anderes getan, als auf dem großen Schachbrett der Ideen Figuren hin und her zu rücken. Was für viele mögliche Kombinationen, was für herrliche Partien zeigen sie dem Weisen, vorausgesetzt, daß er die komplizierten Regeln dieses Geschicklichkeitsspiels beherrscht, das die Historiker für ihn erfunden haben!

Die Spezies der Philosophen scheint besondere Merkmale zu haben, obwohl diese ihre Besonderheit vielleicht nur in dem Fehlen jeglicher Merkmale besteht. Sie bildet eine Menschengruppe, die frei im Raum und in der Erinnerung der Geschichte schwebt und keine Beziehungen zu anderen Menschengruppen unterhält wie zu denen der Edelleute, der Kleriker, der Kaufleute, der Bürger, der Handwerker, der Soldaten. Diese Gruppe ist also scheinbar an keine örtlichen und zeitlichen Bedingungen gebunden, die in allen anderen Fällen die Positionen und Funktionen menschlicher Gruppierungen angeben.

Diese privilegierten, von Ort und Zeit unbeschwerten Wesen tauschen gelassen nach strengen Gesetzen formulierte Ansichten über Themen aus, die ebenso zeitlos sind wie sie selbst. Man spürt zwar und gibt zu, daß die Stringenz dieser

Behauptungen keineswegs eine beunruhigende Kontingenz ausschließt, die nicht zu den Gesetzen des Ewigen Lebens paßt. Kant hätte auf Leibniz, Wolff, Hume, Newton, Rousseau und andere zweifellos eine von seinen tatsächlichen Antworten völlig abweichende Antwort geben können, aber diese Antwort hätte in den Augen der Historiker, die immer mit den Dialogen, so wie sie tatsächlich stattgefunden haben, zufrieden sind, nicht weniger streng sein müssen. Bei diesem Gegensatz zwischen formaler Strenge und inhaltlicher Beliebigkeit ist die ganze idealistische Philosophiegeschichte am Ende ihres Lateins.

Alle Philosophiehistoriker übersehen jedoch die Tatsache, daß die Gründe für das, was die Philosophen waren und was sie behaupteten, in keiner Weise aus einer Art Abhandlung über das Schachspiel deutlich werden, bei dem immer viele Partien möglich sind. Ihre Philosophien rührten durchaus nicht von der Tatsache her, daß sie eine noch nicht gegebene Antwort auf irgendein Problem fanden, sondern daher, daß sie, wie alle Menschen, in einem bestimmten Land und zu einer bestimmten Zeit ein bestimmtes Leben lebten und sich in langen Jahren eine Meinung über ihr Leben und das der Menschen um sie herum gebildet hatten. Man darf das Kleid der Philosophie nicht mit ihrem Körper verwechseln. Nur wenn man Einsamkeit oder Umgang mit Menschen, Loyalität oder Revolution, Aufbegehren oder Hinnahme, Konformismus oder Empörung, List oder Offenheit aus ihren Existenzbedingungen ausschließt, kann man glauben, ein Philosoph sei ein Kopf ohne Körper, ein Wesen, das so rein ist, mit dem irdischen Treiben so wenig zu tun hat wie eine Totenmaske mit dem Gesicht des Toten. Spinozas *«De Intellectus Emendatione»* wird immer die Unreinheit der Philosophie bezeugen.

Es ist höchste Zeit, die alte Vorstellung von der Abgeschiedenheit und Entrücktheit der Philosophen, die in der arglosen

Ruhe ihrer Kontemplationen einschlafen, aufzugeben. Jede Philosophie hat eine zeitliche und menschliche Bedeutung, so weit sie von den allgemeinen Lebensbedingungen immer entfernt zu sein scheint. «Menschliches, Allzumenschliches», diese Worte sollten die Losung jedes Kommentars über einen Philosophen sein.

Die heutigen Philosophiehistoriker wollen uns weismachen, das Kennzeichen jeder echten Philosophie sei eine möglichst große Entfernung von den Niederungen des Alltags und die gelassene Entfaltung ihrer Motive; ein Philosoph sei also um so größer, je mehr er äußerlich einer perfekten, anonymen Maschine ähnele. Denker, auf die eine solche Charakterisierung nicht zutrifft, erregen Zweifel hinsichtlich der Qualität ihrer Philosophie. So wirft Herr Brunschvicg Marx «naive Arroganz» vor, weil Marx sich seiner irdischen Stellung bewußt war und gesagt hat, man müsse die Welt verändern und nicht nur interpretieren. Dabei ist die Entscheidung, die Welt nur zu betrachten, ebenso eine irdische Entscheidung der Philosophie wie der Wille, sie zu verändern. Die Philosophiehistoriker würden nicht zögern, Diderot oder Marx aus den Reihen der großen Philosophen zu verbannen, weil sich in ihrer Philosophie beim besten Willen keine philosophische Gelassenheit erkennen läßt.

Die angebliche Reinheit der Philosophie und ihre Unfähigkeit, sich in das irdische Treiben hinabzubegeben, verschleiern jedem, und zweifellos auch den Philosophiehistorikern, die wahre Situation des Denkens und seine eigentlichen Triebkräfte. Aber diese Vorstellungen haben nichts mit der Wahrheit zu tun. Kein Philosoph bleibt, ob er will oder nicht, von der unreinen Gegenwart seiner Zeit unberührt.

Was das In-der-Welt-Sein der Philosophie angeht, muß man sich also fragen: wie kann ein Philosoph, der in seiner Zeit lebt, in seinen Worten und Gedanken diese Zeit ignorieren? Woher kommt es, daß die Philosophen glauben, die Entfernung von unserem Jammertal sei geradezu ein Signum jeder echten Philosophie? Nur eine genaue Untersuchung dieser Probleme kann der Geschichte der Philosophie ihre Grundlage liefern.

Wenn die Philosophiehistoriker heute auch nur die geringste Ahnung davon hätten, was ein Mensch ist, würden sie folgende Erklärung rundweg als Mystifikation werten:

«Wenn Descartes Montaigne fortsetzte, so tat er es in der Weise wie Kant Hume fortsetzte, indem er nämlich auf ihn antwortete. Das innere und das geistige Leben leiten sich vom *cogito* her. Aber im *cogito* stecken das *ego* und die *cogitatio*, das ‹Ich› und das ‹Denken›. Was ist nun aber der Gegenstand des Denkens? Es kann nur das ‹Ich› sein als ein Individuum, dessen Denken ebenso eine Eigenschaft wäre wie Verdauen und Atmen. So sah es die ganz empirische, ganz subjektive Psychologie eines Locke oder eines Condillac, und die Soziologie eines de Bonald oder eines Auguste Comte ist nur das Gegenstück zu diesem psychologischen Individualismus. Der echte Cartesianismus überschreitet diese vordergründige Alternative. Für den Begründer der mathematischen Analyse ist das dominierende Element des *cogito* die *cogitatio* selbst.» [1]

Boutroux faßt die Geschichte der Philosophie folgendermaßen zusammen:

«Worin besteht nach der Geschichte der Fortschritt der Vernunft? Zunächst erscheinen ihr bestimmte Aspekte der Dinge unassimilierbar, so das Nichtsein bei Parmenides, die Ananke bei Platon, das Sinnliche bei Descartes. Aber die Vernunft wird geschmeidig, erweitert sich, und so gelingt es ihr, Elemente des Seins, die ihr zuvor ein Skandalon waren, zu assimilieren. Mit Platon assimiliert sie das Nichtsein, mit

1 Léon Brunschvicg in: *Revue de Métaphysique et de Morale*, 1925.

Descartes die synthetische Verbindung… mit Hegel die Entwicklung…»[1]

So zeichnen sich die Hauptlinien einer erkennbaren Welt der Dialoge der Vernunft ab, die von der sinnlichen und profanen Welt durch irgendeinen mysteriösen, aber im Grunde erfreulichen Bruch getrennt ist. Sie bringen die Postulate zum Ausdruck, gegen die sich erheben muß, wer noch so naiv ist, vom Denken irgendein Heil zu erwarten.

Diese Vorstellungen von einem Dialog, der die Wendungen, Umkehrungen, Fragen und falschen Dogmen einer ungestörten Entwicklung des Geistes zum Ausdruck bringt, sind nicht die einzigen, die die idealistische Taktik vermittelt. Man kann ihnen den Bergsonschen Entwurf der Entwicklung aller Philosophie schlechthin gegenüberstellen:

«Je mehr wir zu der ursprünglichen Anschauung zurückkehren, desto besser verstehen wir, daß Spinoza, wenn er vor Descartes gelebt, sicher etwas anderes geschrieben hätte als das, was er geschrieben hat, daß wir aber, wann immer er gelebt und geschrieben hätte, in jedem Fall den Spinozismus hätten.»[2]

Eine innere Notwendigkeit des Individuums Spinoza, die der Dauer der Menschen entzogen ist, tritt also an die Stelle der abstrakten Notwendigkeit eines von Spinoza unabhängigen Spinozismus als einer zwangsläufigen Antwort auf den Cartesianismus im ewigen Dialog des Geistes. Aber die innere Notwendigkeit des Genius ist nicht weniger abstrakt als die der Vernunft, die ihre Weisheiten ohne Bezug auf die Geschichte hervorbringt. Es ist hier nicht der Ort, zu zeigen, daß die eine wie die andere Einstellung zwei verschiedene Grundtendenzen des bürgerlichen Denkens zum Ausdruck bringt,

1 Émile Boutroux in: *Bulletin de la Société Française de Philosophie*, 1907.

2 Henri Bergson in: *Revue de Métaphysique et de Morale*, 1911.

das einmal vom Leben des Geistes emporgetragen und legitimiert werden und dann wieder dem stolzen privaten Abenteuer des Individuums dienen will und so zwischen der Mystik der unpersönlichen Vernunft und der inneren Mystik der Person hin und her schwankt. Die Philosophiehistoriker beider Arten brauchen nur die bescheidene Einschätzung der Philosophie als das, was sie wirklich ist, aufzugeben. In Wirklichkeit sind sie sich der Tatsache bewußt, daß die Philosophen nicht so leicht miteinander austauschbar sind, daß Descartes nicht Platon und Zeno nicht Kant ist. Aber diese Feststellung des gesunden Menschenverstands darf nicht zu dem Schluß führen, daß die Philosophien die Ergebnisse besonderer Berufungen oder die notwendigen Glieder einer mythischen Kette des Geistes seien. Solche Schlüsse ermöglichen lediglich, sich jeder wirklichen Erklärung enthoben zu fühlen. Konkrete Entwicklungen werden hier als Offenbarungen oder okkulte Prozesse gedeutet. Ebenso wäre die Biologie durch eine mystische Theorie des Lebens aller Erklärungen enthoben.

Die griechischen Philosophen waren noch mit den wirklichen Triebkräften ihrer Philosophie vertraut: die Anwesenheit und der Stoff der Menschen waren Gegenstand ihrer tiefsten Gedanken. Ihre Weisheit suchte nach unmittelbar anwendbaren Lösungen. Es bestand ein ständiger Kontakt zwischen dem Philosophen und dem Mann auf der Straße. Die Philosophie Epikurs ist von einer Alltäglichkeit, deren Geheimnis wir verloren haben. Selbst der Platonismus ist trotz seiner Hinneigung zum Überirdischen noch an den Stoff des menschlichen Lebens gebunden. Dieses Geheimnis ging für lange Zeit verloren.

Die Entwicklung der Mathematik, die einem wesentlichen Teil des logischen Denkens ein erstaunliches Maß an Stringenz und Unpersönlichkeit verlieh, hat die ersten Metaphysiker der Moderne dazu veranlaßt, ihre Meditation nach dem mathematischen Modell auszurichten und bei Schlüssen über nicht wissenschaftliche Werte die Entdeckungen der exaktesten Wissenschaft nachzuahmen. Eine vorschnelle Verallgemeinerung führte zur Illusion einer ewigen Vernunft und zur Vorliebe für mathematische Reinheit. Diese Illusion erfaßt auch die größten Philosophen: Die ganze Strenge der Beweisführung von Spinozas *«Ethik»* erscheint merkwürdig unrein im Lichte der *«Abhandlung über die Vervollkommnung des Verstandes»*. Die logische Stringenz der ersten *«Kritik»* bleibt hinter der der *«Rechtslehre»* und der *«Religion innerhalb der Grenzen der bloßen Vernunft»* zurück. Die revolutionäre Kritik muß sagen, warum diese große Illusion vom Aufkommen der Geschichtswissenschaft nicht aus der Welt geschafft wurde.

Im Namen der Geschichte ist jeder Philosoph nach den Methoden zu fragen, die zur Lösung des Problems dienen: Wie kann man darüber Aufschluß geben, was ein Mensch ist. Herr Bergson kommt ebenso wie Herr Brunschvicg zu dem Schluß, daß diese Frage sich gar nicht stellt. Es besteht kein Anlaß, sich den Wünschen dieser Großmeister der Philosophie anzuschließen.

Ihre Behauptungen über die Geschichte, die sie damit aufheben, können sie zweifellos vor Angriffen schützen, die sie absolut nicht mögen, können sie der Beschäftigung mit alltäglichen Fragen entheben, die sie zu Schlüssen führen würden, die für die gegenwärtige, von ihnen akzeptierte und geliebte Ordnung gefährlich wären. Die revoltierende Formel des Zola-Prozesses ist eines der wichtigsten Wörter des bürgerlichen Denkens. Diese Behauptungen ermöglichen ihnen den Glauben, ihre Situation als Philosophen sei gegenüber allen anderen, der Kritik ausgesetzten Situationen, ebenso privilegiert, wie die Situation von Descartes in ihren eigenen Augen privilegiert ist. Sie hoffen, genauso behandelt zu werden, wie sie selbst Descartes behandeln. Wir werden jedoch für die Philosophen keine Ausnahme machen.

Jene von den Philosophiehistorikern vertretenen Postulate haben nämlich weitreichende Folgen hinsichtlich dessen, was Herr Lalande, in naivem Glauben an seinen eigenen Wagemut, die polemische Methode in der Philosophie nennt: sie setzen voraus, man könne einem Philosophen nur seiner Philosophie inhärente Einwände entgegenhalten, rein technische, an bestimmte Höflichkeitsformeln gebundene Einwände, die letztlich eben den Stoff dieser Philosophie des Himmels bilden. Daraus folgt, daß niemand außerhalb der Philosophie das Recht hat, Aufschluß und Rechenschaft von ihr zu verlangen. Wir lehnen es jedoch ab, daß die Berufsphilosophen nur ihren gegenwärtigen und zukünftigen Kollegen Rechenschaft schuldig sind. Wir wollen eine echte philosophische Demokratie, nicht eine Demokratie, in der die Minister nur einem Parlament von Politikern verantwortlich sind. Als wenn Kant nur dem Professor Boutroux Rechenschaft schuldete und nicht auch Lenin, dem Theoretiker und Praktiker der proletarischen Revolution. Der philosophische Skandal der Verurteilung des Sokrates beruht viel weniger auf der Empörung über den Tod des Gerechten als auf einer Verärgerung der philosophischen Berufskaste über das Auftreten von Richtern, die keine Spezialisten der Logik des Begriffs und der reflexiven Analyse waren, sondern Leute, die ein normales Leben lebten und sich schlecht und recht ein Bild über die sokratische Philosophie machten, bei der sie sich auf die konkreten Auswirkungen der von Sokrates verbreiteten Ideen bezogen.

Heute wird eine ähnliche Rechenschaft verlangt werden. Menschen, die aus Menschen hervorgegangen sind und denen die Höflichkeit der Philosophen keinen Pfifferling wert ist, werden den Denkern hier und jetzt nichtformale Einwände machen. Niemand wird im Namen eines Mythos der Berufung und des Geistes ausgenommen werden.

Die Philosophen waren niemals reine Geister und himmlische Wesen, sondern irdische Körper mit irdischen Köpfen;

sie lebten auf einer Erde, auf der ihre Geburt und ihr Wachstum keine unersetzbaren Berufungen, keine intelligiblen Charaktere, keine Fortschritte eines reinen Geistes, den es gar nicht gibt, mit sich brachten. Was sie waren, waren sie, nicht weil eine alte Frage noch eine Antwort verlangte, sondern weil sie konkrete Erfahrungen machten, weil sie etwas zu sagen hatten. Und nur deshalb beschäftigten sie sich mit dem, was ihre Vorläufer gesagt hatten, denn wie jeder Mensch brauchten sie eine Sprache. Nur deshalb schufen sie sich ein Gewand und eine Maske, die, ohne daß sie es wollten, denen ihrer Vorläufer ähnelten. Sie wurden in einem bestimmten Jahr geboren und starben in einem bestimmten Jahr. Zwischen diesen beiden Daten liegt ihr Menschsein, ihre Erklärung und die Ursachen, die sie dazu brachten, die alten Probleme in ihrer Weise wieder aufzugreifen.

Worin besteht demnach das Privileg der Philosophie?

Das große Postulat, das dieses Privileg verbürgen soll, ist der gleichbleibende Charakter der Bedingungen des Denkens. Die Welt der Spekulation wird als unanfällig für Veränderungen vorausgesetzt. Wie bequem, diese unveränderliche Welt zu durchqueren! Man erlebt hier nicht die bösen Überraschungen, die in einer sich ändernden Welt stets möglich sind. Man bewegt sich in einem homogenen, schweigenden, farbenlosen Medium, das abstrakt ist wie der Raum und in dessen Ruhe seit Beginn der Zeit sich das philosophische Gespräch abspielt. Diese Welt ist vorgeformt. In den Augen jedes Denkers war sie schon immer so, wie sie heute ist. In diesem Medium mit ständig gleichbleibender Temperatur, in diesem vor Katastrophen und Stürmen bewahrten Klima blüht die Vernunft wie eine einsame Pflanze, die in ihren verschiedenen Erscheinungsweisen, die nur den Nichteingeweihten täuschen, immer mit sich selbst gleich ist, so wie die Platonische Idee in den Erscheinungsweisen der Gegenstände, in denen ihr Wesen zutage tritt, sich immer selbst gleich bleibt.

Die materielle Welt ist, was sie ist, und ihre Wirklichkeit, insofern sie nicht mit den Maßstäben der Wissenschaft gemessen wird, insofern sie unmenschlich ist, geht jeder Spekulation voraus und bleibt von den Veränderungen des Denkens unberührt. Der Übergang von der Kreisbewegung zur elliptischen Bewegung läßt die Wirklichkeit der Sterne unangetastet. Aber ein Denken, das sich an eine Kreisbahn hält, hat es nicht mit der gleichen materiellen Welt zu tun wie ein Denken, das einer Ellipsenbahn Rechnung tragen kann. Die Welt als Gegenstand der Philosophie ist eine Konstruktion der Technik, der Wissenschaft und des Handelns. Die ständige Modifikation dieses vorstellbaren Universums verbietet es Kant, Wort für Wort auf Leibniz zu antworten. Die entscheidenden Unterschiede, die die gegenwärtigen Welten von jeder Philosophie trennen, verbieten es den Philosophen, in den verschiedenen Ausdrucksweisen des allgemeinen Denkens homogene Sinngehalte zu erkennen. Nur eine geringe Zahl unveränderlicher Bestandteile kann ihnen die Illusion vermitteln, dasselbe, stets gleichbleibende Universum zu bewohnen. Nur ein philosophisches Kalkül, das noch unabgeschlossen ist, könnte den kritischen Übergang von einem System zum anderen ermöglichen. Vielleicht kann man sogar, streng genommen, nur auf seine Zeitgenossen antworten.[1]

Die Aufgabe der Philosophiegeschichte besteht darin, der verflossenen Zeit gerecht zu werden, indem sie sie als eine Summe von konkreten Modifikationen der Bedingungen des Denkens behandelt, und nicht als ein Abstraktum, das einem erlaubt, Kant und Spinoza auf die gleiche Ebene mit Platon zu stellen und vom Platonismus Spinozas oder vom Kantianismus Platons zu sprechen. Das Prinzip der Erklärung der Philosophen beruht auf den Veränderungen der Welt des Menschen und der Umwelt des Verstandes. Die Faktizität des

1 Siehe Anmerkung A

Menschen bestimmt die Beziehungen des Denkens zu seinen Gegenständen, die Entwicklung der Menschengruppen bestimmt die Entwicklung von Himmel und Erde, die Entwicklung aller technischen, politischen und gesellschaftlichen Aktivitäten ist der Motor dessen, was die Denker die Bewegung des Geistes nennen. Die Ursache einer Philosophie und ihre Wirkung sind also außerhalb der Philosophie zu suchen, und es ist zu fragen, warum die heutigen Philosophen ein derartiges Unternehmen für durchaus unphilosophisch halten.[1]

1 Siehe Anmerkung B

III

Die Abdankung der Philosophen

Wir leben in einer Zeit, in der die Philosophen sich aus den öffentlichen Angelegenheiten heraushalten. Sie leben in einem Zustand skandalöser Abgeschiedenheit. Es besteht eine skandalöse Diskrepanz zwischen dem, was die Philosophie sagt, und dem, was den Menschen entgegen ihren Verheißungen zustößt. In demselben Augenblick, in dem die Philosophie ihre Verheißung wiederholt, ist sie schon auf der Flucht. Wenn man sie braucht, ist sie nie da. Sie scheint vollständig abgedankt zu haben. Man kann sogar von Fahnenflucht, von Verrat sprechen.

Wenn man hört, daß die Philosophie immer noch von Relationen und Verhältnissen, von Phänomenen und Wirklichkeiten, von *élan vital* und Noumena, von Immanenz und Transzendenz, von Kontingenz und Freiheit, von Seelen und Körpern spricht, wenn man hört, daß Herr Brunschvicg, der Großmeister eines solchen Denkens, eine Vorlesung über die Technik des Übergangs zum Absoluten hält, dann sieht man wirklich nicht, wie diese Bazillen des Geistes, diese teratologischen Produkte der Meditation den einfachen Menschen, die wir mit unermüdlicher Bereitwilligkeit zusammenrufen werden, die Tuberkulose ihrer Töchter, die Wutausbrüche ihrer Frauen, die Wehrpflicht und ihre Demütigungen, ihre Arbeit, ihre Arbeitslosigkeit, ihre Ferien, die Kriege, die Streiks, die Korruption ihrer Parlamente und die Schamlosigkeit der Gewalten erklären könnten; man sieht nicht, worauf sich diese inhaltlose Philosophie einen Vers macht, diese Philosophie, die keinen Reim und keinen Grund hat.

Die Philosophen scheinen keine Ahnung davon zu haben,

wie die Menschen beschaffen sind, noch scheinen sie zu wissen, was sie essen, in was für Häusern sie wohnen, was für Kleidung sie tragen, wie sie sterben, welche Frauen sie lieben, welche Arbeit sie machen, wie sie ihre Sonntage verbringen, wie sie ihre Krankheiten behandeln, wie sie ihre Zeit einteilen, wie sie ihr Geld verdienen, welche Zeitungen und Bücher sie lesen, mit welcher Art von Schauspielen, Filmen, Liedern, Sprichwörtern sie sich unterhalten. Diese erstaunliche Unkenntnis hält jedoch den trägen Strom der Philosophie nicht auf. Die Philosophen fühlen sich nicht von der Erde angezogen, sie sind leichter als Engel, sie haben nicht das Gewicht der lebendigen Menschen, die wir lieben, sie haben niemals das Bedürfnis, sich unter die Menschen zu begeben. Ich hasse diese Tradition, die bei uns mit Descartes beginnt:

«In dieser großen Stadt, in der es außer mir niemanden gibt, der nicht Handel treibt, ist jeder so sehr mit seinem Profit beschäftigt, daß ich mein ganzes Leben hier verbringen könnte, ohne von jemand bemerkt zu werden. Ich gehe täglich mitten unter der großen Menge spazieren und genieße dabei ebensoviel Freiheit und Entspannung, wie Ihr sie auf Euren Alleen genießt, und ich betrachte die Menschen, die ich hier sehe, nicht anders als die Bäume Eurer Wälder oder die Tiere, die bei Euch weiden. Der Lärm ihrer Geschäfte unterbricht meine Meditationen ebensowenig wie das Plätschern irgendeines Baches.»[1]

Dennoch beschäftigt sich die Philosophie mit einer Idee vom Menschen, stellt und löst eine Reihe von diesbezüglichen Fragen, die jedoch nie einen bestimmten Menschen, der existiert und essen muß, betreffen. Die Freiheit ist für sie zum Beispiel ein System von Begriffen oder eine Billigung der geheimsten Dauer. Aber was werden jene Jugendlichen

1 Brief an Guez de Balzac aus Amsterdam vom 5. Mai 1631.

dazu sagen, die am Fließband arbeiten, für die die Freiheit nichts anderes ist als der Kampf um all das, was sie nicht haben?

Wird die Philosophie noch länger eine Angelegenheit alter Damen, die Stickarbeit alter Jungfern bleiben? Wie lange noch wird die *Revue de Métaphysique et de Morale* weiterhin mit *La Femme chez elle* und der Verlag Alcan mit den *Éditions Tedesco* wetteifern?

Man kann davon ausgehen, daß es zwei Arten von Philosophie gibt, oder besser zwei Arten von Meditationen, die beide aus reiner Konvention unter dem Namen «Philosophie» zusammengefaßt werden. Diese verbale Einheit muß man zunächst als Tatsache hinnehmen, ohne weiter über ihre Berechtigung nachzudenken. Es gibt zwei Arten von Meditationen, weil es zwei Fragenkomplexe gibt, die der Mensch zu beantworten hat. Der erste betrifft die Erkenntnis der Welt, der zweite die Existenz der Menschen. Die eine Philosophie ist ein Kommentar zur Wissenschaft, die andere Philosophie behandelt die Probleme, die das Verhältnis der Menschen zur Welt und zu sich selbst betreffen.

Die erste hat eine klar umrissene Aufgabe, oder zumindest kann man sie so ansehen, obwohl ihre Erfüllung von unendlich vielen Einzelproblemen hinsichtlich ihrer Rolle, ihrer Verfahrensweisen, ihrer Nützlichkeit, ihrer Resultate, ja ihres Vorhandenseins selbst abhängt. Sie bemüht sich, Ordnung in die Widersprüche der Wissenschaften zu bringen, die sich nach ihren eigenen Gesetzen entwickeln. Sie versucht, Bilanzen zu ziehen und die Ideen und Methoden zu erkennen, die in der Konstruktion der Wissenschaften durch die Gelehrten zutage treten. Sie versucht schließlich, aus ihren Entwicklungen und Erfahrungen, ihren empirischen Entdeckungen, ihren Irrwegen und Niederlagen, ihren Siegen und ihren Rückschlägen Vorstellungen vom Funktionieren und von der

Natur des Verstandes im allgemeinen zu gewinnen. Diese Überlegungen über die Wissenschaften sind historisch berechtigt. Das war zum Beispiel die Aufgabe Platons, als er sich bemühte, die Schwierigkeiten der Einführung der Inkommensurablen zu bewältigen. Der Wert dieser ersten Art von Philosophie, die man endlich einfach «Allgemeine Logik» nennen sollte, ist zwischen Wissenschaftlern und Philosophen zu diskutieren. Das ist eine rein akademische Frage, die den Laien unmittelbar nicht betrifft. Sie hat nichts mit der Philosophie oder Weisheit schlechthin zu tun. Man kann Herrn Rey nicht vorwerfen, er verfehle sein Philosophenhandwerk, weil er sich mit physikalischer Theorie befaßt und sich mit den Schwierigkeiten der Thermodynamik herumschlägt. Er würde mit Recht erwidern, daß er ein bestimmtes Handwerk betreibe und daß niemand das Recht habe, ihm vorzuwerfen, durch das Betreiben dieses Handwerks verrate er irgendeine menschliche Mission der Philosophie. Warum, würde Herr Rey vielleicht sagen, werft ihr dann nicht meinem Nachbarn, der Arzt ist, vor, er verrate die Mission der Medizin, weil er nicht gegen die Praxis der Vorbeugehaft protestiert, oder meinem anderen Nachbarn, der Schuhmacher ist, er verrate das Schuhmacherhandwerk, weil er sich nicht gegen das Niedermetzeln indochinesischer Bauern erhebt? Und diese Erwiderungen wären berechtigt. Herr Meyerson würde sicher Ähnliches erwidern. Man kann also Herrn Rey und Herrn Meyerson nicht vorwerfen, sie verrieten die Philosophie, weil sie sich damit begnügen, ihr Feld zu beackern. Ihr Denken und ihre Tätigkeit sind ausschließlich technischer Art und nur von daher ist zu beurteilen, ob sie ihr Metier gut oder schlecht ausüben, so wie man von einem Ingenieur sagen kann, ob er sein Metier gut oder schlecht ausübt. Es ist natürlich möglich, daß Herr Rey sein Handwerk als Philosoph der Wissenschaften schlecht ausübt. Lenin behauptet von ihm in *«Materialismus und Empiriokritizismus»*, er sei kein guter Ingenieur.

Aber darum geht es gar nicht. Seine Lösungsvorschläge und seine Position gehen nur die Wissenschaftler etwas an. Hier haben Herr Perrin, Herr Langevin, Herr Urbain und Herr Painlevé mitzusprechen. Sie haben auch das Recht, über die Vorstellung der Wissenschaft bei Herrn Brunschvicg zu lachen. Ich fühle mich jedoch nicht kompetent, diese Heiterkeit zu teilen.

Von Herrn Meyerson kann man im Namen der Philosophie vom Menschen keine Rechenschaft verlangen. Die Qualität und Bedeutung seiner Schriften ist zwischen den Wissenschaftlern und ihm selbst zu diskutieren. Herr Meyerson hat in seinen Büchern *«La déduction relativiste»* und *«Identité et réalité»* nie behauptet, sein eigentlicher Gegenstand sei das menschliche Schicksal. Man kann ihm also nicht vorwerfen, seine Zweiteilung sei ein Verrat, denn seine Zweiteilung ist, wenn es sie überhaupt gibt, frei von Widersprüchen. Ebensowenig widerspricht die Zweiteilung eines Chemikers in einen Chemiker und einen Christen dem Wesen der Chemie. Die Rechenschaft, die man von diesem Chemiker und von Herrn Meyerson verlangen könnte, betrifft nicht nur sie allein, sondern jeden Menschen, jeden Bürger, jeden Christen ganz allgemein, unabhängig von seinen beruflichen Aufgaben. Wenn jemand als Bürger oder als Christ ein Feind der Menschen ist, so besagt das noch lange nicht, daß er es auch oder im besonderen als Spezialist eines bestimmten Fachs ist. Die Stellungnahmen der Fachleute sind eindeutig und unerschütterlich. Wenn ein Chemiker einen Explosivstoff findet, so ist er nur ein Chemiker und wahrscheinlich sogar ein guter Chemiker. Wenn er aber sofort seine Anwendung gegen offene Städte, gegen streikende Arbeiter empfiehlt, so verrät er damit zweifellos die Menschen, aber nicht die Chemie: er bleibt ein guter Chemiker. Es besteht kein Anlaß, von ihm eine besondere Rechenschaft zu verlangen, ihn auf eine spezielle Liste des Verrats der Chemiker zu setzen.

Die gegenwärtige Situation der zweiten Art von Philosophie ist jedoch in ihrem Wesen selbst widersprüchlich. Es ist eine Art Meditation, die es sich zur Aufgabe gemacht hat, gegenüber dem menschlichen Leben Stellung zu nehmen; das ist ihr ausdrückliches Ziel, und die Ordnung dieses Lebens ist ihre einzige Existenzberechtigung. Nach dieser Ordnung sucht sie und hat sie immer gesucht. Sie begnügt sich nicht damit, Urteile über Vorhandenes zu formulieren, sondern sie will Willensentscheidungen zum Ausdruck bringen. Sie sagt, was die Menschen wollen müssen, damit sie ihr Schicksal erfüllen können, oder zumindest, was sie will, das die Menschen tun sollen. Die Wissenschaften bieten ihr das Maß der möglichen Handlungen, sie definieren für sie den Bereich des Willens und seine möglichen Anwendungspunkte. Aber es gibt im strengen Sinne keinen Übergang von der Wissenschaft, die niemals etwas anderes betreibt als ihre eigene Entwicklung, ihren eigenen Fortschritt, zu jener Philosophie, von der man immer erwartet, daß sie etwas will, anstrebt, empfiehlt, zu jener anspruchsvollen Philosophie, die von sich selbst sagt, daß es ihre Aufgabe sei, für den Menschen zu wirken.

Weder Herr Rabaud noch Herr Perrin, noch Herr d'Ocagne, noch Herr Meyerson behaupten jedoch, daß das ihre Aufgabe sei. Wenn Herr Langevin zur Frage des Kriegs Stellung nimmt, wenn er von der Notwendigkeit, gegen ihn zu kämpfen, spricht, so darf man nicht glauben, daß er das als Physiker oder, im weiteren Sinn, als Akademiker tut. Er spricht nur als Privatperson. Wenn Professor Einstein bekanntgibt, daß er sich weigern werde, für irgendeinen Krieg zu arbeiten, ohne vorher die Berechtigung seines Landes zu einem Krieg geprüft zu haben, dann tut er das als Mensch und nicht als Urheber der Relativitätstheorie. Es ist naiv und zutiefst bürgerlich, zu glauben, der Protest Langevins und Einsteins hätte einen größeren Wert als der irgendeines Menschen, der keinen Namen hat. Die Proteste von Langevin und Einstein sind kaum schwieriger. Sie verletzen das Bürgertum nur mehr, weil dieses es nicht gerne sieht, daß seine großen Männer die Werte angreifen, an die es glaubt und an denen es festhält. Aber die Philosophen der zweiten Art haben eine gewisse Vorstellung von der besonderen Mission ihres Fachs. Diese Vorstellung hat eine Geschichte und eine moderne Spielart, die beschrieben und geprüft werden muß. Herr Brunschvicg ist sich bewußt, daß er als Philosoph und nicht mehr als Privatperson eine gewisse Verpflichtung zu erfüllen und bestimmten Vorbildern nachzueifern hat. In der *Revue de Métaphysique et de Morale* von 1925 schreibt er:

«Helden des geistigen Lebens sind diejenigen, die ohne Berufung auf überlebte Vorbilder und anachronistisch gewordene Modelle Grundprinzipien des Verstandes und der Wahrheit entworfen haben, die dazu bestimmt sind, ein geistiges Universum zu schaffen, so wie sie das materielle Universum der Gravitation und der Elektrizität geschaffen haben.»

Wenn ich recht verstehe, dann ist das ein Satz, in dem die Arroganz und das Bewußtsein einer Mission zum Ausdruck kommen. Er behauptet, daß die Philosophie die Welt auf den erhabensten Weg ihres Schicksals führe und daß die einfachen Menschen dem Stand der Philosophen, die für sie Universa schaffen, zu Dankbarkeit verpflichtet seien.

Die gegenwärtige Tätigkeit der Philosophen ist also an dieser von ihnen selbst bekannten und gepredigten Idee einer menschlichen Mission zu messen, die über alle örtlichen und zeitlichen Umstände und jedes Sonderinteresse erhaben sein soll. Genau hierin findet man, was ein Akademiker ist, genau hierin erkennt man seinen Sinn, seinen revoltierenden Charakter, genau hierin wird deutlich, daß er endlich durch etwas anderes abgelöst werden muß.

Es muß endlich einmal deutlich gesagt werden, daß die bürgerliche Philosophie nur hohle Erklärungen hervorbringen kann, in Wirklichkeit jedoch *gegen* die großen Ziele arbeitet, die sie angeblich verfolgt. Dieser Gegensatz zwischen ihren Zielen und ihrer Praxis ist die Ursache ihrer Mehrdeutigkeit und des Widerspruchs, in den sie sich verwickelt hat. Die ganze gegenwärtige Misere der Philosophie rührt von der unüberbrückbaren Kluft her zwischen dem, was sie verspricht, und dem, was sie hält. Sie hält wenig. Ja, es scheint so, als wenn sie gar nichts hielte. Ich bin mir wohl bewußt, daß auch Philosophen sich manchmal zu irgendeiner aufrichtigen und ehrlichen Äußerung hinreißen lassen. Herr Brunschvicg schreibt zum Beispiel: «In drei Vierteln aller Fälle können wir ruhig den Tendenzen des gesellschaftlichen Konformismus folgen. Nur außergewöhnliche Fälle verlangen wirklich fruchtbare Neuerungen.»

Das ist ein echt bürgerlicher Satz. Er verpflichtet und verpflichtet überhaupt nicht. Er verspricht etwas und verspricht überhaupt nichts. Er überläßt es irgendeiner Kasuistik, das Außergewöhnliche vom Gewöhnlichen, das Erhabene vom Alltäglichen zu unterscheiden. Er gehört zu jener Art von Erklärungen, die die Übereinstimmung zwischen der Denkweise von Denkern mit der von Politikern deutlich machen. Nicht zufällig finden wir einen ganz ähnlichen Satz bei Paul Doumer: «Die außergewöhnlichen Fälle, die eine aufmerksame Prüfung durch die Vernunft und eine Gewissensbefragung erfordern, werden immer so zahlreich bleiben, daß man sich in gewöhnlichen Fällen den allgemein anerkannten und unangefochtenen Regeln unterwirft.»

Es ist kein Zufall, daß die äußerste Banalität des *«Livre de mes fils»* sich mit der äußersten Subtilität der Schriften von Herrn Brunschvicg trifft. Diese beiden Dokumente verbergen unter dem scheinbaren guten Willen eines Versprechens ein Eingeständnis: das Versprechen, das nicht gehalten wurde, konnte nicht gehalten werden, was bleibt, ist nur das Eingeständnis. Wir müssen uns endlich damit abfinden, daß die Erfindungsgabe und die fruchtbaren Neuerungen sich in die Poesie der Geschichte verflüchtigt haben und nur noch als Modelle in einem Antiquitätenkabinett, in einer tristen und verlassenen Galerie vorhanden sind. Denn es ist müßig, nach dem vierten Viertel der Fälle, jenen außergewöhnlichen Fällen zu fragen, in denen es der heutigen Philosophie gegeben wäre, ihr Versprechen einzulösen und ihre Mission zu erfüllen. Unsere Kindheit ist von einem Krieg gezeichnet, die Menschen haben sich noch nicht von ihm erholt und tragen noch die Spuren der Wunden, die er geschlagen hat. Müssen wir also annehmen, daß diese ungeheure Katastrophe in den Augen der Philosophie nur einer der gewöhnlichen Fälle war, bei denen wir uns vom Konformismus leiten lassen können? Denn die Philosophen haben sich nicht gerührt und keine Anstalten gemacht, dieses Ereignis, das die Menschen überfiel, zu durchdenken. Sie waren nicht beunruhigter als alle anderen, teilten die Gefühle der Menge und unterwarfen sich den Anweisungen der Militärs und Politiker. Diese Männer, die im allgemeinen nicht eingezogen werden, schwammen widerstandslos im Strom der allgemeinen Ahnungslosigkeit mit und forderten alle, die eingezogen wurden, auf, für das Vaterland zu sterben. Jeder ihrer Schüler, der in diesem Krieg fiel, legte damit Zeugnis ab für ihre Philosophie. Sie benutzten diese Toten als ihre Beweise. Die Toten waren ihre Toten. Die Siege waren ihre Siege. Herr Bergson sah im französischen Sieg seinen eigenen Sieg. Es war der Sieg von Boutroux, von Émile Durkheim. Die Marne-Schlacht war für Herrn Brunschvicg eine eindeutige Bewahrheitung seiner Philosophie.

Die Philosophen rühmen sich jedoch nicht ihres Abseitsstehens. Sie behaupten nicht, die Menschen seien ihnen fremd. Es schickt sich noch nicht, öffentlich zuzugeben, daß man die Menschen nicht liebt. Jeder weiß zu sagen, er sei ein Mensch und es gebe nichts Menschliches, das ihm fremd sei. Ohne Schwierigkeit könnte man die große Mehrheit der Philosophen dazu bringen, die Erklärungen des *«Theaitetos»* zu wiederholen. Ich glaube nicht, daß man einen Philosophen finden könnte, der einem offen sagte: ich studiere die Psychologie der Affen, weil ich die Menschen nicht mag. Niemand von ihnen könnte letztlich irgendeine menschliche Gemeinschaft entbehren. Auch sie müssen ja leben. Nur wenige Menschen genügen sich selbst so sehr, daß die Verachtung und der Haß ihresgleichen sie nicht berühren. In der Philosophie stößt man selten auf einen Bismarck oder einen Fouché. Deshalb reden sie von jener allgemeinen Mission der Philosophie, mit der sie den Anspruch erheben, daß der Geist die Welt lenke. Sie glauben also viel zu tun für die Erdenbewohner, zu denen auch sie gehören und deren Geist sie sind.

Es ist höchste Zeit, ihnen die Pistole auf die Brust zu setzen und sie zu fragen, was sie über den Krieg, den Kolonialismus, die Rationalisierung der Fabriken, die Liebe, die verschiedenen Todesarten, die Arbeitslosigkeit, die Politik, den Selbstmord, die Polizei, die Abtreibungen, kurz, über all das denken, was die Menschen wirklich beschäftigt. Es ist höchste Zeit, sie zu fragen, wessen Partei sie ergreifen. Es ist höchste Zeit, daß sie niemanden mehr betrügen, daß sie keine Rolle mehr spielen. Als Demetrios Athen belagerte, marschierte Epikur mitten unter den Athenern. Epikur ergriff Partei. Wenn sie es öffentlich ablehnen, mit uns zu marschieren (und ich ahne, ich spüre, ich sehe schon jetzt ihre guten, ihre edlen Gründe für ihre Ablehnung), dann wird der letzte begreifen, daß sie sich in Wirklichkeit schon entschieden haben, daß sie bewußt – und nicht irrtümlich oder aus Versehen oder heilbarer Verblendung – ihren geistigen Komfort und die zeitlichen Garantien ihres Komforts über die niedrigen Probleme der Menschen stellen.

IV

Die Situation der Philosophen

Sie gab die Lektüre von Stuart Mill nur auf, um zu Lachelier überzugehen, und je weniger sie an die Wirklichkeit der äußeren Welt glaubte, desto mehr ließ sie es sich angelegen sein, in ihr noch vor ihrem Tod sich einen guten Platz zu verschaffen.

Marcel Proust:
«*Sodom und Gomorrha*», II, 2, p. 104

Es ist nicht üblich, daß die Besitzer von Reichtümern ihre Zeit mit Spekulationen über die Gesellschaft und mit philosophischen Träumen verbringen, die höchstens dazu dienen, zu trösten, wen das Schicksal der Güter dieser Erde enterbt hat.

Alexandre Dumas:
«*Der Graf von Monte Christo*», III, p. 10

Auf der anderen Seite steht die Tatsache, daß es Unterdrücker und Unterdrückte gibt und solche, die von der Unterdrückung profitieren, und andere, die nicht ruhig leben können, wenn sie erfahren, daß es Unterdrückung gibt.

In einer Zeit und einer Welt, in der man auf der einen Seite Bankiers, Industrielle und Rentiers, auf der anderen Seite Arbeiter, Arbeitslose und Soldaten zählen kann, kann es keine allgemeingültige Philosophie geben. Die Philosophie der ersten kann von den zweiten nicht ohne weiteres anerkannt und übernommen werden. Herr Homberg, Herr Motte würden nur unter großen Widerständen einer Philosophie zustimmen, die die Aktion der kommunistischen Arbeiter impliziert.

Da die Welt also gespalten ist, ist auch die Philosophie gespalten, und zwar nach ganz groben Gesichtspunkten; ich kann mir diese Spaltung jedenfalls anders nicht vorstellen, obwohl die Bürger, die die geistigen Kommandoposten innehaben, immer wieder beteuern, daß so große Spaltungen eine Sünde wider den Geist seien, und schließlich allen Gedanken, die von solchen Spaltungen ausgehen, jede Gültigkeit absprechen.

Aber nur die Bürger müssen bei ihren Spaltungen fein säuberlich differenzieren, nur sie verlangen nach Tiefe des Geistes, denn nur sie haben etwas zu verbergen, und Grobschlächtigkeit ist eine weniger gute Maske als Sinn für Feinheiten und Nuancen. Sie müssen sich hinter einer schönen Wolke verbergen wie die Unsterblichen bei Homer: Herr Wahl, Herr Brunschvicg, Herr Marcel nebeln sich ein wie Götter oder Tintenfische. Dichte und Form des Nebels bezeugen die Tiefe ihrer Philosophie. Manche finden, Herr Rey sei nicht tief: seine Wolke ist nur ein leichter Morgennebel, seine Tricks sind auf den ersten Blick durchschaubar. Die Wolke von Herrn Fauconnet ist nur ein Schatten. Aber Herr Marcel ist tief: seine Wolke läßt das Gewebe seiner Tricks nicht erkennen.

Auf diese Weise fühlen sich die Philosophen vor allen Unannehmlichkeiten geschützt, zum Beispiel der Unannehmlichkeit undifferenzierter Klassifizierungen. So können diese Olympier ihren Geschäften in ihren feuchtigkeitsschwangeren Wolken nachgehen, die für Mysterien und magische Verwandlungen so günstig sind. Und wenn wir sie nicht verstehen, dann murmeln sie: meine Wolke, meine schöne Wolke...

Aber die Zeit, ihr wahres Spiel zu verbergen, ist für alle vorbei. Es ist Zeit, endlich festzustellen, daß es eine Philosophie der Unterdrücker und eine Philosophie der Unterdrückten gibt, die beide nichts miteinander gemein haben, obwohl man sie beide «Philosophie» nennen kann. Das ist das

Mehrdeutige der Philosophie schlechthin oder zumindest das, was von all ihren Mehrdeutigkeiten, die genannt und entlarvt werden müssen, am meisten ins Auge springt.

Die Situation ist heute klarer als je zuvor. Aber die Menschen wissen immer noch nicht die Konsequenzen zu ziehen. Eine indifferente Philosophie, die wirklich unfähig gewesen wäre, offen oder versteckt, bewußt oder unbewußt Partei zu ergreifen, hat es nie gegeben.

Rechnen wir zunächst mit Kant ab. Er schreibt:

«Daß aber Könige oder königliche... Völker die Classe der Philosophen nicht schwinden oder verstummen, sondern öffentlich sprechen lassen, ist Beiden zu Beleuchtung ihres Geschäfts unentbehrlich und, weil diese Classe ihrer Natur nach der Rottirung und Clubbenverbündung unfähig ist, wegen der Nachrede einer Propaganda verdachtlos.» [1]

Zweifellos legen heute alle Philosophen soviel Vorsicht oder soviel Unkenntnis ihrer selbst an den Tag. Von Herrn Benda bis zu Herrn Bergson, jenen verfeindeten Brüdern. Aber die Philosophen werben heute einfach Proselyten. Man braucht nicht Mitglied eines Klubs zu sein, um eine bestimmte Propaganda machen zu können. Die Sitzungen der *Société Française de Philosophie*, wo Herr Xavier Léon sich über die offenen Fenster aufregt, wo der Pater Laberthonnière den Schatten des Kreuzes einführt und Herr Valéry den Geist der *Nouvelle Revue Française* und der Konferenzen der *Annales*, haben zwar nichts von der überhitzten Atmosphäre der Jakobinergesellschaft. Dennoch ist diese scheinbar harmlose Versammlung einer der Orte, wo das Rüstzeug für eine Proselytenmacherei vorbereitet wird.

Die Philosophen ergreifen sogar viel mehr Partei als die

1 Immanuel Kant: *«Zum ewigen Frieden»*, 2. Abschnitt, 2. Zusatz: *«Geheimer Artikel zum ewigen Frieden»*; zitiert nach: *«Kants gesammelten Schriften»*, B. VIII, Berlin 1912, S. 369 (Anm. d. Übers.)

Laien, deren Denken sie methodisch wiedergeben. Dabei gab es immer nur zwischen zwei Parteien zu wählen, der Partei der Unterdrücker und der Partei der Unterdrückten. Die bürgerliche Philosophie hat in ihrer Blütezeit selbst einmal die Partei der Unterdrückten, nämlich des unterdrückten Bürgertums, ergriffen. Alles Unglück kommt von der Weltfremdheit ihrer Vertreter: niemand hat bemerkt, wie diese Philosophie der Unterdrückten sich in eine Philosophie der Unterdrücker verwandelt hat. Niemand hat bemerkt, daß Voltaire, daß Kant auf die andere Seite der Barrikaden übergewechselt sind. Nur dem Proletariat ist das nicht entgangen, das in hundert Jahren zum einzigen Vertreter und zugleich zur gesamten Masse der Unterdrückten geworden ist. Aber die Philosophen behaupten weiterhin, daß die Philosophie keine Parteien kenne und nicht Partei ergreife. Diese Jungfrau liebt die Wahrheit um ihrer selbst willen wie die heilige Theresa Gott liebte. Sie glauben es sogar und ahnen nicht, daß man die Wahrheit immer mit der Sauce garniert hat, mit der man sie gerade garnieren wollte, daß es tausend Rezepte gibt, sie sich botmäßig zu machen.

Jede Philosophie sucht geistige Wahrheiten darzulegen und zu begründen, die bestimmten Weisen irdischer Existenz entsprechen; sie werden mit Hilfe von Argumenten und Begriffen methodisch dargelegt. Da das gleiche Repertoire an Begriffen und Argumenten jedoch der Darlegung verschiedenster Wahrheiten dienen kann, kann man leicht zu der Ansicht kommen, daß alle diese Wahrheiten nur Teile der *einen* Wahrheit seien. Daher die Vorstellung von den verschiedenen Kleidern der Wahrheit.

Das Wesen der Philosophie wie jeder anderen Tätigkeit des Menschen ist es jedoch, Personen und ihren Interessen zu dienen. Die Philosophen können zwar frei von jedem Interesse erscheinen und wie Schiedsrichter wirken, die nach ewigen Gesetzen urteilen, und nicht wie Parteigänger: Aber auch die unbeweglichste Maske kann nicht auf die Dauer Uneigennützigkeit vortäuschen. Auch die Philosophen verraten schließlich immer, in wessen Diensten sie stehen.

Auch die Uneigennützigkeit und der Rückzug vom praktischen Leben sind parteiliche Entscheidungen. Der Entschluß, Akademiker zu sein und nichts mehr, ist weniger eine Entscheidung für den Ewigen Menschen als eine Parteinahme. Denn auch das Sich-aus-der-Welt-Heraushalten ist eine Entscheidung. Es umfaßt ein allgemeines, wenn auch selten ausdrücklich erklärtes Urteil und die Wahl einer bestimmten Haltung. Der einfache Mensch spürt das und kann deshalb nicht recht an die Reinheit der Philosophie glauben. Daher pfeift er auf sie. Es erhebt sich also folgende Frage: Wollen die Philosophen Parteigänger und somit Menschen sein, oder wollen sie nicht Partei ergreifen und somit keine Menschen sein? Diese Alternative ist natürlich ein rein illusorisches Produkt der Kritik. Wer sich auf sie einläßt, geht in alle Fallen der Bourgeoisie. Die Philosophen können einfach verschiedene Parteien ergreifen, denn die Philosophie hat nicht nur *ein* Schicksal. Es gibt keine allgemeingültige, ewige und erkennbare Wahrheit, die sich eine allgemeingültige, ewige und erkennende Philosophie zu ihrem einzigen Gegenstand wählen könnte.

Die einen Philosophen sind zufrieden, die anderen nicht.

Epikur war nicht glücklich, Spinoza war nicht glücklich, Rousseau war nicht leicht zufriedenzustellen. Aber Leibniz war der Meinung, die Welt laufe eigentlich ganz gut. Auch Herr Brunschvicg ist nicht unzufrieden.

Das liegt wieder daran, daß auch hinter den Philosophen Menschen stecken: Die einen haben also Gründe, die Welt als angenehm zu empfinden, die anderen können sich nicht mit ihr abfinden. Die ersten passen sich der Welt an und sehen durchaus keine Gründe, sie zu verändern, und sie mögen die zweiten nicht, die die Welt, so wie sie ist, nicht akzeptieren und sie verändern wollen. Deshalb mag Herr Brunschvicg Marx nicht.

Man wird niemals irgend jemandem weismachen können, daß man, um sich der Welt anzupassen, sie nur richtig zu betrachten und zu interpretieren brauche. Das erfordert einen allmächtigen Gott, einen Herrn von unfehlbarer Weisheit und eine Tabelle der ewigen Belohnungen und Wiederherstellungen. Wenn man behaupten wollte, daß die Ansichten von der Freiheit des Urteils herrühren oder die Freiheit von der richtigen Meinung, dann könnte man Gott nicht entbehren. Ich hasse alle Philosophen der Ohnmacht, weil ich mich ohnmächtig gefühlt habe. Sich mit der Ohnmacht abfinden, scheint mir viel weniger von einem inneren freien Urteilsvermögen herzurühren als von einer Verstümmelung des Lebens. Schon immer fiel es dem Unterdrücker leichter als dem Unterdrückten, sich mit der Unterdrückung abzufinden.

Die Philosophen, die bequem sind, glauben, daß der menschliche Fortschritt seine Vollendung erreicht habe oder auf dem besten Wege dazu sei. Sie schlagen die Arme übereinander und machen es sich in ihrem Sonntagsfrieden behaglich. Die Arbeit haben sie hinter sich, und so meditieren sie in der Ruhe des siebenten Tages: Ist nicht alles getan? Haben die Vorfahren die Welt nicht zum Besten der Menschen eingerichtet? Es bleiben nur noch einige Ergänzungen und Verschönerungen anzubringen.

Aber für einige unter den Menschen ist der Sonntag noch nicht angebrochen, sie kennen jene Ruhe nicht, die auf die Schöpfungen folgt, sie sehen die ganze Arbeit, die noch nicht getan ist. Ich finde, die Arbeit ist noch nicht getan. Herr Lalande findet, sie sei doch schon getan, Herr Bouglé und Herr Thamin ruhen im Frieden des Herrn: Wie sollte denn die Philosophie seit der Zeit, da es Menschen gibt, die denken, nicht abgeschlossen sein? Die Maschine des Geistes ist im Gang, sie wird bis ans Ende der Zeit von selbst laufen. Haben sie nicht die ewige Bewegung der Vernunft erfunden? Und jetzt, Herr, lasse doch deinen Knecht im Frieden scheiden!

Indessen läuft die Philosophie gar nicht, sie geht keinen einzigen Schritt mehr vorwärts, wenn nicht sogar viele Zeichen darauf hindeuten, daß sie mehr als einen Schritt rückwärts geht. Niemand denkt daran, neue Wege zu finden, ihre Themen sind ein für allemal registriert, ihr Programm ist bis zum Ende der Geschichte festgelegt. Herr Parodi hat es gesagt und gibt den Weg an: Übermorgen, in hundert Jahren. Diese Rentiers haben schon ihr Haus gekauft.

Diese Abdankung hat ihren Sinn. Lenin hat von außen, aus der ungebildeten Volksmenge heraus, Hand an dieses Argument gelegt. Obwohl er dabei nicht an die Philosophie dachte, läßt sich sein Denken genau auf sie anwenden:

«In der Politik heißt indifferent zufrieden... das Etikett ‹parteilos› ist in der bürgerlichen Gesellschaft nur ein verschleierter, heuchlerischer, passiver Ausdruck der Zugehörigkeit zur Partei der Satten, zur Partei der Regierenden, zur Partei der Ausbeuter.»

Ebenso kann man sagen: In der Philosophie heißt indifferent zufrieden. «Parteilos» heißt ausbeuterisch. Das ist der eigentliche Grund für das Sich-aus-allem-Heraushalten, für die Partei des Nichtparteiergreifens. Da die großen Angelegenheiten der Menschen die französische Philosophie kalt läßt und nicht beunruhigt, bleibt diese bei ihren kleinen Ideenangelegenheiten. Deshalb erscheint uns ein Angriff auf diese Philosophie so dringend. Obwohl es sicher als Skandal empfunden werden wird, das Leben des Geistes wie eine politische Aktivität – oder Passivität – zu behandeln und von ihm Zeugnisse zu verlangen wie von einem Angestellten, der sich um eine Stelle bewirbt, als Skandal, gegen Herrn Brunschvicg oder Herrn Lalande eine Art von Angriffen zu richten, die sie aus ihren Gewohnheiten aufschrecken lassen, die ihnen aber nicht persönlich zugedacht sind. Aber dieser Skandal ist heute viel dringlicher als die Intuition der Dauer, die Theorie der Auflösung, die Dialektik der sinnlichen Welt und dieser ganze Talmud einer falschen Geschichtsdarstellung. Es ist unmenschlich geworden, vor philosophischen Skandalen zurückzuschrecken. Wir ziehen die Menschen der Philosophie vor, wenn sie uns von ihnen fernhält. Manchen ist die Philosophie übrigens immer skandalös erschienen, wenn sie offen mit konkreten Unternehmungen Hand in Hand ging. Der Sorbonne wird es immer schwerfallen, Marx als einen Philosophen anzusehen, ganz im Gegensatz zu Lachelier und Boutroux, jenen verhinderten Priestern.

Wozu dient denn schließlich die heutige Philosophie, die an Universitäten und Schulen und in Büchern gelehrt wird. Ihre Verfasser sagen, sie diene zu nichts und niemandem, keinem irdischen Interesse, sondern nur der Wahrheit, der Menschheit und dem Geist. Sie sind der Meinung, die Philosophie könne, ähnlich wie die Lyrik, keinen Nutzen haben im vulgären Sinne der Politiker, der einfachen Menschen, derjenigen, die ihr Leben verstreichen lassen müssen, bevor sie zum reinen Denken kommen. Dieser Irrtum war allzu lange mit dem Denken verbunden, als daß sie ihm nicht heute noch guten Glaubens erlägen. Aber es besteht kein Anlaß zu der Annahme, die Philosophie habe heute nicht mehr die Merkmale, die sie immer gehabt hat, sie habe seit Beginn der Herrschaft der demokratischen Dreieinigkeit aufgehört, Partei zu ergreifen.

Man trifft viele, die sie verabscheuen, aber gleichzeitig sagen, sie sei tot, man könne sie ohne Schaden vergessen, sie helfe niemandem mehr, schade aber auch keiner Fliege etwas; sie sei tatsächlich so rein und lebensfremd, daß sie nichts bedrohe, nichts bekämpfe; die Menschen könnten ruhig schlafen und brauchten sie nicht zu fürchten. Es ist wahr, daß die Mobilgarden, das *Comité des Forges*, die Kautschukpflanzer für das Schicksal der Menschen gefährlicher sind als die Diskussionen, die Philosophischen Kongresse und Tagungen von Pontigny. Kongresse und Tagungen haben einige komische Züge, die zur Nachsicht geneigt machen und einen davon abhalten, der Meinung zu sein, Herr Desjarding[1] müsse bekämpft werden. Die Philosophie für die Philosophie. *L'Art pour l'Art.* Herr Bergson wäre dann so etwas wie ein Théophile Gautier der Philosophie. Aber wir dürfen Wünsche nicht mit Tatsachen, Hoffnungen nicht mit ihrer Erfüllung verwechseln und uns von dieser Nachsicht und diesem unangebrachten Lachen nicht entwaffnen lassen.

Diese Philosophie ist nicht tot, sie muß erst noch getötet werden. Sie ist nur scheintot, noch kein verwesender Leichnam. Solche Tötungen hat es in der Geschichte der Philosophie ebenso gegeben wie in der Geschichte der Politik und der Ökonomie. Eine Philosophie stirbt ebensowenig an ihrer eigenen Entwicklung wie ein Regime ohne Feinde untergeht. Eine neue Philosophie setzt sich immer erst durch, wenn die vorhergehende Philosophie aufgelöst worden ist. An ihrer Auflösung muß gearbeitet werden. So proklamierte Kant mit der Leidenschaft der alten bürgerlichen Revolution: «Ehe wahre Weltweisheit aufleben soll, ist es nöthig, daß die alte sich selbst zerstöhre, und, wie die Fäulnis die vollkommenste Auflösung ist, die iederzeit voraus geht, wenn eine neue Erzeugung anfangen soll...»[2]

1 Paul Desjarding gründete 1892 «im Streben nach antimaterialistischer Erneuerung des geistigen Lebens» die *Union pour l'Action morale*, seit 1906 *Union pour la Vérité*. In der ihm gehörigen Abbaye de Pontigny versammelte er von 1910 an jährlich Schriftsteller, Philosophen und Künstler vieler Länder. (Anm. d. Übers.)

2 Brief an Johann Heinrich Lambert vom 31. Dezember 1765; zitiert nach: *«Kants gesammelte Schriften»*, B. X. Berlin 1900, S. 54 (Anm. d. Übers.)

Diese Fäulnis einer Philosophie stellt sich nicht von selbst ein.

Die Philosophie unserer Zeit lebt. Aber wie? Welche Funktionen hat ihr Leben? Es gibt die verschiedensten Arten von Leben auf der Erde: das Leben der Lebewesen und das ihrer Parasiten. Das Leben der Menschen und das der Würmer. Ich frage mich, ob der Philosoph von heute wie ein Mensch oder wie ein Wurm lebt. Es besteht keinerlei Anlaß, solche Fragen für müßig zu halten. Es besteht keinerlei Anlaß, sie nicht zu beantworten. Natürlich ist in Frankreich kein Lehrgebäude entstanden, das die Notwendigkeiten der Ausbeutung und die Formeln der Unterdrückung zu seinen öffentlich proklamierten Grundsätzen gemacht hätte. Keine Philosophie hat solche Postulate zum Inhalt. Keine Philosophie begründet die Existenz von Herrn François-Poncet, von Herrn de Wendel, die unmenschliche Existenz der Arbeiter «loyal» mit der Anerkennung der irdischen Bedürfnisse der Bourgeoisie. Die Bourgeoisie ist noch nicht so weit, daß sie geistige Rechtfertigungen entbehren kann. Keine Doktorthese hat bisher den Klassenkampf der militanten Bourgeoisie, die Notwendigkeit der Industriesklaverei oder den Haß, die Angst und die Wut, die das Proletariat der Bourgeoisie einflößt, zum Thema gehabt.

Unsere Philosophen sind beileibe keine Zyniker. Sie haben noch nicht proklamiert, daß ihre Klerisei für die Zukunft des Menschen gefährlich ist, ja es ist möglich, daß sie es nicht einmal ahnen. Sie äußern keineswegs öffentlich den Wunsch – das wäre auch in ihren Augen skandalös –, daß die Demutigung und Zermürbung der Menschen zugunsten ihrer Klasse aufrechterhalten wird. Sie müssen sich öffentlich und offiziell als die Verfechter der Partei der Menschen betrachten. Sie sind als erste in die Falle gegangen, die ihre Klasse ihnen gestellt hat, jetzt müssen sie sich den Respekt erhalten.

Sprechen sie nicht von Freiheit, Gerechtigkeit, Vernunft,

Gemeinschaft? Nehmen sie nicht dauernd die Worte «Humanismus» und «Menschlichkeit» in den Mund? Glauben sie nicht, daß sie die Mission haben, die Menschen aufzuklären und ihnen zu helfen?

Auf diese Weise liefern sie die Theorie für die bürgerliche Praxis und entwickeln die Metaphysik des Universums, von dem der Bürger lebt: Der Bürger hat sein irdisches Treiben immer unter Berufung auf seine geistige Mission gerechtfertigt. Der Bürger weiß: seine wirtschaftliche und politische Führungsrolle muß durch eine geistige Führungsrolle ergänzt und garantiert werden: Leiter von Unternehmen, Lenker von Gewissen, Führer auf den rechten Weg. Der Bürger kennt wie ein Magier Geheimnisse, wie eine Mutter Rezepte. Er betrachtet sich als legitimen Herrn und gleichzeitig als Licht und Herd, als Vermittler und Arzt. Nicht zufällig verehrt die junge Bourgeoisie den Typ des aufgeklärten Despoten. Joseph II. und Katharina die Große hatten für sie seinerzeit das Gesicht, das sie sich für ihre Repräsentanten wünschte. Der Bürger bevorzugte immer den Typ des guten Tyrannen. Er berät die Landstreicher, die Rechtlosen, all die, die zum Beispiel kein Bankkonto haben. Er ist dazu geboren, alle, die auf der anderen Seite der Barrikade geboren werden, zu leiten. Seine ganze Erziehung bereitet ihn auf diese Aufgabe vor. Er ist selbstsicher. Er zweifelt weder an seiner Macht noch an seiner Mission, noch an seiner Dauer. Er beruft sich auf die Geschichte seiner Klasse. Jeder echte Bürger hat eine Geschichte, die ihn kennt und liebt. Er hat Gefallen an den Wendepunkten, an denen er den Anteil seiner Väter an der allgemeinen Geschichte der Gesellschaft erkennt. Ein aktiver und kein passiver Anteil, den sie als Herrn, nicht als Knechte hatten. Er spürt, daß seine Väter seit langem auf der Seite des Stärkeren gewesen sind. Ein Bürger, der ein überzeugter Vertreter der Bourgeoisie ist, findet mit Sicherheit in den Familienerinnerungen Spuren von einem Urgroßvater, der Departementsrat, Offizier, Bürovorsteher, Jurist, Anwalt, Notar oder Lehrer war. Er weiß, daß seine Vorfahren mehrere Generationen lang in das gesellschaftliche Ritual eingeführt wurden, daß sie irdische Machtpositionen innehatten, die die Fähigkeit zur Führung verleihen und den Gehorsam der Geführten verbürgen. Ein Bürger beherrscht das Anordnen und Ratgeben aus Tradition. Er weiß, wie man mit dem Dienstpersonal spricht. Er findet die richtigen Worte zum Anordnen und hat immer gute Ratschläge parat, denn das ist ein Teil seines geistigen Erbes. Er ermutigt, er überredet, er warnt.[1] Kurz, er gehört zur «herrschenden Klasse».

Er spürt, daß er sich auch um die Seelen kümmern muß; der Mann aus dem Volk braucht ihn, um sich in der Welt richtig verhalten und die Übel vermeiden zu können, von denen der Bürger nur eine dunkle Ahnung hat. Er ist Ratgeber und Beschützer. Er neigt zur Philanthropie. Er gründet Polikliniken und Kinderkrippen. Adel verpflichtet. Bourgeoisie verpflichtet. Für die Leute, die ihm unterstellt sind, muß er tun, was in seinen Kräften liegt. Diese seine Mission, dieses Verantwortungsgefühl sind das Pendant zu seiner Führungsrolle. Er weiß, daß nur er die Menschen führen kann: denn sie sind ja noch unmündig. Der Bürger tut so, als empfände er das Volk als seine Kinder; er tadelt es, er warnt es, er hilft ihm, denn es ist ja ganz klar, daß das Volk selbst seine Geschicke nicht in die Hand nehmen kann. Wenn er es straft, so straft er es wie sein eigenes Kind, zu seinem Besten. Er sagt: Wer liebt, der züchtigt auch. Die Toten der Pariser Commune von 1871 wurden für den Fortschritt des Volkes getötet. Er erwartet dafür Dankesbezeigungen von ihm oder einfach Gefügigkeit. Ein Volk, das revoltiert, hält er für undankbar.[2]

Es gab zwar eine Zeit, in der die Unternehmungen der

1 Siehe Anmerkung C
2 Siehe Anmerkung D

Bourgeoisie mit denen der Klassen, die sie selbst ausbeuten sollte, übereinstimmten; von der Französischen Revolution von 1789 konnte man noch mit einer gewissen Berechtigung behaupten, daß sie im Interesse des Volkes geschah. Die Bourgeoisie glaubt das heute immer noch.[1] Weil sie in ihrer Geschichte einen gewissen Elan, eine gewisse humanitäre Begeisterung an den Tag legte, die von der konkreten Notwendigkeit erfordert wurden, Bundesgenossen zu gewinnen, bleibt ihr aus dieser Zeit die Illusion, daß nur sie zum allgemeinen Wohl handeln könne.

Dieser Grundzug des bürgerlichen Denkens zeigt sich mit neuer Deutlichkeit und Verfeinerung in den Ansichten der Denkspezialisten, die die Vormundschaftsrolle der Bourgeoisie übernommen haben. Der Dünkel der Akademiker untermauert den allgemeinen Dünkel des Bürgers.

Menschen, deren spezielle Tätigkeit darin besteht, mit Ideen zu laborieren, die von ihrem Kontext losgelöst sind, sehen in der Geschichte nur noch das Spiel geistiger, scheinbar von ihresgleichen ins Leben gerufener Kräfte. Die allgemeine Mission des Bürgertums nimmt in ihnen die Gestalt des reinen Denkens an. Die Illusion, daß die Welt immer vom Denken gelenkt wurde, vermischt sich mit der Überzeugung, die Träger des Denkens seien die Instrumente des Fortschritts.[2] Das bringt uns auf die Geschichte. Das erinnert uns an bestimmte, bereits vor Herrn Brunschvicg bekannte Töne, die schon in der Vergangenheit der bürgerlichen Philosophie angeklungen haben:

In seinem Buch *«Das Zeitalter Ludwigs des XIV.»* schreibt Voltaire, der Prophet der bürgerlichen Emanzipation: «Die Fortschritte sind einigen Weisen, einigen spärlich verbreiteten Genies zu verdanken… die fast alle im Verborgenen

1 Siehe Anmerkung E
2 Siehe Anmerkung F

wirkten und oft verfolgt wurden: sie haben die Erde in Zeiten, als sie von Kriegen heimgesucht wurde, aufgeklärt und getröstet.»

Später schreibt Saint-Simon: «Der Philosoph steht auf dem Gipfel des Denkens; von dort aus betrachtet er, was die Welt war und was sie werden wird. Er ist nicht nur ein Beobachter, sondern in der moralischen Welt auch ein Akteur erster Ordnung, denn seine Ansichten über die Zukunft der Welt werden die menschliche Gesellschaft lenken.»

Der Philosoph des Bürgertums glaubt also, daß er das Glück der Menschheit bewirken könne. Das ist die Rolle, die sich die Akademikerschaft zuschreibt. Wenn man die Philosophen beim Wort nähme, müßten sie dann allerdings auf die Straße gehen, um den konkreten Menschen zu begegnen, und ihr allgemeines Bild vom Menschen vergessen; sie dürften sich nicht mehr damit begnügen, in der Abgeschiedenheit ihrer Studierstuben, in der wächsernen Stille der Victor-Cousin-Bibliothek über Ideen zu reflektieren, die das Leben, das die Menschen effektiv führen, gar nicht betreffen. Aber sie sind eben gerade unfähig, das Programm, zu dem sie ihr Erbdünkel und ihre vererbte Position abstrakt verpflichten, zu verwirklichen. Das ständig verheißene Einwirken auf die Geschichte der Menschen wich der Weigerung, in die alltägliche Welt hinabzusteigen, in der wir leben – in der wir ein schlechtes Leben führen. Sich aus allem heraushalten und gleichzeitig glauben, die menschliche Geschichte zu leiten, das sind die beiden Pole des Widerspruchs, in dem die bürgerliche Philosophie befangen ist.

Die Philosophen sind zufrieden. Da sie Produkte der bürgerlichen Demokratie sind, zimmern sie ihr dankbar alle Mythen, die sie braucht: eine demokratische Philosophie. Das bestehende System erscheint ihnen als die beste aller möglichen Welten. Sie können sich absolut keine andere Welt vorstellen, ihre Zustimmung ist daher nicht das Ergebnis eines

Vergleichs oder einer Wahl. Die bestehende Welt ist die Vollendung der menschlichen Geschichte. Da die entscheidenden Meditationen bis zu Ende geführt worden sind, da Descartes, Rousseau und Kant gelebt haben, da alle großen Erfindungen gemacht, die Kontinente erforscht, die Revolutionen abgeschlossen sind und alles auf die Vollendung der Demokratie zuläuft, schätzen sie sich glücklich, daß sie in dem, was sie gern die perfekte soziale Gesellschaft nennen, denken, lehren und leben können. Herr Bouglé billigt und rechtfertigt von der Höhe der Soziologie seines Lehrers Durkheim aus den Fortschritt der egalitären Ideen, gibt ihnen eine wissenschaftliche Grundlage und geißelt nach Kräften ein Kastensystem, in dem seine Väter und er zweifellos nicht einen so angenehmen Posten innegehabt hätten. Sie zeichnen jene berühmte und glückliche Entwicklungslinie nach, die beim Weisen der Antike beginnt und beim Weltbürger endet. Obwohl aber besagte Philosophen vom Enderfolg der sie tragenden Vernunft überzeugt sind und daran glauben, daß die Bedingungen des menschlichen Fortschritts endgültig erfüllt wurden, spüren sie doch, daß dieser Erfolg, dieser Fortschritt nicht vollständig gesichert ist. In die Zufriedenheit über ihren Zustand und die heitere Gelassenheit jener wohlverdienten Ferien mischt sich das unbehagliche Gefühl, daß sie ihre akademische Mission nicht ganz erfüllt haben. Es ist ihnen unmöglich, zu behaupten, daß alles in der Welt gut sei. Ihre geistige Behaglichkeit und das Fehlen einer ernsten Beunruhigung, der Zustand relativer Ausgeglichenheit, den sie um sich herum feststellen, das, alles in allem, glückliche Geschick ihrer Klasse können ihnen doch nicht eine gewisse Erregung, Unzufriedenheit und Angst nehmen. So fern ihnen auch die banalen, revoltierenden Tatsachen liegen, die die besondere Geschichte der Nichtbürger ausmachen, so ist es doch unmöglich, daß sie niemals Zeitung lesen. Sie haben eine vage Vorstellung davon, daß es Menschen gibt, die arm und erschöpft sind und die gegen diese Armut und Erschöpfung aufbegehren. Sie hören von Streiks, Aufständen und Selbstmorden. Sie ahnen, daß die Unruhe der Welt sich eines Tages gegen die Ruhe der von ihr verhätschelten Klasse kehren und ihre Herrschaft in Frage stellen kann. Sie ahnen, daß alles von einer Revolte bedroht werden kann, was sie zu beweisen und zu verteidigen haben: die Gegenstände ihres Glaubens, die Freiheit ihrer Meditation, die Schönheit ihrer Gedanken und der Bilder, die sie bewundern, die Sicherheit ihrer Einkünfte und der Bestand der Erbschaft, die sie ihren Kindern hinterlassen wollen.

Deshalb wiederholen sie ihre Verheißungen und guten Ratschläge. Deshalb hören sie nie auf, ihre Existenz zu rechtfertigen und zu beweisen, daß sie die Funktion haben, die Hauptprinzipien der Philosophie ihrer Klasse zu kommentieren. Deshalb sprechen sie immer wieder vom Fortschritt, von der Macht, vom Wachstum der Vernunft und prophezeien die friedliche Zunahme des Bewußtseins, die geistige Bereicherung des Menschen, den Sieg der Gerechtigkeit unter den Menschen und in der Gesellschaft. Sie nähren die Hoffnung auf die offenbar allen zugänglichen geistigen Kräfte. So schließt Herr Brunschvicg sein Buch über den Fortschritt des Bewußtseins in der abendländischen Philosophie, jenes philosophische Brevier des Universums, in dem alles gut ist, was gut endet, mit folgenden Zeilen:

«Um den Gefahren trotzen zu können, die heute wie eh und je seine irdische Zukunft bedrohen, um seine Geschichte nicht wieder von vorn anfangen zu müssen, muß er ernsthaft über sein Schicksal nachdenken und jene im Grunde herausfordernde und hellwache Sensibilität in den Bereich des moralischen und religiösen Lebens einführen, die sich durch den Fortschritt der Wissenschaft in ihm entwickelt hat und das kostbarste und seltenste Ergebnis der abendländischen Zivilisation ist. Die Wahrheit befreit nur, insoweit sie wahrhaftig ist.»

Aber alle diese großen Worte decken sich mit keiner Realität, sind nicht Ausdruck eines wirklichen Verantwortungsgefühls, zeigen keinen Weg des Heils auf, denn sie beziehen sich nur auf Ideen, auf die Idee des Glücks oder die Idee der Freiheit in bezug auf die Idee des Menschen, aber nicht auf das irdische Glück und die irdische Freiheit eines bestimmten Mannes oder einer bestimmten Frau. Diese Weisen verkünden die Fleischwerdung der Ideen, die ihre Väter ihnen übermittelt haben: An ihrer Ankunft ist nicht zu zweifeln, sie ist gewiß, sie leitet sich aus dem Wesen der Vernunft und aus dem Lauf der Geschichte ab, aus der Idee der Vernunft, aus der Idee der Geschichte. Diese Propheten des geistigen und sozialen Fortschritts befragen nur die ewigen Ideen und machen nicht die Wirklichkeit der Welt sichtbar. Im Schutze des Ewigen, das ein Komplize der Unterdrücker ist, werden alle Attentate vorbereitet.

Und sie teilen diese Illusionen, die sie all denen, die sie nicht durch Natur oder Geburt vererbt bekommen haben, vermitteln zu können hoffen. Ihr Vertrauen in den Wert und die Zukunft ihrer Vernunft ist selbst durch Katastrophen nicht zu erschüttern: selbst die Katastrophen dienen dem Ruhm dieser Vernunft. Pangloss[1] kannte diese Tricks. Wer nicht mit ihr zufrieden ist und es offen ausspricht, ist für sie ein Verräter. Die Form ihrer Vernunft, die Form ihrer Gesellschaft darf nicht in Frage gestellt werden. Die Unverschämtheit ihrer Philosophie besteht darin, daß sie die menschliche Gesellschaft und alle möglichen menschlichen Gesellschaften mit der bürgerlichen Gesellschaft, die menschliche Vernunft und alle möglichen Formen der menschlichen Vernunft mit der bürgerlichen Vernunft, die menschliche Moral mit der bür-

1 Figur aus Voltaires Roman «*Candide*», die eine Karikatur des Leibnizschen Satzes von der «besten aller möglichen Welten» verkörpert. (Anm. d. Übers.)

gerlichen Moral gleichsetzen, so daß Angriffe auf die bürgerliche Gesellschaft, das bürgerliche Denken, die bürgerliche Moral Angriffe auf die menschliche Gesellschaft, das menschliche Denken, die menschliche Moral schlechthin sind. Wenn das bürgerliche Denken sich gegen die Revolution sperrt, so gibt es vor, die menschliche Gesellschaft gegen die Angriffe der Barbaren, gegen einen Rückfall in die Barbarei zu verteidigen. Herr Brunschvicg sagt natürlich nicht, daß er die Arbeiter, die die soziale Ordnung, von der er lebt, bedrohen, nicht mag, sondern er sagt nur, daß Marx die Vernunft, an die man glauben müsse, verraten habe. Da diese ganze Philosophie mit ihren geistigen Protesten nur eine allgemeine Billigung der Welt zum Ausdruck bringt, sagen die Philosophen: Jeder, der sie nicht billigt, ist ein Feind des Fortschritts oder des Geistes oder der Vernunft. Diese Mißgeburten des bürgerlichen Denkens haben die verschiedensten Titel und verkörpern sich in den verschiedensten Symbolen.

Alle Versprechen der Philosophie werden aber niemals gehalten. Niemals beschäftigen sich die Philosophen wirklich mit den Menschen. Dieses Problem ist jedoch nicht einfach. Die praktische Abdankung der Philosophen erfordert eine genauere Untersuchung, die mehr bieten muß als nur den Anlaß ihrer Beschimpfung. Es gibt mehr als einen Grund dafür, sich nicht mit menschlichen Themen zu befassen.

Man kann es unterlassen, weil man nichts von ihnen weiß, weil es sie für einen buchstäblich nicht gibt. Wenn Herr Lalande sich nicht mit den psychischen und geistigen Auswirkungen der Fließbandarbeit beschäftigt, so kann man zu seinen Gunsten annehmen, daß er sie nicht kennt, daß er keine Ahnung davon hat. Über ihm völlig unbekannte Dinge können in ihm keine Meditationen entstehen. Ebensowenig werden die Medizinmänner der Eskimos durch die Existenz von Lokomotiven berührt. Wie sollen solche Menschen plötzlich das Gebäude ihrer Philosophie verlassen, ihre Weltfremdheit überwinden und ihrem Denken eine völlig ungewohnte Richtung geben können? Man sieht keine ausreichenden Beweggründe dafür, daß sie sich plötzlich ändern sollten. Es fallen ihnen ja nicht plötzlich die Schuppen von den Augen.

Sie sind Bürger und zugleich Denker. Ihr bürgerliches und fachliches Denken hat sie von den anderen Menschen, die sich keine bürgerlichen Probleme stellen, brutal getrennt. Das geschah auf ganz einfache Weise; sie haben ein bürgerliches Leben geführt, und nichts hätte sie dazu veranlassen können, dieses bürgerliche Leben aufzugeben. Sie sind geblieben, wo das Schicksal sie hingestellt hatte. Ich sehe gar nicht ein, warum Herr Brunschvicg sich vom Bürgertum lossagen und für die Menschen entscheiden sollte. Er ist ja nicht dumm und weiß seinen Wohlstand durchaus zu schätzen. Wir haben das Glück, daß ein neuer Diogenes Laertios sich die Mühe gemacht hat, uns sein Leben zu schildern.[1]

Er besuchte das Condorcet-Gymnasium; eines Tages hörte er von Spinoza und beschloß, sich später, wenn er Zeit dazu hätte, genauer mit ihm zu beschäftigen. Er war mit Élie Halévy und Xavier Léon befreundet. Sonntags vormittags schmiedete er mit ihnen im Bois de Boulogne, wo er als Kind immer hingegangen war, neben einem alten Kutscher seiner Familie sitzend, große Pläne für eine *Revue de Métaphysique et de Morale*, die sie dann auch wirklich gründeten. Ludovic Halévy behandelte diesen begabten Jungen wie einen Sohn. Durch ihn lernte Léon Brunschvicg Gréard und Prévost-Paradol kennen. Mittwochs besuchte er die Abende der Madame de Caillavet, wo er Erneste Renan, Jules Lemaître, Leconte de Lisle und Anatole France sah. Um 1884 traf er auf den Champs-Élysées Marcel Proust. Dann wurde er Profes-

1 Frédéric Lefèvre: *« Une heure avec…»*, Paris 1924, 1925, 1927, 1930

sor, schrieb Bücher und arbeitete «unter heute schon fast außergewöhnlichen Bedingungen guter Gesundheit, Muße und Unabhängigkeit». Entsprechend den Ratschlägen, die Herr Lepic Poil de Carotte gab, schrieb Herr Brunschvicg fast nur Bücher, die er auch lesen wollte. Er hat eine deutliche Spur hinterlassen, er kann mit sich zufrieden sein, er weiß, daß er ein philosophisches Monument errichtet hat. Er hat das Kreuz der Ehrenlegion erhalten, ist Mitglied der *Académie des Sciences Morales*, spricht in Holland über Spinoza und steht im *Bottin Mondain*[1]. Er bewohnt ein eigenes Haus mit Kunstwerken. Trotz des Krieges eine glückliche Karriere! Er neigt zu der Ansicht, daß ohne den Krieg seine Generation «eine der vom Schicksal am meisten begünstigten Generationen» gewesen wäre. Er hat etwas getan und ein soziales Leben geführt: er hat Vorträge an der Volkshochschule in Rouen gehalten – man muß ja auch das Volk aufklären. Er hat einmal gesagt: «Die Philosophen fühlen sich deshalb so von der Volkshochschule angezogen, weil sie hier das Ideal des geistigen Lebens verwirklicht finden.»

Was denken die Docker von Rouen, die Arbeiter von Maromme darüber?

Neben den Herren Belot, Parodi, Drouin und Pécaut, dem Pastor Roberty, dem Rabbiner Lévy und dem Abbé Dumont lehrte er in der Rue Amyot die weiblichen Schützlinge wohlmeinender Damen eine gute Moral. Zum Dank für dieses philanthropische Werk, dessen Preis man angesichts der Freiheit der Menschen zu schätzen weiß, erhielt er Geschenke: eine Zuckerdose aus Meißner Porzellan, eine Jungfrau aus Bronze.

Man sieht also nicht recht, aus welchen Gründen sich bei Herrn Brunschvicg eine Neigung zu gefährlichen Ideen hätte entwickeln können. Sein Leben ist weder tragisch noch

1 Prominentenadreßbuch (Anm. d. Übers.)

schwierig. Es stellt ihn nicht vor gravierende Probleme. Man kann es dem Menschen, der es führte und der von ihm dahin geführt wurde, wo er heute ist, nicht übelnehmen, daß er niemals auf die Idee gekommen ist, für die Menschen einzutreten, die nicht auf den Champs-Élysées spielen.

Ein solches bürgerliches Denken wird nie unvermittelt die Probleme der einfachen Menschen angehen. Es kommt damit kaum in Berührung und bildet sich nur vom Hörensagen her eine ungefähre Vorstellung davon. Es kann das Drängende, das Beunruhigende, die Last dieser Probleme nicht nachempfinden. Es bemüht sich nicht, sie in den Griff zu bekommen. Es findet sich passiv mit ihrem fernen Vorhandensein ab.

Es kann aber auch sein, daß es absichtlich, und nicht nur aus Unkenntnis und mangels Information, vermeidet, jene schwierigen Fragen anzugehen. Es kann sein, daß es fürchtet, von ihnen in gefährliche Gewässer fortgetrieben zu werden, und deshalb die Ruhe der erhabenen Übung des Denkens vorzieht. Es ist ängstlich und wagt nicht, Probleme aufzugreifen, die es letztlich bedrohen, seine Macht einschränken könnten. Es weiß, daß es diese Probleme irgendwo gibt. In Vierteln, in denen die Philosophen nicht wohnen, in Ländern, in denen ihre Weisheit nicht gelehrt wird. Herr Benda, der seine Kollegen von einer vielleicht weniger verdächtigen Ewigkeit her kritisiert, weiß, daß die Philosophen gefährliche Gedanken fürchten.

Herr Berl weiß das auch. Unsere Zeit ist eine jener viel verlangenden Epochen, in denen die Gedanken der Menschen größere Konsequenzen haben als das Denken schlechthin. Wer heute menschlich denken will, wird gefährlich denken, denn jeder menschliche Gedanke stellt die Ordnung, die unser Leben einengt, in Frage.

Das bürgerliche Denken, die bürgerliche Philosophie sind

also dazu verurteilt, die konkreten Probleme zu umgehen, weil sie zu beunruhigend sind; gleichzeitig müssen sie jedoch versichern, daß sie in der Lage seien, sie zu lösen, denn sonst würden sie kein Vertrauen mehr erregen. Es kann auch sein, daß die Philosophen deshalb keine gefährlichen Themen behandeln, weil sie sie für denkerisch nicht erfaßbar halten und dann die Unabänderlichkeit des Unglücks zugeben müßten, das die Menschen trifft und diese Probleme aufwirft. Gerechtigkeit ohne Zwangsarbeit, Freiheit ohne Prostitution, ohne Fließband. Aber wie kann man sich mit einem solchen Rückstand an Fragen, die dem Verstand unzugänglich sind, abfinden? Diese Ohnmacht ist doch für ihre Vernunft und die Macht ihres Geistes tödlich, sie können doch nicht zugeben, daß sie bei irgendeinem Punkt am Ende ihrer Kunst sind. Sie müssen also über solche Themen schweigen und gleichzeitig versichern, daß sie nicht schweigen. Also lassen sie die Gegenstände sich einfach verflüchtigen, indem sie behaupten, entscheidend sei nur das Beherrschen einer allgemeinen Methode, so daß jeder Mensch, der sie erlernt, alle Probleme wird lösen und alle Gegenstände wird begreifen können. Später. Eines Tages. Wenn er alle Wissenschaften durchdacht hat, wenn er die ganze Geschichte beherrscht. Im Moment des Todes. Denn man braucht so viele Jahre angestrengter Arbeit, um diese Methode zu erlernen und einigermaßen zu beherrschen, man muß so viele Kritiken, so viel Lesestoff, so viele Prolegomena und geistige Exerzitien bewältigen, muß so viele Vorbedingungen erfüllen, daß der Moment, wo man sie endlich anwenden und sich mit dem Gegenstand beschäftigen kann, durch diese Vorbereitungen immer weiter hinausgeschoben wird und schließlich nichts anderes bleibt als eine platonische Versicherung der Macht der Methode und der Geheimnisse der Vernunft. Sie träumen alle von irgendeiner Wissenschaft der Wissenschaften, irgendeiner Weltformel. Wie leichtsinnig war doch Descartes, daß er gewagt hat, seine

Methode anzuwenden! Sie sind fast so rein wie Herr Teste[1], dessen ganze Stärke darin besteht, niemals die Schwelle des Denkens, die Schwelle des Handelns zu überschreiten. Niemals werden sie die gefährlichen Zonen erreichen, niemals werden sie ein bestimmtes menschliches Problem, eine bestimmte menschliche Situation direkt angehen, eben jenes Problem, jene Situation, die hier und jetzt umgehend gelöst werden müssen. Sie lieben die Freiheit nur abstrakt und haben eine Scholastik der Freiheit entwickelt, aber von der Welt, in der sich in Wirklichkeit der Untergang der Freiheit vollendet, wenden sie ihre Jungfrauenaugen ab. Alle Auseinandersetzungen projizieren sie in eine andere Welt, die so rein, einen Himmel, der so klar ist, daß keiner von ihnen Gefahr läuft, sich die Hände schmutzig zu machen. Und diese Hygiene nennen sie Philosophie!

Der Philosoph wird natürlich sagen, daß die brutalen Gegenstände, an die ich denke, der Krieg, die Prostitution, die Arbeit in chemischen Fabriken und Bergwerken keine philosophischen Gegenstände sind und daß die Gesetze ihres Metiers es ihnen leider verbieten, sich mit solchen Themen zu beschäftigen. Aber man muß beharrlich darauf insistieren: der philosophische Gegenstand ist eben gerade der gefährliche Gegenstand, der Gegenstand, über den sich die Philosophen nicht äußern wollen. Für etwas sein, gegen etwas sein, wer weiß, wohin solche Parteinahmen, die einen aus der Abgeschiedenheit herausreißen, führen können! Wie viel einfacher ist es doch, nicht von gefährlichen Gegenständen zu reden, sondern still daran zu arbeiten, dem schönen Instrument der Vernunft seinen letzten Schliff zu geben! In der Stille zu

1 Hauptfigur aus *«Soirée avec M. Teste»* von Paul Valéry, die die reine Intellektualität verkörpert, der es gelungen ist, «die Marionette in sich zu töten». (Anm. d. Übers.)

ruhen, im glücklichen konformistischen Halbschlaf, in dem der Geist alle Probleme von selbst löst. Wie weit reicht denn nun aber das Reich der philosophischen Gegenstände? Das ist das alte Problem des Parmenides: das Haar, der Schmutz, der Dreck, sind diese Gegenstände nicht erhaben genug? Es sieht immer noch so aus, als gäbe es in der Philosophie vornehme und vulgäre Gegenstände, als sei es obszön oder lächerlich, von Kolonien zu sprechen.

Wie klar wäre das ganze Drama des Geistes, wenn die Bürger und ihre ergebenen Akademiker das Unglück, unter dem sie nicht leiden, und die Exzesse, von denen sie leben, öffentlich und ohne Umschweife zugäben, wenn sie ihre Ziele mit der gleichen Offenheit proklamierten, in der die Ziele der sie bedrohenden Revolution erscheinen.

Das Klassenbewußtsein der Bourgeoisie ist nicht überall gleich stark entwickelt; oft ist es nur ein beschränktes und unklares Bewußtsein. Auf einige Verkleidungen kann es nicht verzichten. Es bemüht sich immer noch darum, durch Vernunft und Ethik vor der Welt und vor sich selbst legitimiert zu werden. Die Bourgeoisie würde sich nicht einstimmig mit einer Ordnung abfinden, von der sie wüßte, daß sie unmenschlich ist, auch wenn sie zur Aufrechterhaltung ihrer Herrschaft notwendig wäre; sie will ihre Ordnung für gerecht halten können. Es kann vorkommen, daß einigen Bürgern die grausamen Realitäten des Kolonialismus peinlich sind, daß sie spüren, daß die durch Zwangsarbeit verursachten Todesfälle und die Bombardierungen vietnamesischer Dörfer nicht direkt verteidigt werden können. Es kommt vor, daß sie sich durch Petitionen, in denen sie die Mächtigen um Milde anflehen, auf billige Weise das Gewissen erleichtern. Aber wie sollten sie diese Gedanken zu Ende denken, diese Ansätze einer Empörung, eines Aufbegehrens weiterführen? Das könnte nur zu einer radikalen Ablehnung führen, die sie vielleicht plötzlich zwingen würde, alles, was ihren Komfort, ihre Sicherheit, ihre Ordnung begründet und worauf ihr ganzes Leben beruht, abzulehnen, sich selber abzulehnen, die Vernichtung ihres eigenen Wesens zu wünschen. Es ist der Bourgeoisie unmöglich, ihre eigentlichen Ziele und ihr eigentliches Wesen zuzugeben. Ihre Denker spüren, daß sie solche Ziele buchstäblich nicht zugeben kann. Sie kann nicht zulassen, daß die Ziele und die Zukunft, die sie anstrebt, öffentlich bekanntgegeben werden.[1] Sie kann nicht umhin, von den Anklagen, die man allenthalben gegen sie erhebt, die ihre Ressourcen, ihre Herrschaft, ihre Sicherheit verurteilen, berührt zu werden.

Wie brüchig ist eine Macht, die nur auf der Stärke beruht: eine andere Macht könnte sie zerschlagen. Bismarck und seine Politik des starken Mannes, die sich wenig um Legitimationen kümmerte, wurde von unseren Akademikern immer verabscheut. Sie weigerten sich immer, die Wahrheit jener harten Worte zuzugeben, daß der, der die Macht habe, seine Sache auch energisch vorantreiben könne. Die Bourgeoisie ahnt, daß ihre materielle Macht die Unterstützung der Macht der öffentlichen Meinung erfordert. Da sie tatsächlich nur von der allgemeinen Zustimmung lebt, muß sie denen, die sie beherrscht, ständig triftige Gründe dafür liefern, daß sie ihrem System, ihrer Herrschaft und ihrer Fortdauer zustimmen. Sie muß beweisen, daß ihr Komfort, ihre Herrschaft, ihre Häuser und ihre Dividenden der gerechte Lohn sind, den die Gesellschaft ihnen für ihre Dienste zahlt. Der Bürger hat es verdient, zu sein, was er ist, und zu tun, was er tut, weil er die Menschheit ihrer höchsten und edelsten Bestimmung zuführt. Die Bourgeoisie kann sich nur halten, wenn sie diese These aufrechterhält, wenn sie jedem als wohltätig und, trotz allem, liebenswert erscheint. Da sie nur für sich allein arbeitet, nur für sich allein ausbeutet, nur für sich allein Blutbäder veranstaltet, muß sie jeden davon überzeugen, daß sie für das

1 Siehe Anmerkung G

endgültige Wohl der Menschheit arbeitet, ausbeutet und Blutbäder veranstaltet. Sie muß jeden davon überzeugen, daß sie gerecht ist. Und sie muß auch selbst daran glauben. Herr Michelin zum Beispiel muß jeden davon überzeugen, daß er nur deshalb Reifen produziert, damit Arbeiter, die ohne ihn umkommen würden, Arbeit haben. Herr Brunschvicg muß jeden davon überzeugen, daß er nur deshalb Ideen produziert, damit die Menschen einer heiteren, meditativen und strahlenden Zukunft entgegensehen können. So verstanden, tun also alle das gleiche wie die Akademiker, vom Offizier, der seine Leute nur zu ihrem eigenen Nutzen und aus väterlicher Liebe straft, die er entsprechend dem Dienstreglement für sie hegt, bis zum Philosophen, der nur um des Denkens willen denkt. Herr Benda, der den Tag schon kommen sieht, an dem das bürgerliche Denken, endlich im vollen Bewußtsein seiner Ohnmacht, mit beunruhigtem Stolz abdanken und nicht länger eine Mission vortäuschen wird, die es gar nicht erfüllen kann, an dem die Denker sich der Onanie eines sich selbst bespiegelnden Verstandes hingeben werden, selbst er wagt nicht wirklich, zuzugeben, daß das Los der Nichtbürger ihm zutiefst fremd ist. Auch ihm gelingt es nicht, die immer wieder aufgefrischte Idee von der bürgerlichen Mission endgültig aufzugeben:

«Ich halte den kontemplativen Typ für den größten der Akademiker, nicht, weil ich glaube, wie man mir oft unterstellt hat, daß er der Menschheit nicht diene, sondern im Gegenteil, weil er, ohne daß er sich zum Ziel setzt, der Menschheit zu dienen, ja vielleicht gerade deshalb, ihr am besten dient.» [1]

So kann sich auch Herr Benda also nicht einer gewissen Heuchelei enthalten. Da er klüger ist als seine Kollegen, leugnet er nicht, daß er aufgehört hat, sich für die Menschen zu

1 Julien Benda: *«La trahison des clercs»*, Paris 1927, p. 73–74

interessieren, aber er behauptet, daß er ihnen gerade dadurch nütze. So verbindet er das außerordentliche Prestige, auf das ein Akademiker trotz allem nicht verzichten kann, mit dem grundsätzlichen Desinteresse, durch das er den Konformismus, dem er insgeheim nachgibt, rechtfertigt.

Fest davon überzeugt, daß die Menschen ohne die Akademiker recht arm wären, bemühen sich die Philosophen, mit Hilfe der Erhabenheit der geistigen Ziele, die sie verfolgen, sich die Achtung und das Vertrauen zu erhalten, das ein Bürger erwecken muß.

Dieses vage Verantwortungsgefühl, das mit einer gewissen Weitschweifigkeit und Vehemenz immer wieder beteuert wird, bildet die Grundlage der bürgerlichen Propaganda. Sie hatte lange Zeit Erfolg: Wer wird denn gegen die Herrschaft der Bürger aufbegehren wollen, wenn jeder zunächst davon überzeugt ist, daß ihr Denken zu seiner Zeit und an seinem Ort eines jener beunruhigenden, immer möglichen, immer anhängigen Probleme lösen wird? Aber die Akademiker können uns nicht in alle Ewigkeit täuschen: im gnadenlosen Licht des irdischen Lebens werden schließlich alle Menschen erkennen, daß ihr Denken ein armseliges und müßiges Denken ist, das keine Früchte tragen kann, weil es notwendig ein feiges Denken ist.[1]

Wir werden nicht in alle Ewigkeit hinnehmen, daß die Achtung vor der Maske der Philosophen letztlich der Macht der Bankiers zugute kommt.

Das bürgerliche Denken besteht darin, ohne sich bei Einzelheiten aufzuhalten, die entscheidenden Tatsachen, gegen die die Menschen aufbegehren, summarisch zu akzeptieren, sie durch höhere Gründe zu rechtfertigen und zu verharmlosen. Sein ganzes Streben richtet sich darauf, höhere Werte zu

1 Siehe Anmerkung H

entdecken, mit denen man die unmittelbaren Erscheinungsformen umdeuten, sie vergessen machen und dadurch schließlich aus der Welt schaffen kann. Es stößt ganze Dampfwolken von Rechtfertigungen und Gründen aus, so wie ein Kreuzer Dampfwolken ausstößt. Es ist eine Philosophie, die immer etwas zu kaschieren hat, die immer jeden davon überzeugen muß, daß die Welt keinesfalls nur das ist, was sie zu sein scheint. Der Leichtgläubige meint Sosias zu sehen, aber Sosias ist ein Gott.[1] Ihre Differenzierungen halten sie von jenen Fehltritten zurück, zu denen verfängliche Fragen sie verleiten können. Natürlich war der Krieg offensichtlich etwas Unmenschliches, natürlich kann er demjenigen, der nach seinem Sinn fragt, als nicht zu rechtfertigen erscheinen; aber dieses Urteil muß korrigiert werden, so wie man sich klarmachen muß, daß der Stab, den man ins Wasser hält, gar nicht zerbrochen ist, obwohl es so aussieht. Der Krieg hatte einen ethischen Sinn, der seine Erscheinungsformen rechtfertigt. Der Krieg selbst verschwindet hinter der Idee des Krieges. Der Krieg bestand auf einmal nicht mehr aus Kämpfen und Bränden, aus einer Anhäufung von widerlichen Leichen, von Tagen voller Qual und Mord, von Gaswolken, von Messern, mit denen die Schützengräben gesäubert wurden, aus jenem menschlichen Abhub und Dreck, den die Kämpfer kennenlernten, sondern aus dem Kampf des Rechts gegen die Gewalt, aus der Schlacht Descartes' gegen Machiavelli, Bergsons gegen die deutsche Kriegsmaschine. Der Krieg war auf einmal nicht mehr das blutige Spiel für den Profit der Waffenfabrikanten, sondern ein philosophischer Kreuzzug, eine Schlacht des Geistes.[2]

1 Diener des Amphitryon. Merkur nahm die Züge von Sosias an, um die Mission, mit der Jupiter ihn betraut hatte, besser ausführen zu können. (Anm. d. Übers.)

2 Siehe Anmerkung I

Der Kolonialismus an sich ist kein Übel. Sein Wesen ist nicht empörend: er steht im Dienst hoher Ziele. Die Mißstände, Exzesse, Morde, Enteignungen und Demütigungen beweisen nur die Existenz eines schlechten Kolonialismus, der die Erhabenheit der Idee des Kolonialismus nicht widerlegen kann. Die Sozialdemokraten, die letzten Erfinder bürgerlicher Denkweisen, beherrschen diese Nuancen am besten. Das allgemeine Ausbeutungssystem, das den größten Teil der Erde erfaßt, enthält zwar noch einige Übel – die Menschennatur ist noch nicht überall vollkommen –, aber wer die Dinge richtig sieht, der weiß, daß das Wohl der Eingeborenen sich mit dem Interesse der kolonialen Siedler, der Kolonialverwalter und ihrer Helfershelfer und der Missionare deckt. Was machen schon einige Fehler gegenüber den großen Ideen der «Vormundschaft», der «Befreiung», jener «Mission von hohem moralischem Wert, die die fortgeschrittensten Nationen im Namen der ganzen Menschheit erfüllen»[1].

Ebenso verschwindet das Elend hinter den Ideen vom Elend, das Leben hinter den Ideen vom Leben. Nicht zufällig stellt die Prüfungskommission den Kandidaten der Philosophie nur Fragen über die Ideen: die Idee der Wahrheit, die Idee der Wirklichkeit, die Idee der Gerechtigkeit, die Idee des Fortschritts, die Idee des Staates. Man muß sich ja versichern, daß die zukünftigen Lehrer der Jugend geeignet sind, die Berufspflichten eines Schattenvorführers zu erfüllen.

So bewegen sich die Philosophen mit trügerischer Gewandtheit zwischen Schein und Wirklichkeit hin und her. Wenn wir eine Tatsache beim Namen nennen, dann war es nur ein Schein, ein Traum, ein Schatten; kurz, sie existierte gar nicht. Wo nehmen diese Leute die verächtliche Sicherheit her, mit der sie unsere beunruhigenden Gedanken tadeln und beiseite schieben: Wir seien nicht in der Lage, uns zum Licht

1 A. Cuvillier: *«Manuel de Philosophie»*, 2. Band.

der Wahrheit zu bekehren, uns von den Ketten dieses Jammertals zu befreien und in die Geheimnisse der verborgenen Wirklichkeit einzudringen. Wir dürften nicht der Ungeduld der Jugend erliegen, sondern müßten so lange suchen, bis wir die Welt, gegen die wir zu schnell revoltiert hätten, vergessen könnten. Von welcher Höhe aus betrachten sie uns Erdensöhne, die wir versuchen, «alles aus dem Himmel und dem Unsichtbaren auf die Erde herab(zuziehen), mit (unseren) Händen buchstäblich Felsen und Eichen umklammernd»[1].

Aber dieser Streit wird nicht so bald beigelegt werden. Die Menschen, die das Opfer der Erscheinungen sind, werden niemals bereit sein, diese nur als armselige Widerspiegelungen zu betrachten, sondern sie immer als die harte und einzige Wirklichkeit ansehen. Und gerade das, was die Denker Wirklichkeit nennen, werden sie als Schein und Traum ansehen – als eine bewußte Irreführung, für die es kein Pardon geben kann.

Auf Grund der Übertragungen, Metamorphosen und Vorspiegelungen des Idealismus prophezeien die Philosophen das Kommen erlösender Ideen. Indem sie uns zur Gerechtigkeit, zum Großmut und zur Liebe ermahnen, liefern sie für das Gehalt, das die Bourgeoisie ihnen zahlt, die geistigen Waffen und Rechtfertigungen zur Aufrechterhaltung ihrer Herrschaft.

Da die Bourgeoisie nicht wagt, ihre eigentlichen Ziele bekanntzugeben und von ihren Ängsten und den letzten Skrupeln eines verlöschenden Liberalismus geplagt wird, verdrängt sie die Unordnung und die Bedrohungen, die sie beunruhigen, indem sie ihre eigentlichen Aktivitäten hinter ihren Verheißungen verbirgt. Sie weiß, daß ihre humanitären Ergüsse zu ihrer irdischen Behauptung beitragen. So kann man in einer Nummer des *Temps colonial* lesen:

1 Platon: «*Sophistes*», 246a

«Bei der Eingeborenenpolitik darf nicht vergessen werden, daß ihre Hauptsorge dem Menschen gilt. Eine großzügige, vom Geist der Humanität geprägte Politik schadet den utilitären Zwecken, die wir nicht aus dem Auge verlieren dürfen, keineswegs, sondern macht deren Durchsetzung leichter und erfolgreicher.»

Und in einer Rede von Massillon heißt es:

«Die mildtätigen Familien sieht man überall zu Wohlstand kommen: sie führen ihre Geschäfte mit großer Umsicht und kommen zu Reichtum, wo andere Familien verarmen.»

Hier lebt die bürgerliche Philosophie.

Es geht da nicht darum, von der Situation und der Funktion der Philosophie auf irgendeine Verantwortlichkeit und moralische Absicht des Philosophen zu schließen. Ich stelle nur verschiedene Arten des Philosophierens fest, die gegen keine allgemeingültige, keine ewige Idee der Philosophie verstoßen. Das sind keine Sünden wider diese Idee, keine Versuchungen des Bösen. Man kann dazu dasselbe sagen, was Hegel angesichts der Berge sagte: «So ist das.» Es gibt nun aber bestimmte Berge, die ich nicht mag, obwohl ich genau weiß, daß sie gegen keine Moral der Berge verstoßen. Unsere Wut und unser Haß brauchen keine Rechtfertigungen der Ewigkeit.

Man muß die Philosophen als Tatsachen nehmen, von denen man ja auch keine theologischen Rechtfertigungen verlangt. Es ist müßig, einen Philosophen als Heiligen oder Sünder zu behandeln, je nachdem, ob er die Partei der Menschen ergreift oder ob er sie aufgibt. Wenn man an der alten Idee von Sünde und Erbsünde festhält, dann hält man den Geist für frei. Ich betrachte Herrn Bergson als eine Gefahr, aber nicht als einen Sünder, ich sehe eine Existenz in ihm, deren Auswirkungen ich begreifen muß. Wenn ich sage, er sei mit der Bourgeoisie gegen die Menschen, dann heißt das nicht, daß ich ihn als einen Feind, als einen Schmarotzer betrachte, wie ich den

Koch-Bazillus nicht als Verbrecher ansehe. Wenn wir verstehen wollen, wie die Bourgeoisie eine unmenschliche Philosophie hervorbringt, dann beginnen wir, etwas klarer zu sehen, sobald wir ihre Denker als Gegenstände betrachten und uns nicht durch den Gedanken des freien Willens verwirren lassen. Wenn ich das moralische Gewissen von Herrn Brunschvicg ernst nehme, dann denke ich wie er, dann bin ich von ihm überzeugt, dann denke ich, gerade da, wo ich menschlich denken will, bürgerlich. Es ist uns heute unmöglich, uns für den zeitlosen Charakter von Herrn Bergson zu interessieren oder für die Wahl eines erkennbaren Charakters, die Herr Fauconnet hat treffen können. Vergessen wir Kant und unsere Katechismen endlich!

Ich stoße mich einfach an der Existenz von Herrn Bergson und an dem Stoff seiner Philosophie, so wie er einmal ist, wie an Tischkanten, an denen ich mich im Dunkeln stoße. Herr Bergson hinderte mich daran, so sicher und zielstrebig, wie ich es vorhatte, dahin zu gelangen, wo ich hin wollte. Deshalb will ich, daß Herr Bergson als ein Hindernis betrachtet wird und nicht als der Geist des Bösen. Wann werden wir endlich befreit sein von den Christen, ihren Beichtstühlen, ihren Sünden und ihren Gewissenserforschungen?

Herr Brunschvicg kann auf einen Angriff erwidern, er sei ungerechtfertigt, man müsse ihn nach seinen reinen Absichten, seiner intellektuellen Redlichkeit und seiner Uneigennützigkeit beurteilen. Herr Gabriel Marcel, der kein Brunschvicg-Anhänger ist und der meine Kritik an der «Dürftigkeit», «der metaphysischen wie menschlichen Unzulänglichkeit» des Philosophieunterrichts an der Sorbonne billigt, tadelt mich jedoch, daß ich Léon Brunschvicg, dessen Redlichkeit und Uneigennützigkeit man nur böswillig anzweifeln könne, in der niedrigsten Weise persönlich angreife. Herr Marcel und seinesgleichen müssen endlich begreifen, daß es ja gar nicht um jene persönlichen Tugenden und guten Absichten geht, weil sie die eigentliche Rolle, die Herr Brunschvicg spielt, in keiner Weise verändern. Ich teile keineswegs die Illusionen, die die Philosophen sich über den Sinn ihrer Tätigkeit machen. Es geht heute längst nur noch um die Wirkung ihrer Schriften, um die Folgen ihrer Lehren, und diese rühren nicht von ihrem inneren Wesen her. Es ist völlig gleichgültig, ob Herr Léon Brunschvicg morgens mit einem gesunden Atem und einem guten Gewissen aufwacht. Nur seine Bücher, seine Lehren und deren konkrete Folgen stehen zur Debatte.

Der Verweis auf die guten Absichten verfängt nicht mehr. Es ist höchste Zeit, sie zu den alten christlichen Dämonen zu verbannen. Mit dem Satz: Das habe ich nicht gewollt, deckt man die Offensive von Verdun.

Von einer zeitlosen Perspektive her gesehen ist Herr Chiappe vielleicht Kommunist und bereitet Herr Pierre Renaudel vielleicht die Revolution vor. Man kann sich jeden Abend mit der Selbstzufriedenheit eines Titus ins Bett begeben und tagsüber sein ganzes Tun, Denken und Atmen in den Dienst der Unterdrückung gestellt haben. Man kann mit einem guten Gewissen erwachen und bis in seine Träume hinein ein Feind der Menschen gewesen sein.

Aber wir sind irdisch bis auf die Knochen. Wir fragen die Menschen, was sie tun und was sie nicht tun, während uns die Gedanken, die sich im unzugänglichen Dunkel ihrer Innerlichkeit bilden und wieder auflösen, nicht interessieren. Jeder Philosoph stellt ein Handeln dar. Herr Parodi weiß selbst ganz genau, daß jeder Gedanke eine Aktion ist. «Was den Vorwurf angeht, man diskutiere nur, statt zu handeln, so scheint mir, daß er uns mehr oder weniger alle betrifft, uns, die wir an die Philosophie glauben, und eben dadurch der Ansicht sind, ein klarer Gedanke sei auch schon ein Akt.» [1]

1 *Bulletin de la Société Française de Philosophie*, 1929

Es kann durchaus sein, daß die Philosophen gar nicht die bewußte Absicht haben, uns zu täuschen, daß sie die Menschen ehrlich zu lieben glauben. Ich glaube nicht, daß Herr Lalande und seine Kollegen sich über die wirtschaftliche und geistige Versklavung des größten Teils der Menschheit freuen, aber ihre Philosophie beruht auf dieser Versklavung, akzeptiert sie und trägt dadurch letztlich zu ihrer Aufrechterhaltung bei. Die Lehren und Schriften dieser Philosophie täuschen nämlich die Sklaven und führen sie auf Wege, auf denen sich ihre Revolte auflöst.

Um Herrn Brunschvicg bekämpfen zu können, braucht man nicht der Meinung zu sein, er sei perfide und bösartig und habe ganz bewußt und mit einer List, deren Finesse seine Gedanken noch überträfe, eine Philosophie ersonnen, die sein persönliches Glück schützt und die Macht der Stahl- und Kohlebarone sichert. Als Privatperson besitzt er wirksamere und brutalere Schutzmittel als alle seine Bücher. Der Inhalt seiner Brieftasche, von der ich gar nichts Genaueres wissen will, ist keine direkte Erklärung für seine Philosophie. Es ist viel zu einfach, zu glauben, ein Denker, der Kohleaktien besitzt, verbinde den Kurs dieser Aktien mit einer besonderen Theorie über die Wahrheit, das höchste Gut oder die kollektiven Vorstellungen. Die Ideologen erhalten vom bürgerlichen Wirtschaftsleben keine direkten Anweisungen, daß sie erst einmal ein bestimmtes Wirtschaftssystem rechtfertigen müßten. Diese Rechtfertigung ist Sache der Politiker. Die Stahlkonzerne werden mehr von Herrn François-Poncet oder Herrn Gignoux gerechtfertigt als von Herrn Lalande oder Herrn Roustan. Herr Parodi ist doch nicht dem Textilkonsortium von Roubaix Rechenschaft schuldig.

Man darf also nicht voreilig der Meinung sein, hinter der Haltung der Akademiker verberge sich eine genaue Kenntnis der Ziele, die ihre Klasse verfolgt. Hinter ihr verbirgt sich vielmehr – und dieser Gedanke ist viel unbequemer – eine Illusion, die schwer von den Bedingungen zu trennen ist, unter denen sich die Arbeit des Denkens im Kopf des Denkers vollzieht.[1]

Die Wirklichkeit einer Klasse besteht nicht nur aus ökonomischen Verhältnissen. Sie bringt auf Grund dieser Verhältnisse einen Komplex von juristischen und moralischen Vorschriften, Urteilen und Begriffen hervor. Von dieser Quelle zehrt ein junger Bürger, der sich auf die geistigen Funktionen vorbereitet. Er zehrt davon, ohne es zu merken. Er wird davon durchtränkt, ohne daß er etwas dagegen tun kann. Dieses Material, das er in sich vorfindet, bildet bereits den Stoff seiner ersten Versuche formalen Denkens. Er stellt es nicht in Frage. Er sieht gar keinen Grund, es in Frage zu stellen. Es ist für ihn buchstäblich etwas, was er auf ganz natürliche Weise von selbst hervorbringt wie seinen Atem. Er betrachtet es als seine Natur. Er nimmt es ebenso selbstverständlich hin wie sein Leben. Er wird es meist ebenso lieben. Er glaubt an es. Er betrachtet es als die Summe der spontanen Hervorbringungen seiner Person.[2]

Aber jeder Mensch will sichergehen, daß diese Hervorbringungen unumstößlich sind. Er sucht also nach Garantien für sie. Er will sie gegen alle Angriffe schützen. Jede Behauptung bringt eine gewisse Dialektik hervor, sobald man sich und andere davon überzeugen will. Die Ideen festigen sich im Laufe eines imaginären Dialogs. Dieser ganze Vorgang ist seit Platon hinlänglich beschrieben worden. Herr Bouglé schreibt zum Beispiel:

«Man muß zwischen Verpflichtungen und Rechtfertigungen unterscheiden. Moralische Taten und rationale Rechtfertigungen sind zweierlei. Das Bedürfnis nach solchen Recht-

1 Siehe Anmerkung J
2 Siehe Anmerkung J

fertigungen wird unterschiedlich empfunden, und rationale Rechtfertigungen unterscheiden sich natürlich je nach den Individuen und den Momenten des gesellschaftlichen Lebens. Ich gebe gern zu, daß bestimmte Geister ein Bedürfnis haben, ihr Verhalten zu rationalisieren, und daß sie, um mit ruhigem Gewissen weiterleben zu können, für ihr Handeln Gründe von allgemein anerkanntem Wert finden müssen.» [1]

So bemüht sich der bürgerliche Denker, seit es ein Ensemble bürgerlicher Werte gibt, diese miteinander zu verbinden, zu rechtfertigen und ihnen durch höhere Prinzipien die Gewißheit von naturwissenschaftlichen Beweisen und Entdeckungen zu verleihen. Die ganze Arbeit des 18. Jahrhunderts und des Kantianismus stellt ein solches Bemühen des bürgerlichen Denkens um Rechtfertigungen dar. Als die bürgerlichen Ideen als Hervorbringungen einer ewigen Vernunft angesehen und den schwankenden Charakter von historischen Erscheinungen verloren hatten, hatten sie die größte Chance, zu überleben und Angriffen zu widerstehen. Alle Welt verlor die materiellen Gründe aus den Augen, denen sie ihre Entstehung verdanken und durch die sie gleichzeitig vergänglich sind. Die heutige Philosophie setzt dieses Rechtfertigungsunternehmen fort und bedient sich dafür weiterhin der Entwicklung der Naturwissenschaften. Der Kantianismus begründete die bürgerliche Moral, indem er sie zur Tochter der gesetzgebenden Vernunft der Astronomie machte. Die Philosophie von Herrn Brunschvicg begründet diese Moral mit Hilfe der Einsteinschen Mathematik. Im Schutz der Naturwissenschaften rechtfertigt das bürgerliche Denken seine Erfindungen und vergißt, daß sie vergänglich sind. Dabei übernimmt es von den Naturwissenschaften weniger Lösungen als Verfahrensweisen und Verkleidungen. Es sucht in den Naturwissenschaften eine rationelle Beweiskraft, mit deren

1 *Bulletin de la Société Française de Philosophie*, 1929

Hilfe zugleich die Wissenschaften begründet und eine Moral geschaffen werden können. Es geht nicht darum, aus den Wissenschaften Imperative abzuleiten, die sich aus ihnen gar nicht ableiten lassen, sondern darum, ihren Elan nachzuahmen, den rationalen Eifer im Denken der Gelehrten zu kopieren. Herr Parodi sagt: «Der menschliche Geist ist theoretisch fähig, sowohl das Universum als auch das Leben vollständig erklärbar zu machen; so wie er, vom Einfachen zum Komplizierten fortschreitend und durch vollständige Aufzählungen, die Probleme der räumlichen Welt löst, ebenso muß er durch die Ordnung der evidenten Grundsätze sein Ideal von Gerechtigkeit und Weisheit definieren und eine wirklich rationale Lebensform oder politische Organisation bestimmen können.»[1] Manchmal entlarvt ein Eingeständnis die geheimen Gründe dieser Taktik, dieses Vertrauens in die Nachahmungen der Wissenschaft. In den *«Études morales»* von F. Rauh kann man lesen: «Heute will man alle Welt zum Denken erziehen und die wissenschaftliche Erziehung propagieren, aber das entspricht nur der Notwendigkeit eines bestimmten Moments der Geschichte: die Idee vom Wert der Wissenschaft ist nur so lange aufrechtzuerhalten, wie man eine religiöse Reaktion gegen den laïzistischen Geist befürchten muß.»

So liefert die Philosophie im Bedarfsfall den Politikern Waffen. Aber dieses Unternehmen spielt sich in allgemeiner Unkenntnis der ökonomischen und gesellschaftlichen Wurzeln der von ihr gerechtfertigten Werte ab.

Die Philosophen, die gegenwärtig bürgerliche Positionen innehaben, manifestieren und rechtfertigen Psychologie und Moral ihrer Klasse und damit zugleich die besondere Psychologie ihrer Berufsgruppe. Diese bürgerliche Psychologie will

1 *Bulletin de l'Union pour la Vérité*, Februar-März 1919

den Frieden, «Ordnung und Frieden»[1], einen rationellen, vernünftigen und leichten Fortschritt, Harmonie in den Menschen und in den Beziehungen zwischen den Menschen. Alle diese Bestandteile machen den Stil der bürgerlichen Psychologie und der Philosophie aus, die dem Bürgertum seine dialektische Rechtfertigungen liefert.

Schon Nietzsche hatte gesehen, daß eine handeltreibende Gesellschaft alle Gelegenheiten, gefährlich zu leben und zu denken, fliehen muß:

«*Moralische Mode einer handeltreibenden Gesellschaft.* – Hinter dem Grundsatz der jetzigen moralischen Mode: ‹moralische Handlungen sind die Handlungen der Sympathie für andere› sehe ich einen sozialen Trieb der Furchtsamkeit walten, welcher sich in dieser Weise intellektuell vermummt: dieser Trieb will, als Oberstes, Wichtigstes, Nächstes, daß dem Leben *alle Gefährlichkeit* genommen werde, welche es früher hatte, und daß daran *jeder* und mit allen Kräften helfen solle: deshalb dürfen nur Handlungen, welche auf die gemeinsame Sicherheit und das Sicherheitsgefühl der Gesellschaft abzielen, das Prädikat ‹gut› bekommen!»[2]

Sympathie und Frieden zwischen den verschiedenen Elementen der Gesellschaft sind erforderlich in einem System, das zwar den Krieg nicht ablehnt, ihn aber als ein relativ verzweifeltes Mittel ansieht. Herr Brunschvicg hat feinere Mittel als den Imperativ der Sympathie gefunden, um die Eintracht unter den Menschen zu begründen:

«Xanthippe war eine unangenehme Frau, die ihren Sohn Lamprokles ausschimpfte. Sokrates lehrt Lamprokles, daß er kein Individuum gegenüber einem anderen Individuum ist,

1 Émile Durkheim: *«De la Division du Travail Social»*, p. III
2 Friedrich Nietzsche: *«Morgenröte. Gedanken über die moralischen Vorurteile»*, III. Buch, 174; zitiert nach Friedrich Nietzsche: *«Werke in drei Bänden»*, B. 1, München 1954, S. 1130 (Anm. d. Übers.)

das ihm gegenüber nach natürlichen Impulsen reagiert. Er ist ein Sohn, der über die von seiner Mutter empfangenen Wohltaten nachdenkt und, nachdem er das begriffen hat, sein Verhalten nur vom Gesichtspunkt seiner Mutter aus sehen und regeln kann. Die Fortschritte des spekulativen Verstandes und des moralischen Gewissens gehen Hand in Hand, wenn man durch die Jahrhunderte die Entwicklung dieser Relativitätsfunktion verfolgt, die es dem Menschen ermöglichen, die Grenzen seiner Individualität zu überschreiten und die Welt der Wahrheit und der Gerechtigkeit zu errichten.» [1]

Es ist klar, daß der Akademiker das spezielle Interesse hat, sein Nachdenken in Frieden fortsetzen zu können, so wie der Industrielle das spezielle Interesse hat, in seiner Warenproduktion nur durch ein Mindestmaß von Konflikten behindert zu sein. Geistige Arbeit erfordert Ruhe, damit dem Fortschreiten der Ideen ein friedlicher Ablauf gesichert ist. Geistige Arbeiten erscheinen Intellektuellen, die auf ihre Mission stolz sind, besonders wichtig. Sie betrachten sie mit einem gewissen religiösen Gefühl wie Exerzitien, die besonders geschützt werden müssen. Die glücklichste Gesellschaftsordnung ist für sie die, in der sich ihr Denken ohne äußere Zwischenfälle entfalten kann. Der beste Staat ist der, der ihnen gleichzeitig ihren bürgerlichen Posten garantiert, für ihre Meditationen die Bedingungen von Muße, Stille und Gelassenheit schafft und ihnen schließlich eine gewisse Abgeschiedenheit erlaubt und diese begünstigt.

Die Schlußfolgerungen, Verfahren und Einstellungen dieser Philosophie prädestinieren sie zum Dienst an der Bourgeoisie. Sie kann nur Bürgern dienen, nur von ihnen kann sie angenommen werden, nur ihnen kann sie Zufriedenheit verschaffen. Ganz im Gegensatz zum äußeren Anschein, zu ihrer

1 Siehe Anmerkung K

großen Pose der Erhabenheit und des Über-den-Dingen-Stehens, erschöpft sie sich in der passiven Befriedigung, die ein Bürger empfindet, wenn er sich selbst betrachtet. Sie hat niemals das Bedürfnis, sich zu verändern und auf das, was sie ist, zu verzichten. Sie findet sich gut, wie das Bürgertum sich gut findet: von diesem allgemeinen Urteil ist sie bis in die geheimsten Winkel ihrer Gründe durchdrungen. Dieses von den Bürgern zugeschnittene Gewand paßt nur Bürgern und kann nur Bürgern als Verkleidung dienen.

Wir haben gesehen, wie diese Philosophie den öffentlichen Dünkel der Bürger rechtfertigt. Aber das ist nicht ihre einzige Funktion, denn sie befriedigt auch die inneren Bedürfnisse des bürgerlichen Verstandes, die speziellen Bedürfnisse der Einsamkeit des privaten Dünkels der Bürger.

Der Bürger ist ein einsamer Mensch. Seine Welt ist eine abstrakte Welt von Maschinerien, ökonomischen, juristischen und moralischen Beziehungen. Er hat keinen Kontakt mit den wirklichen Gegenständen, keine direkten Beziehungen zu den Menschen. Sein Besitz ist abstrakt. Er ist weit von den Ereignissen entfernt. Er lebt in seinem Büro, in seinem Zimmer mit der kleinen Anzahl der Gegenstände seines Bedarfs: seiner Frau, seinem Bett, seinem Tisch, seinen Papieren, seinen Büchern. Alles ist gut verschlossen. Die Ereignisse dringen nur von weitem zu ihm, und zwar entstellt, zurechtgestutzt, symbolisiert. Er nimmt nur Schatten wahr. In dieser Lage kann er die Stöße der Welt gar nicht direkt empfangen. Für ihn besteht die ganze Zivilisation aus schalldichten Wänden und Dämpfern, aus einem Netz intellektueller Schemata, aus einem Zeichensystem. Er lebt in einer Welt von Widerspiegelungen. Seine ganze Wirtschaft und Politik isolieren ihn. Die Gesellschaft erscheint ihm als ein Netz von formalen Beziehungen, die gleichförmige menschliche Einheiten miteinander verbinden. Auf dieser Einsamkeit fußt die Erklärung der Menschenrechte, die sie sanktioniert. Der Bürger glaubt an die Macht der Titel und Wörter und daran, daß alles, was hervorgebracht wird, Bestand hat, wenn es nur bezeichnet worden ist: sein ganzes Denken ist eine Folge von Beschwörungsformeln. Wer den Kontakt mit dem Gegenstand effektiv nicht empfindet, zum Beispiel das Unglück der Ungerechtigkeit, der braucht nur daran zu glauben, daß es Gerechtigkeit gibt: sie existiert für ihn, sobald er sie denkt. Es gibt für ihn keine quälende Diskrepanz zwischen dem, was er empfindet, und dem, was er denkt, denn sein Leben ist nicht weniger abstrakt und einsam als sein Denken. Kein Abgrund trennt sein privates Dasein von seinem geistigen Wesen. Die Menschenrechte bringen das geringe Maß an Wirklichkeit, das er besitzt, deutlich genug zum Ausdruck. Marx hat diesen bürgerlichen Menschen ausgezeichnet beschrieben. Zum Beispiel: «In dem Staat dagegen, wo der Mensch als Gattungswesen gilt, ist er das imaginäre Glied einer eingebildeten Souveränität, ist er seines wirklich individuellen Lebens beraubt und mit einer unwirklichen Allgemeinheit erfüllt.» [1]

Aber die Einsamkeit, die Müßigkeit des bürgerlichen Lebens bringen diesen verlorenen Menschen, dieses geisterhafte Wesen zum Eigendünkel. Er muß sich selbst genügen. In sich selbst, in sich allein, muß er den Schlüssel, die Beweise seines Monadendaseins finden, denn es ist, strenggenommen, nicht möglich, daß ein Wesen sich damit abfindet, nicht zu sein. In seiner Welt, in der im eigentlichen Sinn nichts passiert, muß er, um weiterleben zu können, die Illusion haben, daß doch etwas passiert. Nun ist der Verstand der einzige Bestandteil des Menschen, der sich für sich allein entwickeln kann. Die tatsächliche Armseligkeit des bürgerlichen Lebens erlaubte den Spielen des Geistes eine selbständige Wucherung. Der

1 Karl Marx: «*Die Judenfrage*», zitiert nach Karl Marx, Friedrich Engels: «*Werke*» B. 1, Berlin 1961, S. 355 (Anm. d. Übers.)

bürgerliche Verstand entwickelte sich wie ein Krebsgeschwür. Was der Bürger in der Praxis des menschlichen Lebens nicht fand, mußte er durch etwas aus seinem Innern ersetzen, das es ihm trotz allem möglich machte, sich zu versichern, das er lebte. Als er noch um die Macht kämpfte, konnte er auf ein Innenleben verzichten. Die Etablierung seiner abstrakten Existenz ging nicht ohne Kämpfe, ohne wirkliche Ereignisse ab. Die bürgerliche Revolution, die ihn einsetzte, wurde durch Aktionen und Gewalt erzwungen und nicht durch das leichte Spiel von Ideen, obwohl der Bürger, der sich heute in der von seinen Vätern für ihn etablierten Welt eingerichtet hat, bereitwillig daran glaubt, er sei nur durch die Macht der Wahrheit, die in ihnen war, eingesetzt worden.[1] Der 14. Juli 1789 ist für ihn nur ein zeitliches Symbol so wie Ostern, Weihnachten oder Palmsonntag. Der Beginn der Ferien. Aber er ist sich seiner Leere bewußt. Er trauerte der christlichen Seele nach, ohne sie wiedergewinnen zu können noch zu wollen, denn das hätte ihn einer Kirche ausgeliefert, die die Stütze der Feinde seiner Klasse war. Er fand etwas Besseres: Die gesamte Strömung der bürgerlichen Philosophie zielt darauf ab, diese Seele zu ersetzen. Kant sicherte der Bourgeoisie alle Vorzüge, den ganzen Glanz der christlichen Seele, als er an die Stelle der geistlichen Substanz die abstrakte Macht des «Ich denke» setzte. Die Seele, die Tochter Gottes und die Magd der Gnade, wich der weltlichen Vernunft und verlieh ihr ihre frühere Größe. Das Vorhandensein einer Seele und ihre Eigenschaften veranlaßten das Geschöpf zu einer Bescheidenheit, einer Demütigung vor Gott und seinen Priestern, die der bürgerliche Dünkel nicht ertragen konnte. Aber als alle frühere Macht der Seele zur Macht des inneren Geistes eines jeden Menschen geworden war, zu einer absolut selbständigen Macht, die von niemandem abhing,

1 Siehe Amerkung L

fand der einsame Bürger in sich eine durch sein Wesen begründete Würde, die ihn an die Stelle Gottes setzte. Er konnte sich stolz eines Besitzes erfreuen, der nur ihm zukam. Er wurde in der Welt des Geistes ebenso zum Gesetzgeber, wie er es in der Welt des Rechts und der Wirtschaft war. Seine ganze Einsamkeit wurde aufgewogen durch diesen Dünkel, durch die Ausübung seiner Macht und die endlosen Ideenkombinationen, die sie ermöglichte. Die ganze Philosophie der Wissenschaften von Herrn Brunschvicg versucht in der Errichtung der Systeme die Versicherung dieser Macht und ihre permanente Würde zum Ausdruck zu bringen. Jeder Bürger kann stolz darauf sein, daß er einen Geist in sich arbeiten spürt, der in der Lage war, die Newtonsche Physik und die Relativitätstheorie zu entwickeln. Jeder Bürger fühlt sich auserwählt.[1]

Aber der großen anonymen Masse, die wirklich eine Philosophie brauchte, das heißt eine homogene Interpretation ihrer Welt und ein Ensemble von klaren Urteilen und Zielvorstellungen, eine brauchbare intellektuelle Ausrüstung zur Verwirklichung ihrer eigenen Philosophie, wird von der Bourgeoisie die dazu benötigten Denkinstrumentarien vorenthalten. Man bietet ihr nur jene heute existierende polyvalente Philosophie an, die behauptet, universal, das heißt für alle Menschengruppen und alle Lebensbedingungen gültig zu sein. Dieser Anspruch ist jedoch eine völlig unbegründete Behauptung.

Denn die große Masse der Menschen, die vor allem das Bedürfnis hat, eine Welt, deren Gewalttätigkeiten und Katastrophen sie passiv erleidet, begreifen und ihre eigene Rolle in ihr erkennen zu können, wird von eben dieser Philosophie ferngehalten. Die gegenwärtige Philosophie ist so angelegt, daß nur eine kleine Zahl von Eingeweihten Zugang zu ihr hat.

1 Siehe Anmerkung M

Man kann sie nur nach einer langen Reihe von Studien, Forschungen, Übungen und Examina beherrschen. Bei jedem Schritt wird der junge Mensch, der sich ihr widmet, auf die lange Dauer, die Kompliziertheit und die Schwere der Aufgabe hingewiesen, die ihn erwartet. Die Philosophie ist einer der höchsten Gipfel jener Kultur, die die Bourgeoisie nur ihren eigenen Kindern vorbehält. Eine Weisheit zu erwerben, die mit den angehäuften Schlacken, mit aller Gelehrsamkeit, mit allen abgestorbenen Zweigen der Geschichte belastet und immer darauf bedacht ist, sich hinter der komplizierten Entwicklung der Wissenschaften zu verschanzen, ist ein langwieriges Unternehmen, das viel Muße, eine jahrelange Vorbereitung auf das Amt des Akademikers erfordert, das daher nur ein Sohn des Bürgertums erlangen kann. Selbst das nicht fachgebildete Bürgertum verfügt über die Grundkenntnisse der Oberschulbildung und hat genügend Freiheit und Ruhe, um einen Teil seiner Zeit und seiner Beschäftigungen den geistigen Meditationen und moralischen Rechtfertigungen zu widmen, ohne daß es diese selbst im einzelnen begründen muß, weil es weiß, daß das die Akademiker für es tun, die ihm immer zur Verfügung stehen, sobald es sie ruft. Man braucht unendlich viel Zeit, um sich moralische Probleme stellen und sie rational begründen zu können. Der arbeitende Mensch moralisiert nicht: er schafft eine Moral.

Die große Masse der Menschen, die unter dem Druck unerbittlicher Zwänge steht, von denen die Philosophen nicht einmal eine Ahnung haben, hat zu dieser Weisheit der Muße keinen Zugang. In keinem Augenblick ihres Lebens ist sie in der Lage, sie zu erwerben und sich jene außermenschlichen Probleme zu stellen. Sie erhält nur das Kleingeld von ihr, denn es gibt eine esoterische bürgerliche Philosophie, in der sich die innere Arbeit des Bürgertums an sich selbst niederschlägt und mit deren Hilfe es die Modelle hervorbringt, nach denen es sich richtet, und es gibt eine exotische bürgerliche Philosophie, die nach außen gekehrt ist und das, was man von ihr wissen muß, in einige vereinfachte Formeln faßt. Diese zweite Philosophie ist eine Art Bilderbogen der ersten, eine Vereinfachung für den Gebrauch jener, die über keine Bildung verfügen und die das Bürgertum «das Volk» nennt. Dieser Bilderbogen, diese Vereinfachung werden in der Volksschule verbreitet. Jeder zwölfjährige Franzose bekommt in der Schule diesen Extrakt der Philosophie eingeflößt. Er hat einen moralischen Katechismus zu lernen, für den die Beweise fehlen. Dieser Katechismus wird als das Ergebnis äußerst schwieriger, gewissenhafter und höchst verdienstvoller Meditationen gemeinnütziger Menschen ausgegeben, die das Geschäft der Philosophie betreiben. In einer abgeschiedenen, von den Stürmen der Wissenschaft und den Blitzen des Denkens erschütterten Zone arbeiten Weise auf geheimnisvolle Art eine universale Philosophie aus. Die einfachen Weisheiten, die dann in ihrem Namen übermittelt werden, scheinen auf den unerschütterlichen Fundamenten gemeinnütziger wissenschaftlicher Arbeit zu ruhen. Das bürgerliche Denken sagt zum Volk: «Glaubt mir aufs Wort; was ich verkünde, ist wahr. Alle Denker, die ich ernähre, haben für euch gearbeitet. Ihr seid nicht in der Lage, alle ihre schwierigen Probleme selbst noch einmal zu durchdenken und alle von ihnen zurückgelegten Wege selbst noch einmal zurückzulegen, aber ihr könnt euch auf die Ergebnisse der Arbeit dieser uneigennützigen und makellosen Männer verlassen, jener Männer, die in besonderer Weise ausgezeichnet sind, die, abgeschieden von den gewöhnlichen Menschen, für die sie arbeiten, über die Geheimnisse der Wahrheit und Gerechtigkeit verfügen.» So kommt die Achtung vor dem Akademiker dem Bürger zugute.

Allzu lange schon hat das Volk in kindlichem Vertrauen und kindlicher Sicherheit gelebt. Allzu lange schon hat es geglaubt, daß ihm die Geheimnisse der Wissenschaft und der

Philosophie verschlossen seien und daß nur eine kleine Zahl von Menschen, die sich in stiller Arbeit dem allgemeinen Wohl hingeben, zu ihm Zugang haben. Für das Volk war das ein fernes, von religiösem Glanz verklärtes Land, wo Denker, die vollkommener waren als irgendeiner seiner Repräsentanten, im Dienste des Geistes lebten. Es glaubte, was ihm die Bourgeoisie weismachte: daß ihre irdische Macht wohlbegründet sei durch den geistigen Wert ihrer Denker, daß es von Männern beherrscht werde, die dessen würdig seien, daß diese Herrschaft durch jene Werte legitimiert sei, die ihm auf Grund seiner physischen und natürlichen Unterlegenheit, und nicht auf Grund seiner sozialen Stellung, unzugänglich seien. Das Volk sah sich selbst mit der gehörigen Bescheidenheit und begegnete der Bourgeoisie mit dem gehörigen Respekt und Vertrauen. Es sah nicht, daß es nur deshalb von jenen Werten ausgeschlossen war, weil die Bourgeoisie das Monopol über sie behalten wollte.[1]

Aber die Menschen, die keine Bürger sind, das Proletariat, um das es die ganze Zeit in diesem Buch geht, hat keine Verwendung für eine so müßige Wahrheit. Ihre Scheinlösungen haben für Menschen, deren Leben ihnen keine Zeit zu müßigen Gedanken läßt, keinerlei Wert. Das Proletariat hat keine Verwendung für eine Bildung, die ihm von weitem als etwas Verführerisches, als Gegenstand unerfüllbarer Wünsche gezeigt wird.

Wir halten es keineswegs für ein praktisches Ziel, diese Bildung und Philosophie, die mit dem Arbeiterschicksal nichts zu tun haben, für das Proletariat in Anspruch zu nehmen. Diese falsche, nur für das Bürgertum gemachte Weisheit hat nur für das Bürgertum einen Wert und liefert nur ihm eine Rechtfertigung. Die innere Entwicklung der Persönlichkeit, der Fortschritt der Vernunft, die die Leidenschaften des Men-

1 Siehe Anmerkung N

schen in die richtigen Bahnen lenkt, die geistige Gemeinschaft der Wesen, die die Fähigkeit haben, Gedanken einer ewigen Vernunft auszutauschen, das harmonische System der Welt, die idealistischen Rechtfertigungen, alle jene Einrichtungen der Philosophie sind für ein verstümmeltes und rücksichtslos unterdrücktes Leben wertlos. Was bedeutet der innere Reichtum der Persönlichkeit für einen Fließbandarbeiter, einen Arbeitslosen, einen Menschen, der durch die Maschinen, an denen er arbeiten muß, verstümmelt ist? Was bedeutet die Harmonie der Welt für einen Menschen, dessen Proteste von der Polizei unterdrückt werden? Was bedeutet Rechtfertigung für einen Menschen, der niemandem Rechenschaft schuldet, weil niemand unter ihm steht? Umsonst versichert die Philosophie, daß die von ihr vertretenen Werte für jedes Schicksal gültig sind: Herren und Knechte können nicht die gleiche «Weisheit», die gleiche Moral, die gleiche Weltanschauung haben.

Für Menschen, denen jede reale Befriedigung ihrer Bedürfnisse vorenthalten wird, sind jene Erfindungen imaginärer Welten, wie sie das bürgerliche Denken ersinnt, wertlos. In den Fabrikhöfen und desolaten Straßen der Arbeitervororte werden sie zu Seifenblasen, die sofort zerplatzen. Herr Brunschvicg schreibt:

«In unseren Augen ist es völlig absurd, die Ohnmacht, die die Apologeten der primitiven Natur und der Triebe der Bildung und der Vernunft zuschreiben, zu einer Waffe gegen Bildung und Vernunft zu machen. Wer nicht die Energie aufbringt, sich Bildung anzueignen und seinen Verstand zu benutzen, kann auch durch Bildung und Vernunft nicht gerettet werden. Sie vermitteln nur solchen Geistern die Wahrheit, die fähig sind, an sich selbst die Erfahrung zu machen, daß das Heil des Menschen in ihm selbst liegt.»

In einem solchen Satz sehen wir nur ein Gemisch aus Verachtung, Beleidigung, bürgerlicher Selbstgefälligkeit und jene ständig bekundete Abdankung. Wie soll dieses anscheinend so leicht zu erfüllende universale Versprechen denn gehalten werden? Diese Universalität wird für jeden Menschen täglich doch wieder eingeschränkt. Jeder Mensch sieht, daß sein Heil nicht in ihm selbst liegt. Jeder Mensch muß ein näherliegendes, dringenderes Heil sichern als sein inneres Heil. Wie viele Menschen auf der heutigen Welt müssen erst ihr Leben retten, bevor sie an die Rettung ihrer Seelen denken können! Wieviel bitteren und unverschämten Hohn enthalten die Ansichten von Herrn Brunschvicg zum Beispiel für jenen Menschen, der zu einem Korrespondenten der *Humanité* sagt: «Ich bin seit vier Monaten arbeitslos. Ich bekomme wöchentlich 47 Francs Arbeitslosenunterstützung. Mein Zimmer kostet 30 Francs. Ich muß mit 17 Francs in der Woche auskommen. Ich habe nicht einmal mein täglich Brot.»

Sie können noch so lange vom Reichtum der menschlichen Persönlichkeit schwärmen und den Menschen ermahnen, eine Persönlichkeit auszubilden. Sie können noch so viel von der Befreiung der Seele und von Selbstüberwindung sprechen.

«Der Mensch will sich in einem Streben nach immer größerer Befreiung als ein geistiges Wesen verwirklichen», sagt Herr Roy. Aber Marx sagte: «Sie [die Masse] darf diese Produkte ihrer Selbstentäußerung keineswegs nur für *ideale* Phantasmagorien… halten und die *materielle* Entfremdung durch eine rein *innerliche spiritualistische* Aktion vernichten wollen…

Aber um sich zu heben, genügt es nicht, sich in *Gedanken* zu heben und über dem *wirklichen, sinnlichen* Kopf das *wirkliche, sinnliche* Joch, das nicht mit Ideen wegzuspintisieren ist, schweben zu lassen. Die *absolute Kritik* jedoch hat… die Kunst erlernt, *reale, objektive, außer mir* existierende Ketten in *bloß ideelle*, bloß *subjektive*, bloß *in mir* existierende Ketten und daher alle *äußerlichen*, sinnlichen Kämpfe in reine

Gedankenkämpfe zu verwandeln.»[1] Die Menschen, die auf der Erde leben, werden die Wahrheit bei Marx finden und nicht bei jenen Gespenstern.

Herr Brunschvicg kann in der vornehmen Stille seiner Straße in seliger Erregung über die Probleme seines inneren Heils nachsinnen. Ein Arbeitsloser, ein Hilfsarbeiter kann das nicht. Aber die Menschen werden ihre Not, ihre Schmerzen und ihre Demütigungen nicht bis in alle Ewigkeit vergessen. Sie werden nicht bis in alle Ewigkeit sich von jenem Illusionstheater, von jenen künstlichen Kulissen täuschen lassen, mit deren Hilfe die Bourgeoisie ihre unerbittliche Macht aufrechterhält.

Diese ganze Philosophie dient also nur dazu, das Elend der Epoche, die geistige Leere der Menschen, die fundamentale Spaltung ihres Bewußtseins und den täglich beängstigender werdenden Abstand zwischen ihrem Machtanspruch und den realen Grenzen seiner Verwirklichung zu verschleiern. Damit verschleiert sie das wahre Gesicht der bürgerlichen Herrschaft. Sie steht nicht im Dienst eines Wahren, das nicht existiert, eines Universalen, das nicht existiert, eines Ewigen, das nicht existiert, sondern im Dienst des Kampfes gegen eine aufkommende Empörung und Revolte. Sie trägt dazu bei, die Ausgebeuteten von dem für die Ausbeuter gefährlichen Nachdenken über ihre Erniedrigung und Entwürdigung abzulenken. Sie hat die Aufgabe, eine Gesellschaftsordnung akzeptabel zu machen, indem sie sie als liebenswert darstellt, ihr eine höhere Würde verleiht und sie rechtfertigt. Den Opfern des bürgerlichen Regimes, und allen, die sich gegen es erheben

1 Karl Marx: *«Die heilige Familie oder Kritik der kritischen Kritik»* VI. Kapitel 1.a) *‹Der Geist und die Masse›*; zitiert nach Karl Marx, Friedrich Engels: *«Werke»* Bd. 2, Berlin 1962, S. 86/87 (Anm. d. Übers.)

könnten, gaukelt sie etwas vor. Sie lenkt auf Abstellgleise, auf denen sich die Revolte totläuft. Sie dient der Klasse, die für alle gegenwärtigen Erniedrigungen verantwortlich ist, derselben Klasse, der ihre Philosophen angehören. Sie hat die Aufgabe, die von der Bourgeoisie hervorgebrachten und ihrer Macht nützlichen partiellen Wahrheiten zu verdeutlichen, zu untermauern und zu propagieren.

Dieses Schmarotzerdasein der Philosophie richtet sich gegen die Menschen, die durch die Zufälle ihrer Geburt und ihres Lebens außerhalb der Grenzen der Bourgeoisie stehen: Die Bedürfnisse und Schicksale der Menschen sind fortan unvereinbar mit den Werten, Tugenden, Rechtfertigungen und Hoffnungen der Bourgeoisie. Wer im Dienst der Bourgeoisie steht, steht nicht im Dienst der Menschen.

Eine Philosophie, die ein Produkt der Bourgeoisie an der Macht, des zur geistigen Macht erhobenen bürgerlichen Denkens ist, ist immer unvollständig, denn sie klammert die Armut und Unterdrückung aus ihrem System aus. Deshalb paßt eine solche Philosophie, wir sagen es noch einmal, nur für die Unterdrücker.

Wir müssen jedoch aufs neue wiederholen, daß kein Gesetz der Philosophie als solcher die praktische Verteidigung der praktischen Freiheit und des praktischen Reichtums vorschreibt. Ein solches Gesetz gibt es nicht. Kein Gott hat es jemals verkündet. Kein Weltgeist hat es jemals erlassen. Daraus folgt, daß es keine überzeugende Dialektik, keine Beweisketten gibt, die die heutigen Denker dazu zwingen könnten, im Namen eines absoluten moralischen Prinzips der Philosophie sich eine solche Verteidigung zur Aufgabe zu machen. Aus der Distanz gesehen, wie Herr Brunschvicg sagen würde, und in ihrer ganzen Entwicklung betrachtet, enthält die Philosophie keinerlei innere Notwendigkeit, kein ihrem Wesen nach notwendiges Prinzip, die sie zu einer solchen Verteidigung verpflichten könnten. Aber sie läßt und ließ sich immer durch von außen an sie herangetragene Absichten leiten, die die verschiedenen Etappen ihrer Geschichte prägen und geprägt haben, Absichten, die ihre Entwicklung vorwärtstreiben, aufhalten, umkehren oder in die ihrem ursprünglichen Sinn entgegengesetzte Richtung lenken.

Es ist nicht absurd, es ist nicht in sich widersinnig, das heißt ihren Grundprinzipien widersprechend, wenn die Philosophie die Armut dem Reichtum und die Knechtschaft der Freiheit vorzieht. In der *Société Française de Philosophie* erklärte ein Philosoph mitten in einer Debatte über die Aufgaben der Vernunft ganz naiv:

«Die Vernunft wird von der Spaltung der Gesellschaft in Herrschende und Beherrschte, in Reiche und Arme überhaupt nicht erschüttert.» [1]

Kein Skandal kann die Vernunft erschüttern, jene bewußtlose Maschine, deren Funktion es ist, nur zu verstehen und zu erklären, aber nicht zu entscheiden oder zu wählen. Wenn wir es mit einem echten Skandal zu tun haben, dann wissen wir sofort, daß er sich nicht gegen die Vernunft richtet, sondern gegen ganz andere Mächte, gegen ganz andere Personen als die gelehrten Uhrmacher der Vernunft. Keine systemimmanente Definition der Philosophie enthält ursprünglich das Geheimnis ihrer weiteren Entwicklung, ihrer Konsequenzen, ihrer Werte, so wie die Definition des Dreiecks von Anfang an das Geheimnis aller seiner Eigenschaften enthält und alle möglichen Widersinnigkeiten ausschließt, wie zum Beispiel, daß die Winkel des Dreiecks nicht zwei Geraden gleich sind. In der Philosophie kommen nur historische Widersprüche vor. Die Philosophie ist keine Figur im leeren Raum der Geometrie.

1 *Bulletin de la Société Française de Philosophie*, 1910

Nun gibt es aber Menschen, die leben, die den Reichtum verlangen, den man ihnen vorenthält, die die Freiheit verlangen, die sie selbst nicht wirklich genießen und sich nur vorstellen können. Für sie mußten provisorisch Träume und Pläne über einen nur möglichen Zustand des menschlichen Lebens erfunden werden. Aber sie haben es nicht gern, daß Träume Träume bleiben und Möglichkeiten niemals verwirklicht werden können.

Sie haben weder Zeit noch Lust, noch die logische Schulung, den Philosophen ihrer Zeit zu beweisen, daß ihre Philosophien im Widerspruch stehen zu einer Ewigen Philosophie, an die sie nicht glauben. Sie sind sich eines solchen historischen Widerspruchs keineswegs bewußt. Aber sie sehen den historischen Widerspruch zwischen dem, was die bürgerliche Philosophie verspricht, und dem, was sie hält. Sie mißtrauen den Philosophen, deren Lehren falsch sind, nicht von der Philosophie, sondern von den Menschen her gesehen, und deren Falschheit kein technisches Versagen der Philosophie ist, sondern ein Attentat auf das Leben der Menschen.

Man kommt immer wieder auf die banale Vorstellung der Erdenbürger zurück, die nach den wirklichen Folgen und nicht nach den formalen Prinzipien und Konsequenzen der Ideen urteilen. Noch der abstrakteste Gedanke innerhalb eines Systems hat, entgegen dem Geist, aus dem er hervorgebracht wird, konkrete Konsequenzen und Folgen. Er gehört nicht zur Wissenschaft, die ihren Gegenstand mit möglichst genauen Annäherungswerten beschreibt.

Die Biologie beschreibt die Phänomene des Körpers wie die Physik die Phänomene des freien Falls beschreibt. Sie hat durchaus nicht den Wunsch, daß ihr Gegenstand anders beschaffen sein möge, als er es ist, sie freut sich auch nicht, daß er so ist, wie er ist, und bemüht sich nicht, ihn zu verändern, sie mißbilligt und billigt nicht. Genau das aber tut die Philosophie, so eiskalt und trocken sie auch wirken mag. Sie sagt:

Das muß geschehen, so ist alles gut, so ist alles schlecht, der Mensch kommt auf dem jetzt eingeschlagenen Weg nicht weiter. Sie hat Wünsche, Befürchtungen und Hoffnungen, kluge, vorsichtige, scheinheilige, kühne, klare oder gewaltsame Absichten, aber eben immer Absichten, Hoffnungen, Wünsche.

Die Erdensöhne wollen heute, daß die Philosophie den Menschen hilft, sich zu bereichern. Sie beschreiben nicht einfach kalt ihren Zustand. Wenn die Geologie das Gestein so hinnehmen muß, wie es ist, wenn die Physik nicht wollen kann, daß Steine, die man in die Luft wirft, ewig weiterfliegen wie der Vogel des tapferen Schneiderleins, so kann man doch durchaus wollen, daß die Menschen von neuem Leben ergriffen werden.

Da es weder eine ewige Bestimmung noch einen übermenschlichen Schiedsrichter der Philosophie gibt, ist unsere Situation folgende: Es gibt Denker, die sich mit der gegenwärtigen Versklavung des größten Teils der Menschheit abfinden, und es gibt heute schon einige Menschen, die diese Sklaverei nicht ertragen können und ihr theoretisch und praktisch den Kampf angesagt haben, Menschen, die glauben, daß diese Sklaverei ein wirkliches Problem darstellt.

Diese beiden Arten von Menschen lagen immer im Kampf miteinander: Die einen wollen alle davon überzeugen, daß alles gut ist oder gut sein wird, die anderen bleiben hart und lassen sich nicht davon überzeugen; die einen glauben an eine Harmonie, und die anderen vermögen keine Harmonie zu sehen, wo keine ist. Die einen profitieren letztlich von der Erniedrigung der Menschen, die anderen leiden unter ihr. Die einen sagen, Fülle und Vollendung des Daseins sind Träume, die anderen fordern zeitliche und reale Erfüllungen und lehnen leichtfertige Hoffnungen, imaginäre Gelobte Länder und die Tröstungen der ersten ab. Die ersten wollen einem ein X für ein U vormachen, und die anderen sehen ein X nur als ein X an. Man kommt immer auf die Ausbeuter zurück, die man an allen Kreuzungen der Geschichte findet. Aristoteles ist ein Ausbeuter, Epikur steht nicht auf der Seite der Ausbeuter.

Man sagt mir, meine Schlußfolgerungen seien falsch: aus der Tatsache, daß ein Denker im Gegensatz zur wirklichen Freiheit der Menschen stehe, könne man nicht schließen, er sei ein Feind der Menschen, weil das menschliche Geschick in der Verbindung von geistiger Freiheit und irdischer Knechtschaft bestehen könne. Aber ich sage nur, daß ich diese ganze Fragestellung nicht mag: ich frage die Vernunft gar nicht, ob ich recht habe, obwohl ich glaube, daß meine Widersprecher unrecht haben, objektiv unrecht, wie sie in ihrem Jargon sagen.

Ich teile schließlich die Intuition der Natur, der Tiere. Ich werde niemals glauben, das Geschick der Menschen sei ein Leben, in dem alle ihre natürlichen Fähigkeiten erstickt, all ihre menschlichen Gelüste unterdrückt werden. Genau das schreibt Marx im *«Kommunistischen Manifest»*, wenn man es recht liest. Er schreibt es auch in der *«Heiligen Familie»*, obwohl die strengen bürgerlichen Wissenschaftler die Analyse der Romanfigur Fleur de Marie von Eugène Sue nur amüsant finden. Das ist die Philosophie der Ausgebeuteten.

Unsere Lehrer haben uns beigebracht, daß jeder Gedankengang mit Postulaten beginnt. Haben sie uns mit dem Geniestreich Euklids über die Parallelen nicht zu Tode gelangweilt? Haben wir uns nicht über Riemann und Lobatschewsky genug gewundert? Auch wir stellen also unser Postulat auf, und wir haben keine Lust, es zu demonstrieren. Herr Brunschvicg selbst hat uns gelehrt, daß der Zweck des Zwecks darin besteht, solche Demonstrationen gar nicht erst zu versuchen, aber wir spüren es bis in unsere Beine und bis auf die Haut. Diese Behauptung kommt aus unseren Körpern und ergibt sich aus dem Platz, den wir in dieser zerrütteten Welt einnehmen, in der wir nicht mehr der Illusion vom Fortschritt des Bewußtseins erliegen können, und nicht aus Korrelationstabellen, transfiniten Zahlen und Matrizenrechnungen. Das Können will zum Handeln übergehen; was sein kann, will sich verwirklichen. Wir sind uns sicher, daß die heutigen Philosophien falsch sind, weil die, die sich ihnen entgegenstellt, uns ebenso notwendig ist wie unser Atmen und unsere Bewegungen.

Beweist uns dialektisch mit den Waffen eurer räsonierenden und eurer räsonierten Gründe und mit eurem Gebaren von Nationalökonomen und Versicherungsmathematikern, daß die Menschen sich schwer irren, wenn sie atmen, schlafen, es im Winter warm haben, die Frauen, die sie lieben, lieben können, sich frei bewegen, arbeiten, schaffen und in Frieden leben wollen. Beweist uns, daß wir gegen den Strom unserer Natur und unserer Geschichte schwimmen, und wir werden nicht gegen ihn schwimmen!

Die Zeit der Demolierungen ist gekommen. Alle Szeligas, Bauers, Dührings[1] sind wieder obenauf. Möge ihre Philosophie unter den Schlägen der Revolution zusammenbrechen.

1 Von Marx und Engels bekämpfte Vertreter idealistischer Philosophien. (Anm. d. Übers.)

V

Die weltliche Rolle der Philosophie

Imgleichen wird man deutlich sehen, daß es der Philosophie sehr unnatürlich sei eine Brodkunst zu sein… und daß nur die Nothdurft, deren Gewalt noch über die Philosophie ist, sie nöthigen kann, sich in die Form des gemeinen Beifalls zu schmiegen.

Kant: *«Nachricht von der Einrichtung seiner Vorlesungen von 1765–1766»*

Die geheimen Beweggründe für die Abdankung der Philosophen sind vielleicht zunächst nicht wichtig. Es geht vielmehr wieder um die Auswirkung der Gedanken, die in dem einen Fall gegen Leute wie Leibniz und in dem anderen für Leute wie Epikur oder Marx sprechen kann.

Wenn ich nach dem Nutzen des Denkens für die Menschen, nach der seit langem bestehenden Beziehung zu einigen Systemen der Philosophie frage, muß ich vor allem etwas über die Verbreitung und die Bedingungen eines möglichen Einflusses dieser bürgerlichen Philosophie erfahren. Es wäre ja möglich, daß es gar nicht der Mühe wert ist, sie anzugreifen.

Es könnte schließlich sein, daß diese ganze Ideenproduktion keinerlei Gewicht, keine Folgen hat, daß sie zwar niemandem leben hilft, aber auch niemandem zu leben hindert. Aber das ist keineswegs der Fall. Wenn wir uns immer wieder nur die eine wirklich entscheidende Frage nach der Wirkung der Ideen stellen, dann kommen wir immer zu der Antwort, daß in Frankreich die Philosophie durchaus ihre Wirkung hat.

Sie hat Instrumente, sie verfügt über Propagandamittel. Die Ideen, die sie hervorbringt und in Umlauf setzt, steigen nicht zum Himmel auf, sondern fallen auf die Erde, wo sie die, die sie erreichen sollen, auch tatsächlich erreichen. Sie wird von einem großen Apparat von Institutionen unterstützt, verbreitet und zu gängiger Münze gemacht. Sie hat durchaus Zugang zur Masse der Bevölkerung. Sie hat eine sichtbare Auswirkung auf die Massen. In unserem Land verfügt das Bürgertum heute über alle Möglichkeiten und Kanäle, über die die Revolution nicht verfügt.

Die Dinge liegen doch so: Seit etwas mehr als einem Jahrhundert ist die französische Philosophie, abgesehen von einigen Partisanen, eine Art öffentlicher Institution. Die philosophischen Ideen nehmen eine privilegierte Stellung ein. Ebenso wie die Justiz, die Polizei oder die Armee verfügen sie über einen Staatsapparat. Sie sind so sehr ein Produkt der Universität, daß die ganze Philosophie nichts anderes als eine Staatsphilosophie zu sein scheint.

Natürlich wäre es naiv, sich das Funktionieren dieser Maschinerie wie nach einem Kriminalroman vorzustellen. Der Innenminister trifft sich natürlich nicht mit dem Unterrichtsminister, um mit ihm die Themen für die Doktorarbeiten und Vorlesungen festzulegen. Die intellektuelle Beschränktheit der Regierungen, ihre Engstirnigkeit, ihre Dummheit nehmen der Annahme eines solchen methodischen Komplotts jede Wahrscheinlichkeit. Dennoch gibt es in Frankreich eine Art Durchschnittsphilosophie, die den Geschicken der Bourgeoisie, ihren Interessen und den am wenigsten sichtbaren Bedürfnissen ihres Staates entsprach, entspricht und noch eine gewisse Zeit – deren Ende allerdings allem Anschein nach nah ist – entsprechen wird. Herr Benda stellt fest, daß die meisten Philosophen nicht mehr «wie Descartes oder Spinoza leben, sondern verheiratet sind, Kinder haben, Ämter bekleiden und mitten im Leben stehen»[1]. Was man ihnen vorwerfen kann, ist weniger, daß sie mitten im Leben stehen, sondern daß sie mitten im bürgerlichen Leben stehen. Entscheidend ist vor allem, daß die Denker im allgemeinen Gehaltsempfänger des Staates sind, daß die wichtigsten Meinungen, die in diesem Land entstehen, gegen ein staatliches Gehalt geliefert und von der Regierung durch Garantien geschützt werden. Es ist sehr wichtig, daß die Philosophen vom Handel, von der umsichtigen Herstellung und umsichtigen Verwaltung ihrer geistigen Waren leben.

Wir kennen andererseits die Struktur, den Sinn und die Funktion des französischen Staates. Die große Maschinerie von Polizei, Justiz, Armee und Bürokratie, dieser große Apparat, der registriert, was in Frankreich verfällt, was sich miteinander verbindet und was sich voneinander löst, ist keine geistige Macht, sondern eine Vertretung und ein Instrument ausschließlich materieller Mächte. Er ist entschieden das Ungeistigste, was unser Land besitzt. Er konzentriert und schützt die Interessen, Pläne und Güter der herrschenden Klasse Frankreichs. Seine ganze Organisation und Zentralisation dient der Aufrechterhaltung der Machtpositionen, die diese Klasse vorübergehend errungen hat.

Aber ein Staat herrscht nicht einzig und allein durch den Einsatz der brutalen Gewalt seiner Richter, Soldaten, Beamten und Polizisten. Er verfügt außerdem noch über feinere Mittel der Herrschaft. Es ist nicht immer notwendig, mit Gewalt erklärte Gegner zu bekämpfen und niederzuschlagen, man kann zunächst versuchen, sie zu überzeugen. Deshalb wird die repressive Gewalt durch die präventive Gewalt ergänzt. Deshalb zieht ein gut organisierter Staat Organe der geistigen Macht hinzu. Das war schon immer so. Das Zeitalter Ludwigs XIV. ist ein Musterbeispiel für das vollendete

1 Julien Benda: *«La trahison des clercs»*, Paris 1927, p. 206

Zusammenspiel von geistiger und weltlicher Macht. Das ganze Ancien Régime verfügte ja über eine spezialisierte Institution der geistigen Macht: die Kirche. Unsere Väter sahen klarer und redeten offener als unsere Zeitgenossen. Sie glaubten wirklich daran, das Recht auf ihrer Seite zu haben, und dieses Recht war ein göttliches Recht. Unsere Akademiker sind vielleicht weniger sicher, im Besitz des Rechts zu sein, deshalb sind sie heuchlerischer und würden jenes Bündnis der beiden Mächte nicht widerspruchslos zugeben.

Der Oberstaatsanwalt Séguier sagte:

«Es ist Zeit, daß Klerus und Beamtenschaft sich zusammenfinden und in segensreicher Eintracht die Angriffe bekämpfen, die manche Gottlosen gegen Thron und Altar richten... Die Schriftsteller unseres Zeitalters werden schließlich dieses so wünschenswerte Bündnis von Priesterschaft und Reich fürchten lernen...»

In einer anderen Anklageschrift gegen ein verurteiltes Buch heißt es:

«In dem Königreich, in dem zu leben wir das Glück haben, kommen sich die beiden Mächte gegenseitig zu Hilfe; das Ergebnis ihres Zusammenspiels ist ein innerer Frieden und Wohlstand des Staates, und die Unordnung, die die geistige Macht durch ihre Überzeugungskraft nicht hat aufhalten können, muß von der weltlichen Macht mit Gewalt unterdrückt werden.»

Als die bürgerliche Revolution das System der Institutionen beseitigt hatte, das für das Wachstum ihrer neuentstandenen Macht ein Hindernis war, mußte jene geistige Macht durch eine andere ersetzt werden. Die Festungen, die unter der Monarchie die Kirche für König und Adel besetzt hielt, wurden unter der Republik von Schule und Universität eingenommen. Eine Reihe von Operationen, deren Vollendung unsere Väter noch erlebt haben, hat die laïzistische Klerisei an die Stelle der kirchlichen Klerisei gesetzt. Beide haben die

Aufgabe, dem Staat seine Überzeugungs- und Propagandaerfolge zu gewährleisten. Man muß sich einmal klarmachen, daß die Universität nur der geistige Hebel des Staates ist, daß sie diejenigen Werte entwickelt, erläutert und verbreitet, die auf der Ebene des «Geistes» von denselben Interessen hervorgebracht werden, die auch der weltliche Staat verfolgt. Herr Brunschvicg ist eine Art Bischof. Ebenso Herr Bergson. Durkheim ist von derselben Konfession. Ebenso Herr Buisson, Herr Pécaut, Herr Belot, Herr Parodi.[1]

Zweifellos scheinen diese Männer reine Ideen miteinander zu verknüpfen, sie sagen es und glauben es vielleicht, sie verbinden sie miteinander, brauen sie zusammen und gewinnen schöne Kombinationen daraus. Sie sind von einer Art respektgebietender Aureole umgeben, einem distanzschaffenden Fluidum. Wer fällt nicht auf die Reinheit der Akademiker herein? Wer glaubt nicht, daß sie nur dem Geiste dienen? In düsteren Sälen, in Vorlesungen entwickeln sie ihre Gedanken und schreiben sie auf; sie altern und haben würdige Altersgesichter. Diesen Abkömmlingen der Priester, die einst die Sakramente spendeten, begegnet man mit Pietät und Vertrauen. Aber von diesem Eindruck dürfen wir uns nicht mehr verführen lassen. Auf dieses Bild der Unschuld und Tugendhaftigkeit dürfen wir nicht mehr hereinfallen.

Am 1. Mai stößt man längs der großen Boulevards auf die blauen Massen der Ordnungshüter. Man stößt nicht auf sie, man ist mitten unter ihnen, ihrem Lachen, ihrer guten Gesundheit, ihrer Unverschämtheit und ihren Blicken ausgeliefert. Es gibt Schutzleute, Mobilgarden und jene widerlichen Polizisten in Zivil mit ihren Gabardinemänteln, ihren Regenschirmen und ihren Anhängern auf dem Bauch. Sie sind da, um Menschen zu verhaften, die alten Hoffnungen treu bleiben, sie sind da, um die einzigen Verteidiger der Zukunft des

1 Siehe Anmerkung O

Menschen zu vernichten. Ihre selbstgefälligen Visagen erregen Haß und Verachtung, man hat nichts mit ihnen gemein, es sind keine Menschen nach unserer Art, und die einzige Hoffnung liegt in den Maschinengewehren des Bürgerkriegs. Und jetzt muß man sich einmal klarmachen, daß dieser menschliche Abhub, diese Schläger mit den roten Backen unter ihren Helmen die gleiche Arbeit verrichten wie die reinen und ehrwürdigen Denker, in deren Umgebung wir groß geworden sind. Sicher haben sie brutalere Methoden, automatische Waffen ersticken die Revolte zuverlässiger als die braven Begriffe, die von den sorgfältigen Verwaltern des bürgerlichen Denkens katalogisiert werden. Ein Gewehr hat, wenn es soweit gekommen ist, mehr Wirksamkeit als die Soziologie von Durkheim. Sicher wird in unserem Leben eine Zeit kommen, wo wir uns mehr dem Nachdenken über Gewehre als dem Nachdenken über Gedanken werden widmen müssen. Aber die Gewehrträger und die Gedankenordner ziehen am selben Strick. Wir haben keine Angst, uns lächerlich zu machen, weil wir glauben, daß es wichtig ist, diese Leute anzugreifen. Auch Lenin hielt seinerzeit den Kampf gegen Mach und Bogdanow für wichtig. Ebenso Plechanow. Ebenso Marx. Der Oktober ist nicht der einzige Moment des Lebens. Auch die Aufgaben, die weniger ruhmreich sind als der Aufstand, müssen gelöst werden.

Das Denken dieser Leute ist durchaus nicht ungefährlich. Kein Denken ist frei von Giften, vorausgesetzt, daß es ausgesprochen und wiederholt wird. Ihre ganze geheime Macht rührt vom Staat her. Natürlich erkennt man nicht auf den ersten Blick die tatsächliche Gefahr, die von Herrn Fauconnet oder Herrn Lalande ausgehen kann, weil man nur an ihre Bücher denkt. Wer liest denn schon *«Les Illusions évolutionnistes»* von Lalande oder *«Responsabilité»* von Fauconnet? Ein unaufmerksamer Revolutionär kann der Meinung sein, eine Schrift von Durkheim sei nicht viel gefährlicher als die *Jour-*

naux Métaphysiques von Gabriel Marcel. Aber Herr Marcel ist kein Staatsdenker, sondern ein Bürger, der alleine denkt. Herr Lalande ist ein Staatsdenker, das heißt eine Maschine zur Bildung von Gedanken, ein aus dem Staatshaushalt bezahltes Überredungsinstrument. Die Position der Philosophie an der Universität gibt jedem Gedanken die Möglichkeit praktischer Folgen. Wenn in der Philosophie von Herrn Brunschvicg die Tatsache, daß die Menschen leiden und triviale, grausame, quälende Schicksale haben, gar nicht vorkommt, dann glauben Schüler, es gäbe gar keine Menschen. Sie verfallen der ihre Schülerskrupel beruhigenden Illusion, daß jeder beliebige Mensch, jede beliebige Abstraktion des Menschen die Philosophie von Herrn Brunschvicg zu der seinen machen könne. Wenn Herr Parodi uns weismachen will, wir lebten in einer Welt, in der sich alles ohne bleibenden Schaden arrangiere, dann sind die jungen Philosophieprofessoren nur allzu bereit, die Lehren dieses Oberaufsehers, der über ihre Karriere und ihre Zukunft entscheidet, zu wiederholen. Wenn Émile Durkheim behauptet, das Studium der Bedeutung der Menstruation in den australischen Gesellschaften erleichtere letztlich die Lösung der sozialen Probleme, wie viele Schüler der Lehrerseminare glauben dann diesem großen Begründer einer Wissenschaft nicht aufs Wort?[1] Wenn uns Alain weismachen will, daß Vernunft und richtiges Urteilen alles retten und daß man die Welt nur nach der Wahrheit des Urteils richtig wahrzunehmen brauche, um sie richtig ordnen zu können, wenn er dem nichts hinzufügt, wie sollten junge Leute, die durch das klösterliche Leben des Internats Henri IV. von den übrigen Menschen abgeschnitten sind, auf eine solche Rede nicht hereinfallen, die ihrem Dünkel von Geistesspielen verführter Jugendlicher so schmeichelt? Die tatsächliche Abdankung,

1 Siehe Anmerkung P

die von den scheinbaren Protesten der Philosophie kaschiert wird, hat den gewünschten Erfolg. Wenn ein Denker bestimmte Gegenstände ignoriert, dann lenkt er die Aufmerksamkeit von ihnen ab, läßt sie als unbedeutend erscheinen und drängt sie in den Schatten, in dem sein braves Publikum sie nicht aufspüren wird. Man sieht genau, in welchem Sinn diese Umkehrung der Erscheinungen, diese Verlagerung der relativen Bedeutung der Gegenstände benutzt werden kann. So ist für einen Priester die Armut kein Unglück, sondern ein Verdienst in den Augen Gottes.

Diese Art mystifizierenden Denkens ist eine negative Tätigkeit, eine wirklich negative und nicht bloß eine nichtige Tätigkeit. Erinnern wir uns an die denkwürdige philosophische Anstrengung von Kant hinsichtlich der negativen Quantitäten. Wir müssen begreifen, daß dieses Spiel mit negativen Gedanken nicht nur zu einer Denklücke führt, sondern zu einer tatsächlichen Verzögerung und Umkehrung, einem tatsächlichen Verlust. Wir müssen endlich begreifen, daß diese vorsichtige negative Vernunft im Leben der Menschen eine unheilbare Verstümmelung, eine tatsächliche Verarmung bedeutet.

Herr Parodi schreibt: «Wir haben keine offizielle Lehre mehr, und ich glaube, niemand wird das bedauern.» [1]

Der Denkbeamte verwahrt sich also gegen befohlene Gedanken: niemand gibt gerne zu, daß er Polizeiaufgaben auszuführen hat. Es lohnte sich, einmal den ganzen Verbreitungsmechanismus dieser negativen Philosophie, die alle Merkmale einer Staatsdoktrin hat, genauer zu untersuchen. Vereinfacht gesprochen: Philosophen, die an der Spitze der Universitätshierarchie stehen, produzieren Ideenkomplexe. Das ist ein Rohstoff, den die Universität weiterverarbeitet.

1 Dominique Parodi: *«La philosophie contemporaine en France»*

Die Ideen durchlaufen eine Reihe von Werkstätten, in denen sie bearbeitet, poliert und vereinfacht werden, in denen sie unter den Händen geschickter Handwerker, der Philosophieprofessoren und Handbuchschreiber, allgemeinverständlich gemacht und vulgarisiert werden. Man könnte diese Bearbeitung zum Beispiel an der Materie der Moral beobachten, eines der beliebtesten Gegenstände der Dritten Republik. Als die Universität daranging, eine Moral zu kreieren, sammelte sie, wo sie nur konnte, die schon ziemlich abgenutzten Bestandteile zusammen, die die Vergangenheit ihr hinterlassen hatte. Aus den Trümmern des kantischen Moralismus und des antiken Spiritualismus zimmerte sie sich dann diese Moral zurecht. Jenen verstaubten Sentenzen haftete noch das Fluidum segensreicher Wissenschaftlichkeit an. Die laïzistische Moral war jedoch ziemlich brüchig. Erst Durkheim verstand es, der bürgerlichen Universität ihre eigene Doktrin zu geben: Jene Fundierung der geistigen Situation, jener Übergang vom Vagen zum Dogmatischen, vom Dunklen zum Genauen wird deutlich in einer Erklärung Durkheims, die Agathon mitteilt. Im November 1906 erklärte Durkheim: «Machen wir uns an die Arbeit, dann werden wir in drei Jahren eine Moral haben.»[1]

So geschah es auch. Diese Moral existiert, sie lebt in dem Schweigen, das die allgemein verbindlichen Wahrheiten umgibt. Diese dogmatische Kraft gab allen schon dahinsiechenden philosophischen Tendenzen neues Leben. Der alte Rationalismus und der alte Spiritualismus haben sich an sie angepaßt. Im Salon der falschen Ideen, in dem sich alle Denker verständigen können, kommt Herr Brunschvicg mit dem lange Zeit gefürchteten Schatten von Durkheim schon ganz gut aus; Herr Parodi verbindet seinen blutlee-

1 Agathon: *«L'Esprit de la Nouvelle Sorbonne»* (Untersuchung über die heutige Jugend)

ren Rationalismus mit den Mächten des Meisters der moralischen Tatsache; Herr Lalande verschmäht diese Wissenschaft, von der er ebensowenig Ahnung hat wie die anderen, durchaus nicht, obwohl sie ihm das köstliche Schauspiel einer Methode bietet, die den Gegenständen, auf die sie angewandt werden soll, völlig unangemessen ist. Aber Durkheim ist nicht nur der Gesprächspartner eines Dialogs zwischen Sorbonne-Professoren. Es hat den Anschein, als ob der Begründer der französischen Soziologie sein Buch über die Arbeitsteilung nur geschrieben habe, um irgendwelchen Verwaltern die Möglichkeit zu geben, sich eine Doktrin für die zukünftigen Lehrer zurechtzuzimmern. Die Einführung des Faches Soziologie auf den Lehrerseminaren hat den administrativen Sieg dieser offiziellen Moral rechtskräftig gemacht. In langen Jahren hat Durkheim mit großer Hartnäckigkeit und autoritärer Strenge sein Lehrgebäude errichtet und seine Lehre verbreitet, indem er ihr das ehrwürdige Gebaren einer Wissenschaft gab. Im Namen dieser Wissenschaftlichkeit lehren die Lehrer die Kinder, das französische Vaterland zu respektieren, die Kollaboration der Klassen zu rechtfertigen, alles zu akzeptieren und im Kult der Fahne Frankreichs und der bürgerlichen Demokratie zu einer Gemeinschaft zu werden. Deshalb erscheinen mir das Handbuch von Hesse und Gleyze und die Textauswahlen von Bouglé viel weniger harmlos als die geheimen Gedanken von Gabriel Marcel. Deshalb scheint mir das Handbuch von Cuvillier, das den sekundären Sieg von Durkheim krönt, viel wichtiger als der *«Essai d'un discours cohérent sur les rapports de Dieu et du monde»* [1] [Versuch einer zusammenhängenden Abhandlung über die Beziehung zwischen Gott und Welt] von Julien Benda. Denn diese Handbücher sind Machtmittel zur Verbreitung einer Doktrin des Gehorsams, des Konformismus

1 Paris 1931

und der Respektierung der gesellschaftlichen Verhältnisse, die im Laufe der Jahre ein so breites Ansehen, eine so große Anhängerschaft bekommen hat. Im Durkheimschen Marsch paßt sich die sozialdemokratische Beschränktheit der radikalsozialistischen Beschränktheit an, und die Dummheit von Herrn Déat bleibt nicht hinter der Dummheit von Herrn Fauconnet zurück. Durkheim vollendet noch nach seinem Tode die bürgerliche Konservierungsaufgabe, die er zu seinen Lebzeiten übernommen hatte. Alle Wissenschaft, alle Kritik, alle Dokumente werden zu Propaganda. Der Erfolg Durkheims rührt eben gerade daher, daß er als erster sichere Grundlagen für die moralische Propaganda und für die Verteidigung der gesellschaftlichen Verhältnisse schuf. Dagegen mußte Herr Bergson als Universitätsphilosoph scheitern, weil er überhaupt kein Moralist war und keine Losungen lieferte. Er gab dem Bürger nur Motive für seinen inneren Dünkel und einsamen Genuß, verteidigte ihn aber nicht gegen seine Feinde. Als die Bergsonsche Philosophie ihr Ansehen in der Welt verloren und einige junge Leute, die nach dem Besitz einer Seele lechzten und von den Feststellungen Durkheims oder Lansons angeödet waren, zu Gott geführt hatte, lieferte sie faulen Professoren nur noch den Stoff für Psychologievorlesungen. Durch das Werk von Herrn Roustan lebten sie noch eine Zeitlang von diesem falschen Kleingeld.

Ebenso erregte eine These von Herrn Lalande seinerzeit ein gewisses Aufsehen, obwohl sie innerhalb der gesamten Gruppe der *Nouvelle Revue Française* unbedeutender ist als der kleinste, in irgendeinem Schubfach gefundene Zettel von André Gide. Diese These gab ihm eine Position, in der er die Ausarbeitung eines kleinen moralischen Katechismus leitete, der sicherlich überall da gelesen wurde, wo er gelesen werden sollte.

Man kann die Wirksamkeit des Denkens erkennen, ohne gleich dem Idealismus zu verfallen. Diese Wirksamkeit hat nichts Mysteriöses. Sie schlägt sich in konkreten Wirkungen, Aktionen, Einflüssen nieder. Der Materialismus behauptet ja nicht, daß Denken keine Wirkung habe, sondern nur, daß die Ursachen und Wirkungen von Gedanken nicht selbst Gedanken sind.

Jeder Mensch denkt, außer während der kurzen Unterbrechungen seines Schlafs und seiner Krankheiten, an die Welt, in der er lebt, die er sieht, unter der er leidet, in der er handelt. Er ist wohl oder übel gezwungen, an diese Welt zu denken, sein ganzes Leben ist ein langer Kommentar der Provokationen der Welt. Er denkt entsprechend den Tätigkeiten, die er in ihr entfaltet.

Der Mensch ist nie allein, sondern er lebt innerhalb von Menschengruppen, deren Meinungen, Urteile, Leidenschaften und Gewohnheiten seine Anschauungen, Ideen, Erwartungen und Träume prägen. Seine Art und Weise, die natürlichen Gegenstände und die gesellschaftlichen Existenzen wahrzunehmen, ist keine Privatangelegenheit.

Man muß jeden Menschen fragen, wie er die Bestandteile seines Lebens ansieht: auf dieser Wahrnehmung beruhen seine Tätigkeit, sein Glück und sein Unglück. Dann muß man nach den Ursprüngen seiner Anschauungen fragen, ob sie von einer konkreten Erfahrung oder von einer einfach wiedergekäuten Lektion herrühren, die ihm ein seinem Leben fremder Lehrmeister vorgebetet hat. Man muß jeden fragen, ob seine Anschauungen und die von ihm wiederholten Ideen mit seinen wirklichen Erfahrungen der Welt übereinstimmen oder ob da eine schmerzliche Divergenz besteht: Leiden Sie unter Ihrer Ehe, obwohl Sie brav behaupten und glauben, die Ehe sei die segensreichste aller Einrichtungen? Leiden Sie unter Ihrer Kasernenzeit und geben Sie sich selbst die Schuld daran, weil Sie die Wehrpflicht für eine großartige Sache halten?

Führen Sie die Urteile, die man Ihnen beigebracht hat, dazu, etwas zu akzeptieren, was Sie zunächst naiv für ein Unglück hielten? Wer hat das letzte Wort, wenn Ihre Erfahrungen Sie eines Tages an der Gültigkeit und Gewißheit Ihrer Anschauungen zweifeln läßt, Ihre unmittelbare Erfahrung oder Ihre komplizierten, auswendig gelernten Anschauungen? Diese Befragung, die man unendlich fortsetzen könnte, eröffnet eine Auseinandersetzung, die ins Zentrum der Schlacht führt zwischen dem Konkreten und dem Abstrakten, dem Materialismus des erlebten Lebens und dem Idealismus der gesellschaftlichen Anschauungen. Sie eröffnet ein weites Feld von Fragen.

Wie überzeugt man? Wen will man überzeugen? Warum, in wessen Namen überzeugt man? Wer sind die Lehrer der Anschauungen? Woher kommen die Passivität, die Leichtgläubigkeit und die Achtung gegenüber den Urteilen, von deren Richtigkeit man überzeugt werden soll?

Der Komplex der falschen Anschauungen wird schon auf der Schule gelehrt, die damit der Presse und der politischen Propaganda den Boden bereitet. Die Fabrik, die ihn für die Schule herstellt, ist die Universität: Der Einfluß der Philosophen stellt eine geistige Macht dar, die von den heutigen Franzosen gar nicht bemerkt wird und die letztlich politische Auswirkungen hat. Hier ist nicht der Ort, die Rolle der Universitätsphilosophie bei der Bildung und Bewußtwerdung des bürgerlichen Denkens in vollem Umfang darzulegen.[1] Aber ich bin sicher, daß die Philosophie, was auch immer ihre speziellen Inhalte sind, eine Wirkung, eine Ausstrahlung hat, die diese Attacke rechtfertigen. Ich bin sicher, daß ihre Statthalter in Frage gestellt, daß die beharrlich von ihnen gelehrten Anschauungen einer Revision unterzogen werden müssen. Der Verrat, der hier verfemt ist, besteht zunächst darin, das

1 Siehe Anmerkung Q

System der Illusionen, die die Philosophie nährt, zu zerstören und dann darin die konkrete Erfahrung des Menschen und seine wirklichen Probleme zu Wort kommen zu lassen. Welche Folgen ein solches Unternehmen für die Sicherheit des Staates und das Fortleben des Bürgertums in Frankreich immer haben mag: diese Folgen treffen uns nicht. Wir haben nichts zu verlieren.

VI

Verteidigung des Menschen

…ein neuer Menschenschlag also, der sich mit Philosophie befaßt und nachts mit dem Gewehr in der Faust Wache steht, Menschen, die über die abstraktesten Fragen diskutieren und eine Stunde später Holz hacken, in Bibliotheken sitzen und stundenlang in den Fabriken verbringen…

N. Bucharin: *«Theorie des historischen Materalismus»*, Vorwort

Allein unter unzähligen Aufgaben, die sich selbst darbieten, diejenige auswählen, deren Auflösung dem Menschen angelegen ist, ist das Verdienst der Weisheit.

Kant: *«Träume eines Geistersehers»*, 1766

Wir durchleben heute das, was man eine Krise nennt. Sie erinnert an jene mittelalterlichen Epidemien, die sich über ganze Länder ausbreiteten. Alle Menschen hatten Angst.

Diese Krise brach aus, als die Welt einen neuen Aufschwung zu erleben glaubte und wieder Vertrauen zu sich gefaßt hatte. Sie wurde weder von flammen- oder schwertförmigen Kometen noch von anderen Zeichen angekündigt, die die Astrologen zu deuten wissen. Diese Krise betrifft nur die Menschen und ihre Maschinen, ihre Waren, ihr Geld, ihre Staaten und ihre Ideen. Die Zeit ist gekommen, in der die Menschen endgültig unter sich sind auf der Erde, und die Natur warnt sie nicht mehr durch Zeichen wie zur Zeit der Ermordung Caesars.

Alle Ameisen des Geistes setzen sich von neuem in Bewegung, aufgeschreckt durch die Donnerschläge, die die sauberen und gebohnerten Gänge erschüttern, in denen sie mit ihren kleinen Gedankenpaketen auf und ab zu gehen pflegen. Die Denker und die Politiker, die Wirtschaftswissenschaftler und die Diplomaten, die Bankiers und diejenigen, die man schmeichelhafterweise Industriekapitäne nennt, finden sich zusammen und entdecken, daß alles in der Welt nicht mehr so läuft, wie es das Gleichgewicht der Kräfte und der Profit erfordern. Wo Ordnung und Ruhe herrschten, wo sowohl die Gesellschaften wie die Individuen gedeihen konnten, sind plötzlich Unordnung und Katastrophen aufgetaucht. Diese offensichtliche Anarchie ist eine Beunruhigung für ihre Zukunft und ein Skandal für ihre Vernunft.

Die Warenstocks häufen sich in den Ecken wie Steinhaufen. Säcke voll Kaffee werden ins Meer geschüttet. In den Heizkesseln verbrennt Getreide. Die Elevatoren des kanadischen Pools ragen ebenso sinnlos in die Höhe wie die Pyramiden von Gizeh. Die Getreidepreise fallen. Auf der Michigan Avenue treiben sich Scharen von Arbeitslosen herum. Banden ruinierter Farmer plündern Lebensmittelgeschäfte in den verschlafenen Kleinstädten des Middle West. Die Polizei geht gegen die Arbeitslosen von Tokio vor. Die schwarzen Streikenden Pennsylvanias werden von der Polizei mit Maschinengewehren und Gas empfangen. In Deutschland schießen bewaffnete Gruppen aufeinander. In den amerikanischen und französischen Stocks schwellen die Goldbestände an wie Geschwüre. Mobilgarden rücken mit Pferden gegen die Barrikaden der Longues Haies vor. Polizisten pferchen die Arbeitslosen in ihre Wagen, die die Esplanade des Invalides verdunkeln. Banken brechen zusammen wie Kartenhäuser. In Indien setzen sich die Massen gegen die Macht des britischen Empire und die Polizeiknüppel zur Wehr. Die Verkaufsziffern der Läden für Luxuswaren sinken wie die Zahl der amerikanischen Autos. Andalusische Bauern verteidigen ihre Erde unter dem Feuer faschistischer Flugzeuge. In Glasgow kämpfen Tausende um ihr Recht. Die Matrosen der Atlantikflotte singen das Lied von der Roten Fahne. An verschiedenen Unruheherden der Erde kündigen sich Aufstände an. Werden die annamitischen Massen noch lange die von der Demokratie gedungenen Mörder dulden? Die Gesandten der Länder treffen sich auf sinnlosen geheimen Zusammenkünften. Chinesische Dörfer werden von japanischen Granaten zerstört. Manche finden das Gesicht des Krieges verlockend. Die Waffenfabrikanten nehmen Aufträge an.

In dieser ungesunden Atmosphäre versuchen Leute, die nachdenken, und Leute, die befehlen, die gewohnte Gesundheit, den gewohnten Komfort, die gewohnte Sicherheit des nächsten Tages wiederzufinden, die sie Abendländische Zivilisation nennen. Sie schreiben Bücher und Berichte, sie halten Reden, berufen Konferenzen und Parlamente ein, und sie erklären fast alles, was passiert, als eine Folge heilbarer Geisteskrankheiten und falscher, aber korrigierbarer Meinungen der Menschen. Sie glauben, auf Hochmut müsse Bescheidenheit, auf Verschwendung Sparsamkeit folgen. Die Unordnung hat die Gelassenheit und Sicherheit der geistigen Mächte zerstört. Die Mächte suchen nach diesem verlorenen Gut.

Diese Unruhe hat in den verschiedenen Ländern verschiedene Formen. In dem lange begünstigten Land zwischen Atlantik, Mittelmeer und Rhein, in dem wir leben, ist es die Unruhe von jemandem, der sich wieder beruhigen will. Die Fragen, die man sich hier stellt, sind noch nicht ein Ausdruck dessen, was man Verzweiflung nennt. Wie sollte man verzweifeln an einem Land, das soviel Gold, so viele Besitzer, soviel cartesianische Weisheit, so viele häusliche Tugenden, so viele Sparkassenbücher, so viele Kanonen, so viele Soldaten besitzt?

Das äußerste, was man denkt, ist, daß die Welt von einer Krankheit befallen sei. Nur eine Krankheit. Bald wird das

Fieber fallen, und dann werden Genesung, Kraft und die Ausgeglichenheit der Gesundheit sich von selbst wieder einstellen. Überall hofft man auf dieses Gesunden und vertraut darauf, daß das Übel einfach kein chronisches sein, daß die Welt, an die man gewöhnt ist, ja nicht einfach auf diese Weise enden kann. Man muß nur diesen bösen Augenblick der Geschichte zu überleben, sich zu arrangieren verstehen. Und wer überlebt, wird auch belohnt werden. Bloß nicht sterben, bevor der Fortschritt kommt, bloß nicht Bankrott machen, bloß nicht das Vertrauen in die alten Ideen verlieren, die sich so gut bewährt hatten, die aus einem Stoff waren, wie man ihn heute nicht mehr findet.

Wer will schon den unbequemen Mahnern glauben, die sagen, daß die Welt tatsächlich untergehen wird, daß ihr Urteil schon gesprochen ist! Die Franzosen halten sich an die Überreste ihrer Prosperität und wenden sich ihrer ehemaligen Macht, den guten Eigenschaften ihrer Jugend zu. Sie können sich nicht vorstellen, daß die französischen Provinzen untergehen können wie die Reiche Alexanders, daß alles auf diese Weise enden kann, wo es doch einen Montaigne, einen Descartes, einen Voltaire, einen Marschall Foch, einen Bergson, die Landschaften der Loire, die Kathedralen, die Paläste, die Bauern, die Winzer und eine eigene Küche in jeder Provinz gegeben hat. Das ist nur eine der Wachstumsschwierigkeiten, die es auch in früheren Jahrhunderten gegeben hat. Es fehlt nur eine gute Diät. All diese Handwerker, Kleinbürger, kleinen Besitzer, kleinen Beamten, Lehrer, Anwälte, Apotheker, kleinen Kaufleute, Freimaurer, kleinen Steuerzahler, kleinen Geschäftemacher wollen nicht sehen, daß ihr geliebtes Frankreich schon in das große gefährliche Spiel verwickelt ist, das die Welt mit der letzten Partie der letzten Periode der bürgerlichen Geschichte spielt. Sie werden noch nicht von Panik ergriffen.

Man trifft natürlich hier und da jemanden, der offen seine

Angst zugibt: auch Frankreich kann ja untergehen. Das ist ein Feind, der hinter Hoffnung und Zuversicht auf der Lauer liegt. Immer dann, wenn nur die Vergangenheit die Zukunft verbürgt, begreifen einige, daß diese Garantie nicht so sicher ist. Diese Befürchtung überrascht sie, denn diese Leute, deren Väter bei Valmy und die selbst an der Marne gesiegt und Verdun gehalten haben, kannten keine Furcht. Das hatte es auch nicht bei den wirklichen Wachstumskrisen des vorigen Jahrhunderts gegeben. Aber die Vitalität des Landes hat nachgelassen, und die Franzosen sind nicht mehr so stabil wie vor hundert Jahren, als ihre Macht von Tag zu Tag zunahm. Jetzt muß man den Fall ins Auge fassen, daß diese Krankheit ja auch tödlich sein kann.

Ihre Versuche, zu verstehen, bewegen sich im Kreis: Sie bemühen sich, zu glauben, daß diese Krankheit nicht in ihnen selbst steckt, daß dieses Übel nicht von ihren inneren Widersprüchen herrührt, gegen das ihre Anstrengungen, ihre Diäten, ihre Hausärzte und ihre alten demokratischen Spezialitäten nichts ausrichten könnten. Sie tun so, als handle es sich ganz um ein äußeres Übel, eine äußere Ansteckung: Ein Arzt ist besorgt angesichts äußerer Vergiftungen; dem Psychiater gefällt die allgemeine Lähmung, nicht der Jugendwahnsinn. Die Franzosen denken hier wie Ärzte. Sie sind der Meinung, ihre Krankheit sei durch Agenten verursacht, die man ebenso genau benennen kann wie Bazillen, die alles tun, um die Krankheit so zu verschlimmern, daß sie ein tödliches Ende nimmt. Sie haben sich zu Anklägern dieser Bazillen gemacht und bereiten ihre Kanonen und ihre Schiffe gegen sie vor. Gegen den englischen Bazillus, gegen den deutschen Bazillus, gegen den italienischen Bazillus, und vor allem und zuallererst gegen den russischen Bazillus, den Bazillus des Fünfjahrplans, den Bazillus der Kollektivierung, den Bazillus der Komintern.

In Rußland wird eine Ordnung errichtet, die den amerikanischen Ingenieuren zu denken gibt und die Erdölmagnaten und Getreideverkäufer um den Schlaf bringt. 160 Millionen Menschen erlangen die Macht der Gesundheit wieder. Angesichts dieser Gesundheit der Revolution, die den Tod der Bourgeoisie einschließt, heißt es Zeit gewinnen. Deshalb wird sie als die äußere Ursache der Krankheit des Abendlandes angeprangert.

So wird die Wahrheit der Geschichte umgedreht. Denn die bürgerliche Zivilisation hat äußere Feinde gehabt, weil ihre eigene Welt die eigentlichen Ursachen ihrer Übel enthielt. Sie ist nicht etwa krank, weil sie Feinde hat, sondern Feinde haben sich gegen ihre Krankheit erhoben: es gibt Menschen auf der Erde, die erkannt haben, daß es sich nicht um vorübergehende Krankheiten handelt, sondern um eine unheilbare Anarchie, um ein Übel, das der zwangsläufige Ausgang einer Kultur und eines Wirtschaftssystems, der Beginn des Untergangs ist. Eine von ihren eigenen Widersprüchen gelähmte, von ihren eigenen Giften verseuchte Zivilisation beginnt unterzugehen und hat sich alle zu Feinden gemacht, die nicht mit ihr untergehen wollen, die unter ihrer Macht nur gelitten und nie ihre blendende Gesundheit geteilt haben. Das ist der Kampf zwischen der Bourgeoisie und dem Proletariat, zwischen dem Imperialismus und der Revolution.

Aber die Bourgeoisie will die scheinbar äußeren Ursachen ihres Übels bekämpfen und glaubt, sie werde sich mit den altbewährten Mitteln und einigen neuen erholen können, ohne die Welt, an der sie hängt und die sie gemacht hat, aufgeben zu müssen. Diese Abwehr setzt eine Arbeitsteilung voraus: Die Politiker müssen die Revolution niederschlagen, und die Denker müssen Heilmittel, Rezepte finden, die Vertrauen zum Bürgertum einflößen und sogar die Kräfte der Revolution davon überzeugen, daß es auch für sie besser ist, an das Schicksal der Bourgeoisie gebunden zu bleiben.

Was tun unter diesen Umständen die Menschen, deren Beruf es ist, im Namen der Vernunft und des Geistes zu sprechen? Wie reagieren die Berufsdenker auf diese Erschütterungen?

Sie schweigen noch immer. Sie warnen nicht, sie verurteilen nicht. Sie verändern sich nicht. Sie gehen nicht in sich. Der Abstand zwischen ihrem Denken und der von Katastrophen heimgesuchten Welt wird von Woche zu Woche, von Tag zu Tag größer. Aber das beunruhigt sie nicht. Der Widerspruch zwischen ihren Verheißungen und der Lage der Menschen ist skandalöser denn je. Aber sie rühren sich nicht. Sie bleiben auf der Seite der Barrikade, auf der sie immer waren. Sie halten die gleichen Versammlungen ab, schreiben die gleichen Bücher. Alle, die so naiv waren, sich von ihren Worten etwas zu versprechen, fangen an zu revoltieren oder zu lachen. Sicher, eine kleine Zahl unter den Weisen sucht nach neuen Möglichkeiten zur Verteidigung und Festigung der vielgeliebten verurteilten Welt. Aber für eine gewisse Zeit, deren Dauer noch nicht abzusehen ist, werden die alten Ideen noch genügen. Die Philosophen werden vielleicht Jahre brauchen, um zu erkennen, daß in Frankreich wie in der übrigen Welt ein bestimmtes Wirtschaftssystem, eine bestimmte Politik, eine bestimmte Zivilisation im Untergang begriffen sind und daß sie untergehen müssen, damit die Menschen neue Wege finden können, und dann wird jeder wissen, daß diese Zivilisation von philosophischen Heilpraktikern ebensowenig gerettet werden kann wie von politischen Wundertätern und Finanzjongleuren.

Die französische Universitätsphilosophie hat eine Geschichte, die nicht die Geschichte eines Konflikts zwischen der Vernunft und der Antivernunft ist, wie es uns Herr Parodi in seinem Drama in mehreren Bildern, das er *«Philosophie contemporaine en France»* nennt, weismachen will.

Man könnte natürlich auf die Anfänge der bürgerlichen Philosophie zurückgehen und die Geschichte ihrer Ideen mit den Gründen für ihre Entfaltung neu schreiben. Dazu müßte man die Philosophie verfremden, wie es Herr Brunschvicg vom Gesichtspunkt des Bürgertums aus getan hat; man müßte eine Antigeschichte der Philosophie betreiben.

Aber es genügt, zu sagen, daß die heutige Philosophie nicht alt ist. Die Depression von 1871, die panikhafte Angst vor der Pariser Commune, die Dreyfus-Affäre, der Erste Weltkrieg sind deutliche Etappen des französischen Denkens. Es ist die geistige Geschichte des Bürgers, der zunächst sowohl von rechts als auch von links bedroht wird, sich dann aber wieder beruhigt und sein Vertrauen in die Stabilität seiner Sache, die Zukunft seines Schicksals und den Wert seiner Mission zurückgewinnt. Diese Philosophie, die unter dem Eindruck der Niederlage von Sedan begann, wurde von den Kommentaren der Universitätsphilosophie zum Sieg an der Marne und zum Frieden von Versailles gekrönt. Für die bürgerliche Philosophie bedeutet die weltliche Inthronisierung von Präsident Masaryk eine Bestätigung ihrer geistigen Macht.

Wir werden jedoch eine Zeit erleben, in der die in Descartes und Kant verkörperte Weltvernunft, die die rationale Begründung für das geistige Erbe des bourgeoisen Weltbürgers lieferte, aufs neue von Gefahren bedroht wird. Sie genügt weder mehr den geistigen Bedürfnissen der in ihrer eigenen Welt verlorenen Bürger noch den weltlichen Bedürfnissen ihrer von der Revolution bedrohten Klasse. Eine Klasse findet sich nicht mit ihrem Untergang ab, bevor sie nicht alles zu seiner Verhinderung versucht hat. Sie bringt neue Philosophien hervor, die Ideenfabrikanten erleben gute Zeiten. Man fragt sich: Was wird zwischen den reinigenden Wirkungen des Nichts und den Erfordernissen der Ordnung aus den Idyllen der Philosophie der Menschenrechte und den Mystifikationen des Fortschritts werden. Die heute an den staatlichen Anstalten gelehrte Philosophie wird nicht für alle Ewigkeit ausreichend sein; ihre demokratischen Traditionen, ihr Liberalismus, ihr Humanismus und ihre Arglosigkeit werden der angegriffenen Bourgeoisie nicht die Losungen, Mythen und Propagandaparolen liefern können, die sie zu ihrer letzten Verteidigung, zu ihrer letzten Selbstbehauptung braucht. Die alten Schleier sind zu dünn und zu fein gesponnen.

Genau dann wird diese Philosophie die Aufgabe, für die sie geschaffen wurde, erfüllt haben, nämlich ein Schleier aus Vertrauen und Hoffnung auf die Macht des Geistes zu weben, der selbst diejenigen täuschen sollte, deren Zukunft den Untergang der gegenwärtigen Philosophie erfordert. Sie ist ein System von Illusionen der Geschichte des Jahrhunderts, das die Möglichkeit eines Untergangs dieser Welt ausschließt.

Wenn die Stunde des Verzweifelns an der alten Vernunft gekommen sein wird, dann wird die Philosophie sicher ihre demokratischen Verheißungen, ihre Führungsansprüche und ihr Interesse am Geschick der Menschheit aufgeben. Dann werden unverhohlen reaktionäre Philosophien die materiellen Erfordernisse der bürgerlichen Herrschaft verteidigen. Dann wird der Faschismus in die Philosophie einziehen, dann wird es einen französischen Giovanni Gentile geben. Die bürgerlichen Rechtfertigungen werden die Scheinheiligkeit verlieren, mit der sie sich heute noch umgeben. Dann wird die Philosophie zum erstenmal mit der Welt der Kämpfe, mit den irdischen Geschicken in Berührung kommen. Dann werden Lebensweisheiten ausgebrütet werden, die sich heute schon ankündigen: Denker werden für die beunruhigten Bürger, die der Schlacht ausweichen wollen, Weisheiten des Innenlebens erfinden. Sie werden sich in die tiefsten Falten der Persönlichkeit vergraben. An die Stelle der Rechtfertigungen werden die verschiedensten Arten der Flucht treten. Die Bürger werden niemanden mehr täuschen können.

Vielleicht werden sie nicht einmal Zeit für solche Erfindungen haben. Die Ereignisse überstürzen sich schon derart, daß diese Zwerge Mühe haben werden, hinterherzukommen. Vielleicht wird es gar keine Ideenverbindung zwischen den gegenwärtigen Philosophien, die nicht mehr ausreichen, und der Wirklichkeit der bürgerlichen Gewalt geben. Die Bourgeoisie wird vielleicht keine Zeit haben, ihre Akademiker zu Hilfe zu rufen: sie wird sich vielleicht sofort an ihre Soldaten und Waffen halten. Es wird vielleicht zu einer Auflösung der Ideen kommen, und dann werden nur noch Gefängnisse und Kugeln das Feld beherrschen. Sollen wir tatenlos auf diesen letzten, vielleicht schon nahen, oder aber noch fernen, Augenblick warten, wo das bürgerliche Denken und die bürgerliche Kultur ohne Hoffnung auf Wiedergeburt untergehen, wo sie sich endgültig aufgeben werden? Sollen wir warten, bis die Menschen so völlig entblößt, so völlig entwaffnet der Verschlimmerung ihres Schicksals gegenüberstehen, daß sie nichts anderes mehr tun können als sterben, als alle Schläge wehrlos hinnehmen? Wir müssen sie auf diese Gefahren vorbereiten – mit Geduld, wenn wir noch die grausame Ruhe der Geduld haben. Wir müssen ihnen die Waffen geben, die die Bourgeoisie ihnen verweigert. Wir müssen ihnen zu Bewußtsein bringen, daß mit dem Untergang der Bourgeoisie ihre eigene Stunde gekommen ist. Wir müssen ihnen zeigen, welche Richtung sie einschlagen sollen und wie sie ans Ziel gelangen. Wir müssen sie in die Lage versetzen, dem letzten Ansturm der Bourgeoisie standhalten zu können.

Wir spüren natürlich, daß unser Haß, unsere Ungeduld und unsere Zukunftsvision sich nicht mit Worten wiedergeben lassen und sich nur mangels besserer Möglichkeiten auf bedruckten Blättern äußern. Es wäre uns viel lieber, wir könnten zerschlagen, anstatt zu widerlegen, kämpfen, anstatt zukünftige Mitkämpfer zu gewinnen. Wir würden eine viel größere und männlichere Freude empfinden, wenn wir uns an einem siegreichen Abend in unsere Häuser setzen könnten, anstatt zu wissen, daß wir nur den Stoff der Sprache bearbeitet haben. Der Wind dieses Sieges würde den ganzen Staub unserer Widerlegungen mit sich forttragen, uns von unseren Bergen von Abhandlungen und Büchern befreien und uns von unserer Rhetorik reinigen. Aber die Stunde dafür ist noch nicht gekommen, es ist noch nicht Zeit. Wir müssen die Gewißheit und die Folgen dieses Sieges erst vorbereiten und durch geduldige Kleinarbeit festigen. Wieviel Aufrisse und Zeichnungen, wieviel Feilschen, wieviel Verabredungen, Diskussionen, Kontakte, wieviel Überzeugungsarbeit sind notwendig, ehe der erste Zug einer neu eröffneten Linie über eine neu errichtete Brücke fahren kann! Wieviel Projekte und Pläne sind zur geringsten menschlichen Errungenschaft notwendig!

Wir müssen uns heute klarmachen, daß keine Aufgabe zu niedrig ist, sofern ihre Erfüllung die Hoffnung auf den kommenden Sieg, und sei es auch nur in einem winzigen Maße, vergrößert. Keine Anprangerung ist überflüssig: alles muß angeprangert werden. Wir müssen die Geduld für erniedrigende Aufgaben haben. An dem Tag, wo die Macht, für die wir kämpfen, errungen sein wird, werden sie zu Recht in Vergessenheit geraten. Hören wir, was ein Revolutionär sagt:

«Heute arbeiten wir mit der Schreibmaschine, aber wir müssen wissen, daß diese Schreibmaschine morgen durch ein Maschinengewehr ersetzt werden kann. Heute sind wir Soldaten der Feder, morgen oder übermorgen werden wir mit dem Gewehr kämpfen. Aber wir dürfen nicht vergessen, daß wir der Revolution schlecht dienen, wenn wir, bevor wir zum Gewehr greifen, nicht ab sofort unsere gegenwärtige Waffe, die Feder, offen und kategorisch in den Dienst der revolutionären Front stellen.» [1]

1 Bela Ilès: *«Bericht des Sekretariats des Internationalen Büros der Revolutionären Literatur, Charkow»*, November 1930

Marx lehrt uns, worin das Geheimnis des Mutes, die Kraft der Geduld liegt:

«Die Waffe der Kritik kann allerdings die Kritik der Waffen nicht ersetzen, die materielle Gewalt muß gestürzt werden durch materielle Gewalt, allein auch die Theorie wird zur materiellen Gewalt, sobald sie die Massen ergreift.» [1]

Gegen die heutige Philosophie muß sich eine neue Philosophie erheben, die sich dieser bescheidenen, aber genau bestimmbaren Aufgabe widmet. Diese Philosophie wird heute nur in unserem Land neu sein, denn anderswo hat sie sich schon bewährt. Es geht also gar nicht um eine mirakulöse Neuschaffung, sondern um den Anschluß an die Philosophie von Marx und Lenin.

Die Gedanken der bürgerlichen Denker sind für den Menschen unfruchtbar und richten sich insgeheim sogar gegen ihn, gegen seine Zukunft. Sollen wir zulassen, daß Gedanken, die in Köpfen von Menschen entstehen, sich gegen die Menschen richten? Sollen wir ewig mit den unnützen und leeren Köpfen herumlaufen, die die Bourgeoisie uns gegeben hat? Sollen wir dulden, daß die Philosophie nicht in den Dienst der Menschen gestellt wird?

Die Trennung zwischen denen, deren Beruf es ist, zu denken, und der ausgebeuteten Masse, die unsere Väter mit einem Gemisch von Vertraulichkeit, Arroganz und Hoffnung «das Volk» nannten und die wir heute als Proletariat begrüßen, diese Trennung, die für Guéhenno und für jeden tragisch ist, der den alten, schon einbalsamierten Göttern treu bleiben will, ohne die Hoffnungen, die sich gegen diese Götter richten, verraten zu müssen, wird zu einer Trennung zwischen

1 Karl Marx: *«Zur Kritik der Hegelschen Rechtsphilosophie. Einleitung»*; zitiert nach Karl Marx, Friedrich Engels: *«Werke»* Bd. 1, Berlin 1961, S. 385 (Anm. d. Übers.)

Denken und Welt. Es ist eine Ideenwelt entstanden, die nichts anderes ist als eine immaterielle Welt der Rede und die offensichtlich keinerlei Verbindung hat mit der irdischen Welt, in der Körper verwesen. Manchmal wird jemand in die Gesellschaft der Fabrikanten vernünftiger Reden aufgenommen, ohne daß er Zeit noch Gelegenheit gehabt hat, sich von der Welt von Leben und Tod zu lösen. Dann nimmt er die Leere dieser Philosophie wahr und sieht, daß ihre Ideen nicht auf die harten Realitäten dieser Welt, in der er noch steht, anwendbar sind. Er erkennt: diese Gedanken führen zu der Annahme, daß die Welt gar nicht zählt, ja überhaupt nicht existiert, und lenken damit den Menschen von seiner Erde und seinen Kämpfen ab. Er sucht nach Ideen, die der Entfaltung der Menschen dienen. Marx spricht in einem Brief an Arnold Ruge von einer Revolution der Scham, die wir empfinden[1], aber es ist Zeit, auch von einer Revolution der Leere zu sprechen. Wenn man die Leere und die Scham empfunden hat, die die geistigen Strömungen unserer Zeit hervorrufen, wenn man die über die ganze Welt verbreitete Erniedrigung erfahren hat, erkennt man die philosophischen Legenden als Nebel. Jeder Aufschwung zu einem neuen Wollen beginnt mit einer allgemeinen Verneinung. Das war immer so. Jedesmal, wenn eine bestimmte gesellschaftliche Existenzweise mit ihrer geistigen Ausrüstung dem Untergang entgegenging, haben Menschen, die von der Kraft der Zukunft angezogen wurden, sich an das Werk einer allgemeinen Entlarvung gemacht. Die Titanen des bürgerlichen Denkens weisen uns selbst den Weg. Diese Bilderstürmer wußten genau, was sie von den Verteidigern der zum Untergang verurteilten Zeiten,

1 Karl Marx: Brief an Arnold Ruge vom März 1843 aus «*Ein Briefwechsel von 1843*» in: *Deutsch-Französische Jahrbücher*, Februar 1844; in Karl Marx, Friedrich Engels… «*Werke*» Bd. 1, Berlin 1961, S. 337 (Anm. d. Übers.)

gegen deren Aufrechterhaltung sie sich erhoben, zu erwarten hatten. Sie standen nicht im Dienst des Staates und hatten keinen Respekt vor seinen Werken, sie waren gegen die Mehrzahl ihrer Zeitgenossen. Am Vorabend der bürgerlichen Revolution schrieb Diderot in «*Jacques le fataliste*» von ihnen:

«Ich weiß wohl, daß das eine Menschenart ist, die den Großen, vor denen sie nicht die Knie beugen, verhaßt ist ebenso wie den Richtern, den berufsmäßigen Verteidigern der Vorurteile, die sie verfolgen; den Priestern, die sie selten am Fuß ihrer Altäre sehen; den Poeten, prinzipienlosen Leuten, die die Philosophie albernerweise als den Tod der Schönen Künste ansehen, ganz davon zu schweigen, daß selbst die, die sich im verhaßten Genre der Satire versucht haben, nur Schmeichler gewesen sind; den Völkern, die zu allen Zeiten die Sklaven der Tyrannen, die sie unterdrücken, der Scharlatane, die sie betrügen, und der Possenreißer, die sie unterhalten, sind.»

Die gegenwärtigen Philosophen haben keinen Anlaß, diese Arbeit zu tun, es besteht keine Ursache, daß sie von den Richtern, den Großen gehaßt werden, sie haben keinen Beweggrund, auf ihre Weltabgeschiedenheit und ihren Dünkel zu verzichten. Nichts verbindet sie mit den Menschen, die eine neue Philosophie brauchen. Kein Konflikt läßt sie am Wert ihrer gewohnten Denkweise zweifeln. Platon sagt, daß unendlich viele glückliche Umstände nötig seien, damit jemand sich zum Philosophen ausbildet, und daß denen, die seit ihrer Geburt in der Sklaverei aufgewachsen sind, jede Korrektur ihrer Denkweise schwerfalle. Kein glücklicher Umstand hat Herrn Brunschvicg der geistigen Versklavung entrissen, der er sich gefügig unterworfen hat. Ich zweifle, daß es noch Zeit dazu ist.[1]

Aber die Neuen können der Philosophie eine neue Richtung geben und mit den alten Ideen aufräumen, wenn sie nur

1 Siehe Anmerkung R

die Kraft und die Beharrlichkeit dafür haben. Sie müssen zunächst erkennen, was dem Untergang geweiht ist und was weiter lebendig bleiben wird. Die Entlarvung der philosophischen Illusionen, die den Kindern der laïzistischen Franzosen an der Universität ihre wirkliche Lage verbergen, ist eine Arbeit von unmittelbarer Dringlichkeit.

Die Menschenklasse, die das Opfer sowohl des Verfalls der bürgerlichen Welt als auch ihrer Größe war, wendet sich einer Welt zu, die die Zerstörung der jetzigen Welt einschließt. Alle, die nicht untergehen und nicht Komplize sein, die sich weder mit der Leere noch mit der Scham abfinden wollen, begeben sich auf die Seite des Proletariats.

Die Worte von Marx wurden gehört, weil das Proletariat auf sie wartete und ihnen schon im voraus zustimmte. Diese Worte sprachen aus, daß die Unterdrückung der Menschen weder eine abstrakte Nemesis noch die Folge eines Sündenfalls oder einer durch die Leidenschaften verursachten individuellen Versklavung ist. Die Freiheit ist keine List gegenüber dem Schicksal, keine Erlösung mehr und auch kein Sieg der Vernunft über die Leidenschaften, was immer ein Postulat des bürgerlichen Denkens war. Die Unterdrückung ist die von der Geschichte zementierte Vergangenheit, eine Herrschaft des toten Gedächtnisses. Das Geschäft der Philosophie ist daher der Tätigkeit des Totengräbers verwandt, eine Bestattung und Verbrennung Toter durch Lebendige. Der vorgezeichnete Fortschritt ist nicht mehr das abstrakte Wirken einer anonymen Vernunft, der schwache Widerschein der Ideen, sondern ein Fortschritt, der ein wirkliches Vorwärtskommen bedeutet, eine Bereicherung, die sich in etwas konkret Neuem, und nicht in dem Übergang von einem Begriff zum anderen manifestiert. Als Marx die wirkliche, physische Knechtschaft des Menschen entdeckt hatte, suchte er dort nach deren Ursachen, wo sie zu finden waren. Er entdeckte sie in der Warenproduktion, die die Ursache aller Knechtschaft und Ohnmacht ist. Er gab sich nicht der Kontemplation hin und wartete nicht auf die Frühjahrsblüte der Vernunft. Was ihn leitete, war der leidenschaftliche Wille, die falschen Positionen der Menschen zu korrigieren. Er wollte kein Akademiker sein. Er war radikal: er wollte die Sachen an der Wurzel fassen und nicht bloß die oberen Äste beschneiden. Er war kein friedlicher Gärtner.

Wenn ein Philosoph sieht, daß sein theoretischer Gegenstand genau der praktische Gegenstand einer Menschenklasse ist, daß die Knechtschaft, die er selbst beschreibt, von dieser Klasse verurteilt wird, kann er sich dann mit bloßen Ideen begnügen?

Es ist Zeit, das Leben nicht mehr wie Herr Bergson zu definieren und in Wirklichkeit im Tode zu leben. Es ist fortan unmöglich, mit Gefühl und Rhetorik zu proklamieren, daß man die Menschen liebe und für sie arbeite, und gleichzeitig zu dulden, daß sie gedemütigt und vernichtet werden. Es ist fortan unmöglich, öffentlich Pläne für eine abstrakte Verwirklichung des Menschen zu entwerfen. Entweder will man ihre konkrete Verwirklichung oder man will sie nicht. Diese Entscheidung ist viel radikaler als alle Kritik. Wenn der Denker seine Arbeit nicht in den Dienst der Befreiung, Entfaltung und Vollendung des Menschen stellt, dann ist seine zur Schau getragene Menschenliebe nichts wert.

Wer aber ihre Partei ergreift, braucht sie nicht zu irgend etwas zu zwingen, denn die Menschen verlangen nach nichts anderem, als sich voll entfalten zu können.

Das Spiel des bürgerlichen Denkens hat lange Zeit seine Partien gewonnen, es ist geachtet worden, man setzte sein Vertrauen und seine Hoffnung in die Akademiker. Doch dieses Vertrauen ist heute nur noch schwach, die Hoffnung wurde enttäuscht, die Achtung ist im Schwinden. Die, die das Bürgertum mit dem Namen «Volk» bezeichnet, finden, daß die Wirkung zu lange auf sich warten läßt. Sie wundern sich, daß die Akademiker für sie keinerlei Nutzen haben und ihnen nicht die Mittel an die Hand geben, mit den harten Notwendigkeiten, die sie bedrängen, fertig zu werden. Nichts rührt sich. Alle Ketten bleiben geschlossen. Was für ein riesiger Abstand zwischen dem, was die Akademiker versprechen, und dem, was sie halten! Dieser Abstand stellt die ganze Bestimmung des Denkens in Frage. Dieser Abstand erregt bei den Besten Beunruhigung.

«Die innere Notwendigkeit dieser Beziehung [die Justiz] hat ihre Universalität im Gefolge: Die Verletzung der Garantien der Gerichtsbarkeit ruft in der ganzen zivilisierten Welt die gleiche geistige Reaktion, die gleiche Empörung hervor.» So schrieb Léon Brunschvicg.[1]

Man denkt an die Affäre Dreyfus und sagt sich, daß es tatsächlich so war. Aber dann erinnert man sich an die Verurteilung und den Tod von Sacco und Vanzetti[2], an die juristischen Praktiken bei den Prozessen gegen Revolutionäre in Indochina, und man stellt fest, daß die Grenzen der Aktionen der Akademiker mit denen der Interessen der Bourgeoisie zusammenfallen. Dreyfus verteidigen hieß die Bourgeoisie unterstützen, im Namen der Gerechtigkeit Sacco oder Tao verteidigen heißt gegen sich selbst arbeiten, sich selbst zerstören wollen. Wenn die Verletzung der Gerechtigkeit einen Proletarier trifft, dann findet der Philosoph dabei nichts. Der Proletarier steht außerhalb der Philosophie. Er hat keinen Anspruch auf das Interesse der bürgerlichen Philosophie. Heute

1 *Bulletin de la Société Française de Philosophie*, 1910

2 Zwei in den USA lebende Italiener, die, als Aufrührer verschrien, des Mordes angeklagt und nach siebenjährigen Verhandlungen am 11. August 1927 hingerichtet wurden, obwohl ihnen der Mord nicht stichhaltig nachgewiesen werden konnte. Dieser Fall erregte die ganze Weltöffentlichkeit. (Anm. d. Übers.)

weiß er es, und darum wendet er sich der Philosophie zu, die ihm dient.

Die Fachleuchte des Denkens, die mit den Techniken des Verstandes ausgerüstet sind, befinden sich in einer verfahrenen Situation. (Und wir wenden uns hier an die Jungen, die eine Akademikerlehre durchmachen, und nicht an jene alten Akademiker, die aus Gewohnheit noch auf den Beinen stehen, mit ihrem Alter, ihrem Gedächtnis, ihrer Sklerose und ihrer Zufriedenheit. Das Aneinandervorbeireden zwischen unseren ehemaligen Lehrern und uns rührt zweifellos daher, daß wir keine Hoffnung haben, sie noch überzeugen zu können, aber daß sie in uns diese Hoffnung zu entdecken glauben. Es geht nicht darum, sie zu rühren, wir müssen sie besiegen.) Diese Situation verlangt sofortige Entscheidungen, die nicht für eine umfassendere Prüfung aufgespart werden können. Es ergibt sich folgende Alternative:

Man kann der akademischen Haltung weiter verbunden bleiben, die vornehmen Verpflichtungen und die hervorragende Würde des Geistes über die trivialen Notwendigkeiten und Parteienkämpfe des Lebens stellen, es ablehnen, öffentlich Partei zu ergreifen. Aber diese Treue zum Akademikertum und zu den ewigen Dingen ist bereits eine Parteinahme. Es ist die Parteinahme für den Verrat schlechthin, für einen Verrat, für den es kein Pardon gibt, der die Menschen allen gegen sie gerichteten Kräften ausliefert. Denn das Heil, das man ihnen anbietet, ist ein geistiges Heil; aber die Schläge, die sie treffen, sind keine geistigen Schläge. Hinter dieser Treue verbirgt sich die schlimmste Fahnenflucht. Sie verhindert, daß der Verstand, dieses komplizierteste und gleichzeitig manipulierbarste aller von menschlicher Technik erfundenen Werkzeuge, in den Dienst der Menschen gestellt wird, in ihrem Leben eine Funktion hat, sie verteidigt und ihnen ihr Schicksal verständlich macht. Man hört manchmal von einem

Menschen sagen: er kann nur Däumchen drehen, er weiß nicht, was er mit seinen zehn Fingern anfangen soll. Ebenso kann man vom Akademiker sagen: er kann nur mit seiner Logik spielen, er weiß nicht, was er mit seinem Verstand anfangen soll. Die Treue zum Geist ist nur eine Maske der Treue zur Bourgeoisie, des Verrats an den Menschen. Dieses Aufgeben, dieses Verleugnen der Menschen ist der eigentliche «Verrat der Akademiker»[1], um dessentwillen die geisterhaften Philosophen so viele geisterhafte Schläge austauschen.

Man kann aber auch die ehrwürdigen Pflichten des Geistes verraten und sich für die irdische Sache der Menschen entscheiden. Diese neue Art der Treue heißt Verrat an der Klasse, die sie unterjocht, und an den Interessen, die sie vernichten.[2]

Die Bildung des Verstandes ist eine Waffe. Es geht nur darum, ob die Bürger diese Waffe in der Ecke verrosten lassen oder sie umschmieden und wieder in Gebrauch nehmen wollen. Auf den Universitäten, Hochschulen und Gymnasien lernen Jugendliche die akademische Verwendung dieser Waffe: Werden sie von diesen Kenntnissen einen anderen Gebrauch machen? Die Zivilisation ihrer Väter geht dem Untergang entgegen. Werden sie bereit sein, diese Zivilisation gegen die Menschen zu verteidigen? Oder werden sie ihre Väter verraten? Sie sind in einer Lage, in der sie die Revolution der Scham erfahren könnten, die bewirkt, daß «alle denkenden und alle leidenden Menschen zu einer Verständigung»[3] gelangen.

Sie sind in einer Lage, in der sie die Welt ihrer Väter dem Untergang überlassen, ja diesen beschleunigen könnten.

1 Anspielung auf Julien Bendas *«La trahison des clercs»* [Der Verrat der Akademiker]. (Anm. d. Übers.)

2 Siehe Anmerkung S

3 Karl Marx: Brief an Arnold Ruge vom Mai 1843 aus *«Ein Briefwechsel von 1843»* in: *Deutsch-Französische Jahrbücher*, Februar 1844; zitiert nach Karl Marx, Friedrich Engels: *«Werke»* Bd. 1, Berlin 1961, S. 342 (Anm. d. Übers.)

Die eigentlichen Funktionen dessen, was wir provisorisch noch Geist nennen müssen, schließen fortan jede Akademikerhaltung aus: Der Geist wird nicht mehr ein Beschützer in Worten sein, der in der Realität abwesend ist.

Für die zukünftigen Philosophen wird es nicht mehr darum gehen, große Modelle zu entwickeln, aus der Tiefe ihrer Weisheit Ratschläge zu erteilen, zu lenken, zu tadeln, Verheißungen auszusprechen, den Philanthropen zu spielen und nichts zu riskieren. Es geht auch nicht darum, etwas für die Arbeiter zu tun, sondern es geht darum, mit ihnen, in ihrem Dienst, eine Stimme unter anderen zu sein, nicht die Stimme des Geistes. Es geht darum, nützlich zu sein, nicht den Apostel zu spielen. Der Philosoph wird auf seinen eigentlichen Platz verwiesen werden, seine Arbeit wird mit den trivialen Forderungen der konkreten Menschen verbunden sein, und er wird nur der Techniker dieser Forderungen sein, er wird nur die Aufgabe haben, den zur Hälfte noch verborgenen Willen, das langsam erwachende Aufbegehren der Menschen zum Ausdruck zu bringen. Er wird nur die Aufgabe haben, alle Lebensbedingungen beim Namen zu nennen, unter denen der Mensch kein Mensch mehr ist, und das so nachdrücklich, daß sich all die ihrer eigenen Situation bewußt werden, die heute noch dahinleben, ohne sie zu verstehen. Marx schreibt: «Wir treten dann nicht der Welt doktrinär mit einem neuen Prinzip entgegen: Hier ist die Wahrheit, hier kniee nieder! ...Wir sagen ihr nicht: Laß ab von deinen Kämpfen, sie sind dummes Zeug... Wir zeigen ihr nur, warum sie eigentlich kämpft, und das Bewußtsein ist eine Sache, die sie sich aneignen *muß*, wenn sie auch nicht will.» [1]

Jede Philosophie predigt einen bestimmten Menschentyp. Die praktischen Absichten jeder Philosophie verkörpern sich

1 Karl Marx: Brief an Arnold Ruge vom September 1843, ebd. S. 345 (Anm. d. Übers.)

in einem menschlichen Modell, dem nachgeeifert werden soll. Die antiken Philosophien entwarfen die verschiedenen Typen des Weisen, die modernen Philosophien den Typ des Staatsbürgers, des Citoyen. Soll doch der Staatsbürger mit dem Weisen im Staub der Geschichte versinken! Diese Typen verschwinden ebenso wie die Heiligen, wie die letzte Erfindung der bürgerlichen Philosophie, die Herr Benda anbietet. Der Typ, den sich der Philosoph der Ausgebeuteten zum Vorbild nimmt, ist der von Lenin beschriebene Berufsrevolutionär. Er steht im schärfsten Gegensatz zum kontemplativen Akademiker des bürgerlichen Denkens. Der revolutionäre Philosoph braucht sich noch nicht um die Schaffung künftiger Werte zu kümmern. Die Revolution steht noch bevor. Er kann sich nur an einem Menschentyp orientieren, der sich der Revolution zuwendet, aber sie noch nicht gemacht hat. Die Denker, die sich mit der Revolution verbünden, glauben nur allzu leicht, daß in dem Moment, da sie sich ihr anschließen, die Revolution schon geschehen sei. Wir werden nicht in Zukunftsträumen versinken. Die Aufgabe der Philosophie liegt unendlich viel näher und ist unendlich viel bescheidener.

Die revolutionäre Philosophie kann nur dann gute Arbeit leisten, wenn zwischen dem Philosophen und der Klasse, die Träger der Revolution ist, ein enges Bündnis besteht, wenn sich der Philosoph gänzlich mit der revolutionären Klasse identifiziert. Nur bei völliger Vertrautheit mit den Institutionen des Proletariats wird er zu den Entlarvungen, zu denen er sich verpflichtet fühlt, in der Lage sein und die Werte, die für ihn verbindlich sind, verteidigen können. Es genügt nicht, zu sagen, daß der Verrat, der hier gerechtfertigt und gefordert wird, die Treue zu einer Klasse einschließt: man muß noch weitergehen und sagen, daß der Techniker der revolutionären Philosophie in einer Partei mitarbeiten muß.

Die kleinste Gewerkschaftsversammlung bietet mehr Anwendungsmöglichkeiten für das konkrete Denken, das die wahre Philosophie ist, als die Einweihung einer Philosophenstatue oder eine Diskussion zwischen den Weisen in der Abtei von Pontigny.

Der Philosoph der Knechte hat keine Illuminationen mehr zu veranstalten, keine Mythen mehr zu erfinden, keine Magie mehr zu praktizieren, er hat die geduldige, bescheidene Arbeit einer Anprangerung der unmenschlichen Lebensbedingungen zu leisten, er hat sich verwertbare Kenntnisse anzueignen, die auf die praktischen Resultate einer Aktion zielen. Der Philosoph ist nur noch der Interpret der Forderungen und der Weigerungen der Ausgebeuteten. Er hat beharrlich Techniken der Befreiung zu entwickeln.

Diese Aufklärung schließt den Untergang all der Philosophen ein, die von der Bourgeoisie dazu bestimmt sind, ihre Macht zu stützen und das Bewußtsein der Ausgebeuteten zu verdunkeln. Eine Entlarvung aller Illusionen, aller falschen Wahrnehmungsweisen, die man den Menschen predigt, um ihnen ihre Knechtschaft zu verschleiern, weckt den Willen, die Bedingungen, unter denen sich diese Illusionen bilden konnten, zu beseitigen.

In einer brutal in Herren und Knechte gespaltenen Welt kann man nur entweder das lange Zeit verborgene Bündnis mit den Herren öffentlich zugeben oder den Ausschluß an die Partei der Knechte proklamieren. Für akademische Unparteilichkeit ist kein Platz mehr. Es gibt nur noch Kämpfe zwischen Parteigängern.

Der Philosoph hat zwischen zwei Komplizenschaften zu wählen. Entweder er ist Komplize der Bourgeoisie oder er ist Komplize des Proletariats, er wird offen Partei ergreifen müssen. Die Zeit der List ist vorüber. Die zweite Komplizenschaft schließt die einzige Treue ein, die noch zählt. Sie kann nicht mehr hinterhältig sein, sie kann sich nicht mehr unter den Schleiern der Ewigkeit, der Vernunft, der Gerechtigkeit verbergen. Sie muß sich offen zeigen, sie muß ihre frühere Scham, die das Licht scheut, aufgeben. Niemand ist mehr zu täuschen. Niemand ist mehr zu verführen. Es werden nur noch Schläge ausgeteilt und Schläge empfangen.

Die heutigen Philosophen scheuen sich noch, zuzugeben, daß sie die Menschen um der Bourgeoisie willen verraten haben. Wenn wir heute die Bourgeoisie um der Menschen willen verraten, so sollten wir uns nicht scheuen zu gestehen, daß wir Verräter sind.

Anmerkungen

Anmerkung A

...strenggenommen, nur auf seine Zeitgenossen antworten.

«Er [Feuerbach] sieht nicht, wie die ihn umgebende sinnliche Welt nicht ein unmittelbar von Ewigkeit her gegebenes, sich stets gleiches Ding ist, sondern das Produkt der Industrie und des Gesellschaftszustandes, und zwar in dem Sinne, daß sie ein geschichtliches Produkt ist, das Resultat der Tätigkeit einer ganzen Reihe von Generationen, deren jede auf den Schultern der vorhergehenden stand, ihre Industrie und ihren Verkehr weiter ausbildete, ihre soziale Ordnung nach den veränderten Bedürfnissen modifizierte. Selbst die Gegenstände der einfachsten ‹sinnlichen Gewißheit› sind ihm nur durch die gesellschaftliche Entwicklung, die Industrie und den kommerziellen Verkehr gegeben... Selbst diese ‹reine› Naturwissenschaft erhält ja ihren Zweck sowohl wie ihr Material erst durch Handel und Industrie, durch sinnliche Tätigkeit der Menschen... Allerdings bleibt dabei die Priorität der äußeren Natur bestehen...»

Karl Marx: «*Die Deutsche Ideologie*»; zitiert nach Karl Marx, Friedrich Engels: «*Werke*» Bd. 3, Berlin 1962, S. 43 und 44 (Anm. d. Übers.)

Anmerkung B

...ein derartiges Unternehmen für durchaus unphilosophisch halten.

Marx schreibt in seinen «*Thesen über Feuerbach*» (These 6 und 7):

«Feuerbach löst das religiöse Wesen in das *menschliche* Wesen auf. Aber das menschliche Wesen ist kein dem einzelnen Individuum innewohnendes Abstraktum. In seiner Wirklichkeit ist es das Ensemble der gesellschaftlichen Verhältnisse.

Feuerbach, der auf die Kritik dieses wirklichen Wesens nicht eingeht, ist daher gezwungen:

1. von dem geschichtlichen Verlauf zu abstrahieren und das religiöse Gemüt für sich zu fixieren und ein abstrakt – *isoliert* – menschliches Individuum vorauszusetzen;

2. kann bei ihm daher das menschliche Wesen nur als *Gattung*, als innere, stumme, die vielen Individuen bloß *natürlich* verbindende Allgemeinheit gefaßt werden.»

Was Marx über das «religiöse Gemüt» bei Feuerbach sagt, kann man auch über das philosophische Bewußtsein sagen:

«Feuerbach [oder Herr Bergson, Herr Brunschvicg] sieht daher nicht, daß das ‹religiöse Gemüt› [oder das philosophische Bewußtsein] selbst ein *gesellschaftliches Produkt* ist und daß das abstrakte Individuum, das er analysiert, in Wirklichkeit einer bestimmten Gesellschaftsform angehört.»[1]

Jeder Philosoph muß also von seiner zeitlichen Stellung innerhalb der Menschengruppen, in denen er lebt, von der Psychologie dieser Gruppen und der besonderen Psychologie der philosophischen Schulen her und schließlich von der gesellschaftlichen Situation, von den Interessen der verschiedenen Gruppen, von den konkreten Umständen her, in denen die Klasse ihr Schicksal gefunden hat, erklärt werden.

Nehmen wir zum Beispiel Kant. Seine *«Rechtslehre»* kann man nicht nur von der immanenten Entwicklung der Kantschen Philosophie her interpretieren, ob sie sich nun von einer unverwechselbaren Anschauung herzuleiten scheint oder zu dem idealistischen Dialog gehört, in dem Kant auf

1 Zitiert nach Karl Marx, Friedrich Engels: *«Werke»* Bd. 3, Berlin 1962, S. 534–535 (Anm. d. Übers.)

Rousseau antwortet. Wir können in ihr unmöglich nur eine Entfaltung der Implikationen der Lehre vom Gesellschaftsvertrag sehen. Rousseau legt Kant angeblich irgendwelche Wörter in den Mund, er will die Revolution, deren Kommentator Kant ist. Der Abstand zwischen beiden läßt sich jedoch durch keine rhetorischen Tricks überbrücken. Die allgemeinen Illusionen, Hoffnungen und Verheißungen Rousseaus, die im Werk Kants durch eine Metaphysik der Natur und der Sitten wiederaufgenommen und begründet werden, werden beim Philosophen der Freiheit jedoch eingeschränkt. Trotz der allgemeinen Behauptung der universalen Gültigkeit des Rechts ist eine bestimmte Menschenart von dieser angeblichen Universalität ausgeschlossen:

«Nur die Fähigkeit der Stimmgebung macht die Qualification zum Staatsbürger aus; jene aber setzt die Selbstständigkeit dessen im Volk voraus, der nicht bloß Theil des gemeinen Wesens, sondern auch Glied desselben, d. i. aus eigener Willkür in Gemeinschaft mit anderen handelnder Theil desselben, sein will. Die letztere Qualität macht aber die Unterscheidung des activen vom passiven Staatsbürger nothwendig, obgleich der Begriff des letzteren mit der Erklärung des Begriffs von einem Staatsbürger überhaupt im Widerspruch zu stehen scheint. – Folgende Beispiele können dazu dienen, diese Schwierigkeit zu heben: Der Geselle bei einem Kaufmann oder bei einem Handwerker [oder ein Fabrikarbeiter]; der Dienstbote (nicht der im Dienste des Staats steht); der Unmündige... alle Frauenzimmer und überhaupt jedermann, der nicht nach eigenem Betrieb, sondern nach der Verfügung Anderer... genöthigt ist, seine Existenz... zu erhalten, entbehrt der bürgerlichen Persönlichkeit, und seine Existenz ist gleichsam nur Inhärenz. – Der Holzhacker, den ich auf meinem Hofe anstelle, der Schmied in Indien, der mit seinem Hammer, Ambos und Blasbalg in die Häuser geht, um da in Eisen zu arbeiten, in Vergleichung mit dem europäischen

Tischler oder Schmied, der die Producte aus dieser Arbeit als Waare öffentlich feil stellen kann; der Hauslehrer in Vergleichung mit dem Schulmann, der Zinsbauer in Vergleichung mit dem Pächter u. dergl. sind blos Handlanger des gemeinen Wesens, weil sie von anderen Individuen befehligt oder beschützt werden müssen, mithin keine bürgerliche Selbstständigkeit besitzen.» [1]

Ein ganzer Teil der bürgerlichen Gesellschaft genießt also nur partielle Rechte, besteht nur aus «Staatsgenossen». Diese Ungleichheit wird von Kant nicht als ein Hindernis für die Allgemeingültigkeit des Rechts angesehen, «vielmehr kann bloß den Bedingungen derselben gemäß dieses Volk ein Staat werden». Die «Staatsgenossen» können wohl «fordern», von den anderen nach den Gesetzen der Freiheit und Gleichheit behandelt zu werden, aber nur als passive Teile des Staats. Sie haben nicht das Recht, «den Staat selbst zu behandeln, zu organisieren oder zu Einführung gewisser Gesetze mitzuwirken... welcherlei Art die positiven Gesetze, wozu sie stimmen, auch sein möchten...» Wirkliche «Personen» sind also nur diejenigen, die eine bürgerliche Existenz führen können, das heißt, die wirtschaftlich unabhängig sind. Man sieht, wie man die berühmte Erklärung einzuschätzen hat, in der es heißt:

«Es war eine Zeit da ich glaubte dieses allein [der Durst nach Erkenntnis] könnte die Ehre der Menschheit machen... Rousseau hat mich zurecht gebracht. Dieser verblendende Vorzug verschwindet, ich lerne die Menschen ehren u. ich würde mich unnutzer finden wie den gemeinen Arbeiter wenn ich nicht glaubete, daß diese Betrachtung allen übrigen

1 Immanuel Kant: *«Die Metaphysik der Sitten»*, *Rechtslehre*, II. Teil: Das öffentliche Recht, 1. Abschnitt: Das Staatsrecht § 46; zitiert nach *«Kants gesammelte Schriften»*, B. VI, Berlin 1907, S. 314f (Anm. d. Übers.)

einen Werth ertheilen könne, die Rechte der Menschheit herzustellen.»[1]

Denn die angekündigte Menschheit beschränkt sich auf die bürgerliche Menschheit; die Person des Reiches des Rechts ist die ethische Gestalt und die rationale Rechtfertigung der wirtschaftlichen Realität des Bürgers, der den Gesetzen des Kapitals nicht gehorcht, sondern sie gibt. In einer Gesellschaft, in der die menschlichen Beziehungen Herrschafts- und Knechtschaftsverhältnisse sind, ist diese Person derjenige, der die rechtlichen und sittlichen Eigenschaften des Herrn aufweist. Eine logische Schwierigkeit bei der Universalierung der Moral erweist sich so als psychologische Unfähigkeit, die Grenzen der Urteile einer ökonomischen Klasse zu überschreiten. Ein systemimmanenter philosophischer Widerspruch erweist sich als rein ökonomischer Widerspruch der Umwelt, in der sich dieses System durchsetzt. Diese Erklärung entbehrt der Erhabenheit: sie erklärt den Philosophen durch die Bedingungen, außerhalb deren er sich zu stellen vorgibt. Sie ist nicht im eigentlichen Sinne philosophisch. Sie erklärt eine Ideenlehre durch das, was keine Ideenlehre ist, was der Ideenlehrer als am wenigsten erhaben ansieht. Dieser Mangel an Erhabenheit wird immer das Kennzeichen des Materialismus sein.

Ebenso kann man den Widerspruch zwischen dem, was das bürgerliche Denken verspricht, und dem, was die bürgerliche Gesellschaft hält, in nichtphilosophischen Tatbeständen wiederfinden. Die politische Revolution kommentiert die Meditation Kants. Indem sie die allgemeine Rechtslehre, die absolute Rechtsgleichheit zwischen den Staatsbürgern proklamiert, konstituiert sie in der Wirklichkeit eine Rechtsprak-

1 Immanuel Kant aus «*Bemerkungen zu den Beobachtungen über das Gefühl des Schönen und Erhabenen*», zitiert nach «*Kants gesammelte Schriften*», B. XX, Berlin 1942, S. 44 (Anm. d. Übers.)

tik, die dem Arbeiter eine Sonderstellung, eine, wörtlich genommen, privilegierte Stellung zuweist. Das Gesetz von Le Chapelier vom 14.–17. Juni 1791 verbietet jeden Zusammenschluß von Leuten gleichen Handwerks zur Diskussion ihrer Interessen. Der Artikel 1780 des *Code civil* besagt: im Fall eines Streits über die Höhe der Löhne entscheidet die Aussage des Meisters. Das Gesetz vom Germinal des Jahres XI übernimmt die Bestimmungen von 1749 und hält an der Einrichtung des Arbeitsbuches fest, das den Arbeiter an den Unternehmer bindet. Herr Scelle[1] schreibt dazu:

«So scheint sich der Gesetzgeber in dieser Zeit weniger von der Lehre der Gleichheit der Individuen vor dem Gesetz als vielmehr von dem Bestreben leiten zu lassen, den Arbeiter unter Bevormundung zu halten. Er tut nur so, als glaube er daran, daß die Anwendung des Prinzips der Gleichheit die Freiheit hervorbringe.»

Außerdem sind ja die Bestimmungen des Wahlrechts über aktive und passive Bürger, die Kant ausdrücklich anerkennt, nur allzu bekannt.

Alle Maßnahmen in Richtung auf die Freiheit des Arbeiters erscheinen für die bürgerliche Freiheit als anstößig. Die Theoretiker der bürgerlichen Freiheit konnten nicht an die Freiheit des Arbeiters denken. Die tatsächlichen ökonomischen Verhältnisse der bürgerlichen Gesellschaft verurteilten jede Philosophie mit universalistischem Anspruch zum Scheitern. Die egalitäre Vernunft wurde durch das Zensuswahlrecht in die Flucht geschlagen.

1 *«Le Droit ouvrier»*

Anmerkung C

... Er ermutigt, er überredet, er warnt.

«Die Demokratie darf nicht nur Brüderlichkeit, sie muß auch Väterlichkeit sein. Diese Begriffe, die in der Familie, wie Michelet sagt, unversöhnlich sind, sind es keineswegs in der bürgerlichen Gesellschaft. Mit anderen Worten, die Elite hat die Funktion, die Pflicht und die Aufgabe der Führung. Die Elite muß führen; aber sie muß auch ständig danach streben, sich nützlich zu erweisen; sie muß die Führung von sich aus beanspruchen und darf nicht darauf warten, daß man sie darum bittet. Eine der schwerwiegendsten Gefahren für die Demokratie ist die Trennung des Verstandes von den Massen.»

J. Barthélémy in: *Union pour la Vérité* vom 2. Februar bis 2. März 1919.

Anmerkung D

... Ein Volk, das revoltiert, hält er für undankbar.

In der *Union pour la Vérité* fand 1919 eine aufschlußreiche Diskussion darüber statt, ob die alten «französischen Schulen» (Saint-Simonismus, Fouriérismus, Proudhonismus, der Geist von 1848, Positivismus, Rationalismus) für die heutige Philosophie noch von Bedeutung seien. Anläßlich Saint-Simons brachten die Philosophen naiv zum Ausdruck, daß sie respektiert werden wollen:

«Muß man die im eigentlichen Sinne moralischen Ideen des Saint-Simonismus nicht bewahren? Seine zentrale moralische Idee ist die Idee des Respekts. Die moralistischen Saint-Simonisten wurden nicht umsonst ‹Hierarchen› genannt. Die ‹Menschenfischer› gingen in die Vororte, um die Arbeiter für die neue Lehre zu gewinnen, und versuchten, ihnen den Sinn des Respekts als *Vertrauen zu den Vorgesetzten* nahezubringen. Jeder kennt das berühmte ‹Gleichnis› von Saint-Simon, in dem er sich das gleichzeitige plötzliche Verschwinden aller höheren Beamten des Staates, vom Landesherrn und den Ministern bis zu den Präfekten, Richtern, Priestern und Militärs vorstellt. Dieses Verschwinden, sagt er, würde man kaum merken, wenn die Industriellen, Bankiers, Ärzte und Wissenschaftler ihre Arbeit fortsetzen könnten. Das Verschwinden letzterer jedoch würde die Nation sofort zu einem ‹Körper ohne Seele› machen.»

Anmerkung E

...*Die Bourgeoisie glaubt das heute immer noch.*

«Die großen Männer, die in Frankreich die Köpfe für die kommende Revolution klärten, traten selbst äußerst revolutionär auf... alles sollte seine Existenz vor dem Richterstuhl der Vernunft rechtfertigen oder auf die Existenz verzichten. Der denkende Verstand wurde als alleiniger Maßstab an alles angelegt. Es war die Zeit, wo, wie Hegel sagt, die Welt auf den Kopf gestellt wurde... Jetzt erst brach das Tageslicht an; von nun an sollte der Aberglaube, das Unrecht, das Privilegium und die Unterdrückung verdrängt werden durch die ewige Wahrheit, die ewige Gerechtigkeit, die in der Natur begründete Gleichheit und die unveräußerlichen Menschenrechte.

Wir wissen jetzt, daß dies Reich der Vernunft weiter nichts war, als das idealisierte Reich der Bourgeoisie; daß die ewige Gerechtigkeit ihre Verwirklichung fand in der Bourgeoisjustiz; daß die Gleichheit hinauslief auf die bürgerliche Gleichheit vor dem Gesetz; daß als eines der wesentlichsten Menschenrechte proklamiert wurde – das bürgerliche Eigentum; und daß der Vernunftstaat ... ins Leben trat und nur ins Leben treten konnte als bürgerliche, demokratische Republik. Sowenig wie alle ihre Vorgänger, konnten die großen Denker des 18. Jahrhunderts über die Schranken hinaus, die ihnen ihre eigene Epoche gesetzt hatte ...

... Und wenn auch im ganzen und großen das Bürgertum beanspruchen durfte, im Kampf mit dem Adel gleichzeitig die Interessen der verschiedenen arbeitenden Klassen jener Zeit mitzuvertreten, so brachen doch bei jeder großen bürgerlichen Bewegung selbständige Regungen derjenigen Klasse hervor, die die mehr oder weniger entwickelte Vorgängerin des modernen Proletariats war.»

Friedrich Engels: *«Herrn Eugen Dührings Umwälzung der Wissenschaft»*, Einleitung. I. Allgemeines; zitiert nach Karl Marx, Friedrich Engels: *«Werke»* Bd. 20, Berlin 1968, S. 16f (Anm. d. Übers.)

Anmerkung F

... die Träger des Denkens seien die Instrumente des Fortschritts.

«Der Geschichtsschreiber ist zunächst seiner persönlichen Lage nach ein geistig arbeitender Mensch, ein Intellektueller; dann, wenn man zu spezielleren Merkmalen übergeht, ist er ein Mensch der schriftlichen Arbeit, Literat. Was könnte für ihn natürlicher sein, als die geistige Arbeit für die Hauptsache der Geschichte anzunehmen und die Werke des Schrifttums, angefangen von Gedichten und Romanen bis auf philosophische Traktate und wissenschaftliche Abhandlungen, für die grundlegenden Tatsachen der Kultur zu halten? ... Aber noch mehr: ‹die geistig arbeitenden Menschen – und das war ziemlich natürlich – wurden von demselben Stolz erfaßt, der den Pharaonen ihre Lobeshymnen diktierte. Sie fingen an zu glauben, daß sie die Geschichte machten.›»

M. N. Pokrowski: *«Skizze zur Geschichte der russischen Kultur»* Bd. 1, nach N. Bucharin: *«Theorie des historischen Materialismus»*, Verlag der Kommunistischen Internationale, St. Petersburg 1922, S. 106.

Anmerkung G

...daß die Ziele und die Zukunft, die sie anstrebt, öffentlich bekanntgegeben werden.

«Infolge eines gewissen Liberalismus, der trotz allem seit zwei Jahrhunderten die geistige Atmosphäre prägt und dem es Rechnung tragen muß (von dem es vielleicht sogar etwas angesteckt ist), kann das bürgerliche Denken die Grundsätze, deren Sieg es logischerweise erhofft, nicht in aller Deutlichkeit nennen: So kann sie nicht offen die Apologie der Sklaverei, der Staatsräson, der Unterdrückung der Forderungen des Volkes, des Klerikalismus betreiben; sie ist dazu gezwungen, jene Doktrinen zu vertreten und gleichzeitig zu leugnen, daß sie sie vertritt, einen Satz zu ihrer Rechtfertigung auszusprechen und sofort danach einen anderen, der den ersten entkräftet, kurz, ständig zu lavieren, ungenau zu bleiben und sich in Widersprüchen zu bewegen.»

«Es ist klar, daß man mit der Veröffentlichung eines Artikels über die Korrespondenz von Mercy Argenteau oder die Sitten der Ameisen... nicht die Frage der Legitimität des Kapitalismus oder der Kolonialkriege aufwirft.»

Julien Benda: *«Approximations»*.

Anmerkung H

... ein feiges Denken ist.

«Eine Philosophie, die sich aus allem heraushält. Eine Philosophie, die uns die Dinge derart kompliziert darstellt, daß niemand sie sich veränderlich vorstellen kann, und die so viele Schwierigkeiten schafft, daß jeder Lösungsversuch zum Scheitern verurteilt scheint. Die Reflexion dient nicht mehr dazu, ein Urteil zu ermöglichen, sondern nur noch dazu, jedes Urteil zu vertagen. Angesichts eines Problems gilt es also, einen Dreh zu finden, mit dessen Hilfe man sich vom eigentlichen Problem, dessen Lösung ein ja oder nein erfordert, entfernen kann.»

Emmanuel Berl: «*Mort de la pensée bourgeoise*», p. 36–37.

Anmerkung I

... eine Schlacht des Geistes.

«Diese Gewissensprüfung der Universität ist noch vertieft worden. Und für diese Vertiefung ist die Analyse durch die Aktion ergänzt worden, die uns oft über uns selbst Klarheit verschafft. Niemals hatte die Universität für sich selbst die Traditionen und Grundsätze, die sie verkörpert, so genau definiert. Sie hatte Philosophie gelehrt, ohne zu ahnen, daß sie eine eigene Philosophie hat. Alle französischen Ideen haben an der Schlacht teilgenommen... Während, nach einer tiefen Bemerkung von Renouvier, der Kult der Stärke und des Schicksals das Hauptlaster des germanischen Denkens und der germanischen Zivilisation ist, lief das französische Denken zu allen Zeiten auf einen Kult der Freiheit hinaus; das ist der Mittelpunkt, um den sich alle unsere intellektuellen Bemühungen drehen. Er gibt bei uns selbst dem Kult des Vaterlands, den er ergänzt, einen weiteren Horizont und einen gewissen Universalitätsanspruch... Es geht bei uns immer um einen philosophischen Kreuzzug. Dieses Wort ist, glaube ich, zum erstenmal von Herrn Boutroux geprägt worden. Aber die Idee wurde schon oft geäußert. Seit sie der intellektuellen Elite bewußt wurde, lebt sie auch in den Seelen aller Kämpfenden.»

R. Thamin: *«L'Université et la Guerre»*, p. 160–162.

Bei der Lektüre des letzten *Bulletin des Armées* haben wir mit Erleichterung festgestellt, daß augenblicklich da, wo die höchste Autorität liegt, auch die größte Klarsicht herrscht und daß also alles in bester Ordnung ist: es ist der französische gesunde Menschenverstand, der uns leitet.

«Was die Deutschen verteidigen und was wir verteidigen, ist von ganz unterschiedlicher Art. Sie stellen einen unerträglichen Anachronismus dar, der reif ist, aus der Welt geschafft zu werden. Uns trennen nicht die Vogesen oder der Rhein, sondern Jahrhunderte. Unsere Erfahrung der politischen Befreiung, die unseren ganzen Mut herausgefordert hat, die wir uns etwas haben kosten lassen und die wir fortsetzen, hat Deutschland nicht gemacht, und es ist fraglich, ob es dazu überhaupt in der Lage wäre. Deshalb führen wir gegen Deutschland mehr als einen nationalen Unabhängigkeitskrieg. Ob die Millionen Soldaten unseres Bündnisses es wissen oder nicht, sie bilden die jungen internationalen Garden der Französischen Revolution und sind das lebendige Bollwerk des Gesetzes gegen die Willkür.»

Paul Desjardin in: *Bulletin de l'Union pour la Vérité* vom Juli 1917 (Rede vom 13. Juli 1917 anläßlich der Verleihung des Condorcet-Preises).

«Die Revolution selbst, von der dieser Krieg ja nur die ideologische Fortsetzung ist – denn der Kampf für das Recht der Völker ist eine logische Ausweitung des Kampfes für die Menschenrechte...»

G. Guy-Grand in: *Bulletin de l'Union pour la Vérité* vom 5. und 19. Januar 1919.

«Während des Rückzugs aus Rußland legten sich alte Haudegen, die ihr Glaube an den guten Stern Bonapartes bis dahin beflügelt hatte, einfach in den Schnee, um zu sterben. Aber 1914 bestehen unsere Armeen aus freien Bürgern, die sich weigern, die Ungerechtigkeit einer brutalen Aggression hinzunehmen, und ihre Lieben davor bewahren wollen.»

Léon Brunschvicg: *«Progrès de la conscience dans la philosophie occidentale»* 1927, p. 717.

«Das Land hat seine Mittel für die gigantischen Unternehmungen seines unstillbaren Ehrgeizes ausgegeben... Der Eroberer hat in ihm den Herrscher getötet... Laon ist Sieg des aufbegehrenden Rechts über das Genie. Dieselbe Lektion hatten unsere Soldaten zu lernen. Es war die Gerechtigkeit, die gegen allen Widerstand ihren unaufhaltsamen Siegeszug durch die Zeit fortsetzte. Es war ein neues Valmy, ein gegen uns gekehrtes 1792, 1793. Nachdem wir Europa die Völker gezeigt haben, die sich siegreich zum Kampf um die Erhaltung ihrer Unabhängigkeit erhoben, erleben wir heute, wie Europa für die gleiche Sache mit den gleichen Waffen den Sieg davonträgt... Es gibt nur Unterdrückte, die es selbst wollen.»

Marschall Foch in der *Revue de France* vom Mai 1921 (zitiert nach Léon Brunschvicg: *«Progrès de la conscience dans la philosophie occidentale»*, p. 242).

«Wer das französische Denken bis 1914 kennt, der weiß, daß der Platz, den wir in Europa einnehmen werden, nicht von uns usurpiert sein wird, sondern daß wir ihn zu Recht verdienen…»

Dominique Parodi: *«La philosophie contemporaine en France»*, Avant-Propos, p. III.

«Ich glaube, ein Akademiker darf sich nur insofern für den nationalen Krieg begeistern, als es ein Bürgerkrieg ist, in dem also unter dem Vorzeichen zweier Nationen zwei ewige Prinzipien miteinander kämpfen. Das war für mich in besonderer Weise beim Krieg von 1914 der Fall, der mir wie eine riesige Ausweitung der Dreyfus-Affäre vorkam, in dem das Prinzip der Obrigkeit von den Hohenzollern und das Prinzip der persönlichen Freiheit von Frankreich verkörpert wurde. Ich will nicht verbergen, daß diese Erwägung immer wieder einen der Gründe darstellt, warum ich mich so leidenschaftlich der Sache Frankreichs verschrieben habe.»

Julien Benda: *«Les Idées d'un Républicain en 1872»* in: *Nouvelle Revue Française* vom 1. August 1931.

Man könnte das Zitieren solcher empörenden Texte bis ins Unendliche fortsetzen. Die merkwürdigsten sind vielleicht die von Herrn J. Chevalier in seiner Schrift über Descartes und die von Herrn Bergson, die in dem Büchlein *«La fin d'une parade philosophique»* von F. Arouet [Pseudonym von Georges Politzer] zitiert werden.

Anmerkung J

…die Summe der spontanen Hervorbringungen seiner Person.

«Wenn nun ein solcher Ideolog die Moral und das Recht, statt aus den wirklichen gesellschaftlichen Verhältnissen der ihn umgebenden Menschen, aus dem Begriff oder den sogenannten einfachsten Elementen ‹der Gesellschaft› herauskonstruiert, welches Material liegt dann vor für diesen Aufbau? Offenbar zweierlei: erstens der dürftige Rest von wirklichem Inhalt, der noch in jenen zugrunde gelegten Abstraktionen möglicherweise vorhanden ist, und zweitens der Inhalt, den unser Ideolog aus seinem eigenen Bewußtsein wieder hineinträgt. Und was findet er vor in seinem Bewußtsein? Größtenteils moralische und rechtliche Anschauungen, die ein mehr oder weniger entsprechender Ausdruck – positiv oder negativ, bestätigend oder bekämpfend – der gesellschaftlichen und politischen Verhältnisse sind, unter denen er lebt; ferner vielleicht Vorstellungen, die der einschlägigen Literatur entlehnt sind; endlich möglicherweise noch persönliche Schrullen. Unser Ideolog mag sich drehn und wenden, wie er will, die historische Realität, die er zur Tür hinausgeworfen, kommt zum Fenster wieder herein, und während er glaubt, eine Sitten- und Rechtslehre für alle Welten und Zeiten zu entwerfen, verfertigt er in der Tat ein verzerrtes, weil von seinem wirklichen Boden losgerissenes, wie im Hohlspiegel auf den Kopf gestelltes Konterfei der konservativen oder revolutionären Strömungen seiner Zeit.»

Friedrich Engels: *«Herrn Eugen Dührings Umwälzung der Wissenschaft»*, Erster Abschnitt: Philosophie, X: Moral und Recht. Gleichheit; zitiert nach Karl Marx, Friedrich Engels: *«Werke»* Bd. 20, Berlin 1968, S. 89f (Anm. d. Übers.)

«Die Ideologie ist ein Prozeß, der zwar mit Bewußtsein vom sogenannten Denker vollzogen wird, aber mit einem falschen Bewußtsein. Die eigentlichen Triebkräfte, die ihn bewegen, bleiben ihm unbekannt... Er imaginiert sich also falsche resp. scheinbare Triebkräfte. Weil es ein Denkprozeß ist, leitet er seinen Inhalt wie seine Form aus dem reinen Denken ab, entweder seinem eigenen, oder dem seiner Vorgänger. Er arbeitet mit bloßem Gedankenmaterial, das er unbesehen als durchs Denken erzeugt hinnimmt... und zwar ist ihm dies selbstverständlich, da ihm alles Handeln, weil durchs Denken *vermittelt*, auch in letzter Instanz im Denken *begründet* erscheint.»

Brief von Friedrich Engels an Franz Mehring vom 14. Juli 1893; zitiert nach Karl Marx, Friedrich Engels: *«Werke»* Bd. 39, Berlin 1968, S. 67 (Anm. d. Übers.)

Anmerkung K

...die Welt der Wahrheit und der Gerechtigkeit zu errichten.

«Der Rationalismus ist nach der Lehre des Sokrates als eine Philosophie der Urteilskraft bestimmbar. Der Verstand gibt dem menschlichen Handeln seinen besonderen Charakter, und er ist erkennbar an dem Nachdenken über die Verschiedenartigkeit und Solidarität der gesellschaftlichen Funktionen, so daß der Sohn gegenüber seiner Mutter oder der Staatsbürger gegenüber dem Magistrat sich entsprechend dem Bewußtsein verhalten, das sie von den tatsächlichen Beziehungen in der Familie oder im Staat gewonnen haben. Verstehen hat also schon für Sokrates genau die gleiche Bedeutung wie für Einstein... Der Gelehrte abstrahiert nicht mehr von seiner Menschlichkeit, von dem Ort, den er im Raum einnimmt, von der Bewegung, in der er steht; er wird sich des örtlichen und beweglichen Bezugszentrums bewußt, das er mit sich herumträgt, nicht weil er hofft, es aufheben zu können, sondern weil er das enttäuschende Privileg mittels einer intellektuellen Koordinierung zu neutralisieren versucht. Diese intellektuelle Koordinierung besteht darin, allen Bezugszentren zugleich Rechnung zu tragen. Er lernt, sich selbst vom Gesichtspunkt der anderen her zu betrachten, so wie er die anderen von seinem eigenen Gesichtspunkt her betrachtet... Diese komplizierte und subtile Funktion, die die Einsteinsche Wissenschaft im Zentrum des menschlichen Verstandes ansiedelt, ist genau die gleiche, die wir in den Dialogen des Sokrates am Werk sehen. In keinem Augenblick des Dialogs rührt die moralische Welt von einer Ordnung her, die vor dem Nachdenken des Menschen läge und sich dem Individuum von außen her aufzwänge; die Ideen der Familie und der Polis entstehen, sozusagen unter unseren Augen, aus der Verstandesarbeit, durch die das Individuum, anstatt sein Handeln vom egozentrischen Standpunkt aus zu betrachten, dem Standpunkt der instinktiven Regung, sich selbst an seine Eltern oder Mitbürger gebunden sieht durch ein System von Beziehungen, die zwar gegenseitig, aber nicht austauschbar sind. Ein solches System kann vom Denken nicht rational definiert werden, ohne daß es in ihm die Gerechtigkeitsnorm entdeckt, die dessen notwendige Grundlage ist, ohne daß es diese Norm zum Zentrum seines Wollens macht... Der sokratische Mensch ist ein Bewußtsein, das heißt, das willentliche Handeln folgt unmittelbar der Bewegung der rationellen Überlegung, als würde es von dessen Fortschreiten mitgerissen... Weil also ein Auseinanderklaffen zwischen der Aufklärung des Verstandes und der Rechtlichkeit des Wollens unmöglich ist, behaupten wir, daß wir nicht passive Mitglieder, Untertanen, in der Polis von Kekrops oder Zeus, sind, sondern freie Wesen, ausgestattet mit der legislativen Würde der Republik der Geister.»

Léon Brunschvicg: *« Le progrès de la conscience dans la philosophie occidentale »*, p. 720–722.

In der heutigen Philosophie herrscht die Idee, das Wahre sei ein Faktor der Einheit und Gemeinschaft. Der Dialog der Gelehrten liefere das Modell für die menschlichen Beziehungen, das einer Gesellschaft entspricht, die Moralität mit sozialem

Frieden gleichsetzt. Daher jene Nachdrücklichkeit, mit der ein Philosoph der Wissenschaften wie Herr Lalande auf die Konvergenz, die Assimilation der Geister hinweist. Sie sehen nicht, daß die Welt der Wissenschaft menschliche Kämpfe ausschließt, daß sie buchstäblich unnachahmbar ist, wenn es um eine Aktion geht. Neben Herrn Brunschvicg erklärt Herr Parodi: «Durch die Vernunft kommunizieren alle Menschen miteinander, und nur in der Vernunft läßt sich die Übereinstimmung der Geister begründen.» (*Union pour la Vérité* vom Februar–März 1919) Diese Philosophen scheinen zu glauben, alle Menschen führten ein ebenso kontemplatives und gesetztes Leben wie sie selbst. Aber die Menschen sind keine Registrierapparate. Ihre Kämpfe sind wirkliche Kämpfe, bei denen es um ganz andere Dinge geht als um Vernunftwahrheiten.

Die Philosophen, die sich auf die Entwicklung der Wissenschaften stützen, treffen sich mit den Philosophen, die sich auf die Soziologie stützen. Ein Émile Durkheim bringt mit anderen Mitteln das gleiche friedfertige Bedürfnis nach Eintracht zum Ausdruck. Sein Buch *«De la Division du Travail social»* ist dazu bestimmt, den sozialen Frieden zu sichern. Er beklagt den Zustand der Gesellschaft, in dem «immer noch der Kriegszustand herrscht» (*Introduction*, VII), in dem «es zu immer neuen Konflikten und Unordnungen kommt, deren trauriges Schauspiel uns die Wirtschaftswelt bietet» (III). Zweck der Gesellschaft sei es, «den Krieg zwischen den Menschen abzuschaffen oder doch wenigstens abzuschwächen» (III). Die ganze Durkheimsche Soziologie macht aus jeder Gesellschaft ein gemeinschaftsbildendes Mittel zur Befriedung der Menschen, die die Wirklichkeit ihrer Kämpfe vergessen sollen. «Es stimmt, daß man meist sehr abschätzig von der Gesellschaft spricht. Man sieht in ihr nur die bürgerliche Polizei mit dem Schutzmann, der sie schützt. Damit sieht man an der reichhaltigsten und komplexesten moralischen

Realität, die wir empirisch beobachten können, vorbei, ohne sie auch nur wahrzunehmen.» («*Sociologie et Philosophie*», p. 109) Die Mathematik und die kollektiven Vorstellungen, alles führt zur Harmonie. Die bürgerliche Philosophie bemüht sich, den Kriegszustand zu verbergen, den sie unter dem himmlischen Schleier eines imaginären Friedenszustands, den auf der Erde zu schaffen sie unfähig ist, nicht zu proklamieren wagt.

Anmerkung L

...die Macht der Wahrheit, die in ihnen war...

In einer Diskussion über die Funktionen der Vernunft in der *Société Française de Philosophie* stand die idealistische Haltung des Bürgers, der an die Ideen glaubt, der realistischen Einstellung des teils vom Marxismus geprägten Denkers entgegen. Herr Brunschvicg sagte dort über den Verfall der väterlichen Macht:

«Wenn die Bedingungen für diesen Beistand fehlen, wird die soziale Funktion der Vaterschaft nicht mehr ausgeübt und das väterliche Recht muß *vernunftgemäß* verschwinden.»

Darauf antwortete Sorel:

«Der Verfall der väterlichen Macht ist nicht die Folge bestimmter, auf den Prinzipien der Gerechtigkeit basierender Erwägungen, sondern einer großen Agitation von sehr leidenschaftlichen Gruppen.»

Bulletin de la Société Française de Philosophie, 1910.

Anmerkung M

Jeder Bürger fühlt sich auserwählt.

«Der erste Satz des ‹*Traité de Morale*› von Malebranche lautet: ‹Die Vernunft des Menschen ist das Wort oder die Weisheit Gottes selbst...› Und ich kann nicht umhin, mich zu fragen, woher diese Wut auf die Vernunft kommt, als wäre sie irgendein Teufelswerk, das der Mensch nach seinem eigenen Willen und zu seinem Nutzen erfunden hätte, als wäre sie nicht auch, ja sie vor allem, göttlichen Rechts, als könnten wir jenem Wort widersprechen, das die Evidenz selbst die Heiden zugeben ließ: *nihil est in homine, ratione divinus*.» [1]

Dieser quasi religiöse Charakter der Vernunft ermöglicht dem bürgerlichen Denken immer einen Rückzug in die sicheren Häfen des religiösen Glaubens. Die Vernunft schließt kein Jenseits aus. Der bürgerliche Denker räumt immer die Möglichkeit göttlicher Rechte ein, die die Vernunft garantieren. In der französischen Philosophie wird allgemein eine Finalität angenommen. Herr Boutroux, Herr Bergson haben der Religion den Weg bereitet. Herr Buisson, der Vater der Theorie der Schulbildung, schreibt:

«Im großen Schoß der Natur gibt es wenigstens einen Punkt, von dem eine Kraft ausgeht, die sich, zu Recht oder zu Unrecht, frei glaubt, gegen die Notwendigkeit aufbegehrt, zu höheren Zielen strebt: das menschliche Ich.» Herr Buisson sieht einen möglichen religiösen Ausweg, indem er zwischen der Seele und dem Körper der Religionen unterscheidet. Über die Seele der Religion schreibt er:

«Es ist jener spontane Elan der Seele, der Verstand, Einbildungskraft, Herz und Willen mit sich fortreißt. Die Seele der Religion ist das Ewigbleibende und Unzerstörbare an ihr...

1 F. Buisson: ‹*La Religion, la Morale*», p. 59f

Die Funktion der Religion besteht darin... den menschlichen Geist... und jede seiner Fähigkeiten daran zu hindern... träge zu werden und zu erstarren...»

Das Wesen der republikanischen Schulreform ist im Grunde die geheime Erhaltung dieser Atmosphäre.

«Was ist die laïzistische Schule?... Viele sehen in unserer Schulreform entweder nur eine Reaktion gegen den Katholizismus oder einen Sieg des Positivismus.» Diese Schule hämmert den Geistern die Souveränität der Vernunft und des Gewissens ein. F. Pécaut, der Prototyp eines laïzistischen Schulmanns und Organisator der École de Fontenay, schrieb, die Schule müsse die jungen Volksschullehrerinnen ermahnen, «sich als Dienerinnen an einem *göttlichen* Werk zu betrachten, bei dem sie die Aufgabe haben, im Sinne Gottes zu wirken, indem sie aus der Unbeständigkeit und den rohen Trieben mit Hilfe des Wissens gewissenhafte und vernünftige Frauen hervorgehen ließen, die sich zur Gerechtigkeit und Wahrheit ebenso berufen fühlten wie zur Liebe»[1]. Die Schlußfolgerungen von Herrn Buisson sind ganz eindeutig:

«Jeder Versuch, die Autorität der Vernunft oder des Gewissens durch eine angeblich höhere Autorität zu ersetzen, läuft den Gesetzen der menschlichen Natur zuwider und hindert uns, unsere Bestimmung in vollem Maße zu erfüllen.»

Das für den Dünkel. Und was die Hintertür der Religion angeht:

«Der schlimmste Atheismus... ist der moralische Atheismus, nicht derjenige, der dogmatisch die Existenz Gottes leugnet, sondern derjenige, der praktisch dessen Wesen leugnet, das heißt, die ideale Tugend und die ideale Gerechtigkeit.» Und in einer Anmerkung G. Séailles zitierend spricht Herr Buisson von der Immanenz des Göttlichen. Gott und die Vernunft, beides gehört zur bürgerlichen Seele.

1 *«L'Éducation publique et la vie nationale»*, p. 177

Deshalb wissen die heutigen Denker, die Anhänger einer positiven Religion sind, auch ganz genau, an wen sie sich, was die offizielle Philosophie angeht, halten müssen. Herr Gabriel Marcel sagt von Herrn Brunschvicg:

«Zunächst der Dünkel, ich zögere nicht, es auszusprechen. Man könnte mir entgegenhalten, dieser Dünkel habe keinen personalen Charakter, weil der Geist, von dem Herr Brunschvicg spricht, nicht der Geist von jemand bestimmtem ist. Darauf erwidere ich zunächst, daß es der Geist von allen ist oder sein will, und wir wissen seit Platon, wieviel Selbstgefälligkeit in der Demokratie steckt, von der dieser Idealismus nur eine Übertragung darstellt. Das ist jedoch nicht alles. Der Idealist setzt sich unweigerlich selbst an die Stelle des Geistes – und diesmal haben wir es mit jemand ganz bestimmtem zu tun... Es ist klar, daß bei einer Konfrontierung eines Idealisten mit einem Marxisten, der ihm klipp und klar erklärt, sein Geist sei ein rein bürgerliches Produkt, ein Ergebnis ökonomisch bedingter Muße, der Idealist sich in die Sphäre der blutleersten Abstraktionen zurückziehen muß. Ich für meinen Teil glaube, daß ein solcher Idealismus unweigerlich zwischen einer konkreten religiösen Philosophie einerseits und dem historischen Materialismus andererseits in die Enge getrieben wird.»[1] Und wir sehen, daß die Philosophie von Herrn Brunschvicg nach einer religiösen Krönung strebt. *«De la Connaissance de soi»* ist im Grunde ein frommes Buch. Der bürgerliche Idealismus jeder Spielart hat es schwer in Zeiten historischer Spannungen, weil dann seine ganze Dürftigkeit zutage tritt. Das Bürgertum selbst sucht nach zuverlässigeren weltlichen Stützen und kräftigerer Nahrung für seine Einsamkeit. So entstehen reaktionäre Strömungen. Die religiöse Philosophie bringt den einzelnen Hilfe und Hoffnung.

1 Gabriel Marcel: *«Remarques sur l'irreligion contemporaine»* in: *Nouvelle Revue des Jeunes* vom 15. Februar 1931.

Diese doppelte Strömung im öffentlichen und privaten Denken wird in der berühmten Untersuchung von Agathon deutlich. Ich glaube, wir werden das noch einmal erleben, wenn die französische Staatsphilosophie, die nur im Frieden gedeihen kann, von schwerwiegenden Ereignissen weggefegt wird, wenn die bürgerlichen Denker wieder gezwungen sein werden, sich der profanen Welt zu beugen. Wenn auch kein unmittelbarer Übergang von einer demokratischen Philosophie zu einer reaktionären Philosophie denkbar ist, so ist doch der Übergang von einer Philosophie des laïzistischen Geistes zu einer Weisheit religiösen Bewußtseins immer möglich: die Brücken wurden niemals gänzlich abgebrochen. Jedenfalls nicht durch die Philosophen. Herr Boutroux, einer der Begründer der Philosophie der Universität, hielt die Möglichkeit eines solchen Übergangs aufrecht: die Idee der Kontingenz führt zur Idee Gottes. Auch Bergson hielt diese Möglichkeit offen: «In meinem ‹*Essai sur les données immédiates de la conscience*› versuche ich deutlich zu machen, was Freiheit ist. In ‹*Matière et Mémoire*› stoße ich den Leser, wie ich hoffe, mit der Nase auf die Wirklichkeit des Geistes. In ‹*L'Évolution créatrice*› stelle ich das Schaffen als eine Tatsache dar. Aus alldem ergibt sich ganz deutlich die Idee eines schaffenden und freien Gottes, der zugleich die Materie und das Leben hervorgebracht hat und dessen Schöpfungsakt sich im Leben fortsetzt in der Evolution der Arten und der Bildung menschlicher Persönlichkeiten.»[1]

Auch von den Erziehern wurden die Brücken nicht abgebrochen. Im offiziellen Programm des Grundschulunterrichts, das ein Anhang zu einer Verfügung vom 18. Januar 1887 ist, heißt es: «[Der Lehrer] bringt ihnen bei, den Namen Gottes nicht leichtfertig im Munde zu führen. Er weckt ein Gefühl von Achtung und Verehrung für die Idee von der er-

1 Briefe an Pater de Tonquédec in: *Les Études* vom 20. Februar 1912.

sten Ursache mit dem vollendeten Wesen. Er gewöhnt jeden Schüler daran, den Begriff Gottes mit der gleichen Verehrung zu betrachten, auch wenn er unter Formen auftritt, die von der seiner eigenen Religion abweichen. Schließlich... soll der Lehrer dem Kind begreiflich und spürbar machen, daß die erste Achtung gegenüber dem Göttlichen der Gehorsam gegenüber Gottes Gesetzen ist, wie sie ihm sein Gewissen und seine Vernunft offenbaren.»

Die Religion ist ihrem Wesen nach eine der einfachsten Rückzugsmöglichkeiten des bürgerlichen Denkens, und sie ist genau die Partei, die die irdische Philosophie der Revolution unter keinen Umständen ergreifen darf: «Die Religion ist die allgemeine Theorie dieser Welt, ihr enzyklopädisches Kompendium, ihre Logik in populärer Form, ihr spiritualistischer Point-d'honneur, ihr Enthusiasmus, ihre moralische Sanktion, ihre feierliche Ergänzung, ihr allgemeiner Trost- und Rechtfertigungsgrund... Die Forderung, die Illusion über seinen Zustand aufzugeben, ist die *Forderung, einen Zustand aufzugeben, der der Illusionen bedarf*... Es ist also die *Aufgabe der Geschichte*, nachdem das *Jenseits der Wahrheit* verschwunden ist, die *Wahrheit des Diesseits* zu etablieren. Es ist zunächst die *Aufgabe der Philosophie*, die im Dienste der Geschichte steht, nachdem die *Heiligengestalt* der menschlichen Selbstentfremdung entlarvt ist, die Selbstentfremdung in ihren *unheiligen Gestalten* zu entlarven. Die Kritik des Himmels verwandelt sich damit in die Kritik der Erde, die *Kritik der Religion* in die *Kritik des Rechts*, die *Kritik der Theologie* in die *Kritik der Politik*.»[1]

1 Karl Marx: «*Zur Kritik der Hegelschen Rechtsphilosophie, Einleitung*»; zitiert nach Karl Marx, Friedrich Engels: «*Werke*» Bd. 1, Berlin 1961, S. 378–379 (Anm. d. Übers.)

Anmerkung N

...weil die Bourgeoisie das Monopol über sie behalten wollte.

«Eine der größten Stärken der Bourgeoisie ist es, daß sie der Wissenschaft den Charakter einer Geheimwissenschaft zu geben gewußt hat, indem sie ihr jede sichtbare Beziehung zum alltäglichen Leben nahm. Anstatt die Wissenschaft als das darzustellen, was sie in Wirklichkeit ist, nämlich eine Institution, die die Beobachtungen der täglichen Arbeit und die Erfahrungen, die bei der Lösung von praktischen Schwierigkeiten gemacht werden, durch ein mnemotechnisches Verfahren auf eine allgemeine Formel bringt, wird sie als eine völlig vom Leben losgelöste Sache ausgegeben, als ein im Heiligtum der Universitäten eifersüchtig gehütetes Geheimnis, zu dem nur die bürgerlichen Intellektuellen, jene modernen Priester, Zugang haben. Das Ergebnis für die Herrschaft der Bourgeoisie ist ausgezeichnet. Alle Klassen der Gesellschaft, auch und vor allem die Arbeiterklasse, sind von diesem Respekt gegenüber den ‹Gelehrten› durchdrungen.»

R. Louzon: *«L'ouvriérisme dans les Mathématiques supérieures»* in: *Vie Ouvrière* vom 5. Dezember 1912.

Anmerkung O

...Herr Pécaut, Herr Belot, Herr Parodi.

Herr Thibaudet schreibt in *«La République des professeurs»* über Lagneau, den er Barrè gegenüberstellt: «Das Wesentliche an der Lehrtätigkeit von Lagneau war, daß er Lagneau, durch und durch Lagneau war und gleichzeitig als ein vollendetes und dessen würdiges Beispiel die Elite des Universitätsklerus repräsentierte, die unsere Philosophieprofessoren bilden.

Man sollte besser sagen: Halb-Klerus. Bei der philosophischen Berufung waltet ein ähnliches Prinzip wie bei der priesterlichen Berufung. Wer das Staatsexamen in Philosophie gemacht hat, ist, gleichgültig ob er später ein Parlamentsfeilscher oder der Verwalter einer zweifelhaften Bank wird, ebenso wie der Absolvent eines Priesterseminars in einem bestimmten Moment seines Lebens von der Idee geprägt worden, daß das höchste der menschlichen Güter ein Leben im Dienste des Geistes ist und daß die Universität Posten ausschreibt, die einen solchen Dienst möglich machen. Man kann diesen Halb-Klerus eher mit dem evangelischen Pastorenamt als mit dem römischen Klerus vergleichen...»

«Die Autorität, mit der das Wort des Priesters versehen ist, rührt von der hohen Meinung her, die er von seiner Mission hat, denn er spricht im Namen eines Gottes, dem er sich näher glaubt und fühlt als die Menge der Laien. Auch der laïzistische Lehrer kann und muß etwas von diesem Gefühl haben. Auch er ist das Organ einer großen moralischen Persönlichkeit, die über ihm steht: die Gesellschaft. Ebenso wie der Priester der Dolmetscher seines Gottes ist, ist er der Dolmetscher der großen moralischen Ideen seiner Zeit und seines Landes. Wenn er sich diesen Ideen verpflichtet weiß und ihre ganze Größe empfindet, dann muß auch die Autorität, die in ihnen liegt und deren er sich bewußt ist, sich auf seine Person übertragen und auf alles, was von ihr ausgeht.»

Émile Durkheim: *«Éducation et Sociologie»*.

«Wenn die Grundschule im öffentlichen Leben einen so bedeutenden Platz einnimmt, so liegt das an dem Geist, der den Lehrkörper beseelt... Der Lehrkörper der Grundschule... hat die Wesenszüge und Ambitionen einer geistlichen Körperschaft; er fühlt, daß er eine Mission hat und dazu berufen ist, weniger dem Staat zu dienen als sich selbst seiner zu bedienen...»

D. Halévy: *«Décadence de la Liberté»*.

Anmerkung P

...diesem großen Begründer einer Wissenschaft.

«Er [Liard] hat aus ihm [Durkheim] eine Art von Studienpräfekten gemacht. Er hat ihm sein ganzes Vertrauen geschenkt und ihn zunächst in den Conseil de l'Université de Paris und dann in das Comité consultatif berufen, was Herrn Durkheim die Möglichkeit gibt, alle Berufungen auf Universitätslehrstühle zu überwachen... Man denkt unwillkürlich an Victor Cousin, der die Philosophieprofessoren ‹mein Regiment› und seine Lehre ‹meine Fahne› nannte.»

Agathon: *«L'Esprit de la Nouvelle Sorbonne»*, p. 98–99.

«Der gegenwärtige Aufschwung unseres Unterrichtswesens umfaßt eine ständige Annäherung zwischen der Unterstufe, der Mittelstufe und der Oberstufe. Man könnte im übertragenen Sinne von den Schlachten zwischen Dekan Brunot und Minister Léon Bérard, Direktor und Rektor Lapie und Präsident Millerand sprechen. Bérard und Millerand sind besiegt worden. Das Dekanet von Herrn Brunot hat die Sorbonne für die Unterstufe geöffnet. Und die Einführung des Soziologiestudiums für die Lehrerausbildung durch Paul Lapie, einem unbestechlichen und militanten Laïzisten, der das Werk der Buisson, Pécaut und Steeg fortsetzt, ist ein noch wichtigeres Datum für den Kalender des republikanischen Geisteslebens. Dadurch hat der Staat in seinen Schulen dem Lehrer geliefert, was die Kirche auf ihren Seminaren den Gegnern des laïzistischen Unterrichts liefert: eine Theologie. Lapie meinte, die Lehrer würden auf dieses Studium kritisch reagieren. Weit gefehlt: sie reagieren theologisch.»

Albert Thibaudet: *«La République des Professeurs»*, p. 222–223.

Das sind die Kanäle der geistigen Macht.

Anmerkung Q

...die Rolle der Universitätsphilosophie.

«Wir haben keine Staatslehre», sagt Herr Parodi. Aber das ist sehr fraglich. Zu Beginn seiner Aktion erklärte Ferry (im Senat am 5. März 1880): «Zwei Dinge dürfen dem lehrenden und aufsichtführenden Staat nicht gleichgültig sein: die Moral und die Politik, denn beide sind eine ureigenste Angelegenheit des Staates und folglich trägt er für beide die Verantwortung.» Im Juni 1879 hatte er gesagt: «Der Staat beschäftigt sich mit der Erziehung, um eine bestimmte Staatsmoral, eine bestimmte Staatslehre zu festigen, die für seine Erhaltung wichtig sind.» Später erklärte L. Bourgeois beim Concours Général von 1891: «Wieviel notwendiger ist diese Einheit der Lehre beim Werk der moralischen Erziehung...»

Diese Staatstheorie ist auch die von Herrn Roustan, der jeden, der sie nicht vertritt, einfach entläßt (Affäre Boyer).

Tatsächlich hat sich seit 1880 eine allgemeine Staatslehre herausgebildet, und zwar durch die Beziehungen zwischen Politikern, Philosophen und Beamten der Rue Grenelle, auf Betreiben von Ministern und geduldigen und hartnäckigen Bürokraten, auf Betreiben des Staates. «Das heißt letztlich ein Minister, assistiert von drei oder vier Ministerialdirektoren mit ihren Büros, einem Dutzend Schulaufsehern und Komitees, die niemandem verantwortlich sind.» (F. Pécaut, *«Études au jour le jour»*, VII) Diese Lehre, die vor allem eine Morallehre ist, wird noch heute auf allen Stufen unseres so gut koordinierten Schulsystems gelehrt.

Wie bereitwillig ließen sich doch die Philosophen für die Politik des Bürgertums mobilisieren: von Buisson bis Steeg, von Durkheim bis Belot! Mit welchem Eifer unterwarfen sich diese Akademiker den Plänen der Politiker, die die Unverschämtheit hatten, offen an sie zu appellieren. «Dieser Appell an die Philosophie, zur Heranbildung der Lehrer beizutragen, war ein wirklich kühnes Unternehmen in einem Land, in dem die bisher so mangelhafte Ausbildung der Lehrer auf dem Gebiet der Moral nur in dem mechanischen Auswendiglernen des Katechismus bestanden hatte...» (H. Marion: *«Le mouvement des Idées pédagogiques en France depuis 1870»*, p. 16)

Dieser Mut wurde mit Erfolg belohnt. Viele Philosophen schrieben Handbücher und hielten Vorlesungen, die im Dienste der Klassenmoral standen, für die die Minister bei ihnen Rechtfertigungen bestellt hatten. Die Pädagogik wurde zur Spezialität der französischen Philosophie. Was für illustre Namen stellten sich in den Dienst der laïzistischen Mehrheit: Marion, Espinas, Dauriac, Egger, Thamin, Durkheim, Fauconnet! Wer schrieb nicht alles Handbücher. Was für einen Aufschwung nahm das Schulbuchwesen!

Ihre Aufgabe war ziemlich klar: es ging darum, das Kind zu lehren, «diese 1789 gegründete moderne Gesellschaft und die Prinzipien von 1789 zu lieben... die unsere staatsbürgerliche Moral und die Seele unseres Vaterlandes darstellen» (J. Ferry am 10. Juni 1881). Einige Texte werden den Gegenstand dieser moralischen Bemühungen zur Genüge verdeutlichen:

«Der Berichterstatter [Paul Bert] legte dar, daß die staatsbürgerliche Unterweisung zwei Teile umfassen müsse: der erste Teil – sozusagen ein Unterricht in Tatsachen – müsse dem Kind die Bedingungen darlegen, unter denen das Leben in seinem Lande funktioniert... Der zweite Teil, den man dem Kinde mit dreizehn Jahren lehren müsse, umfasse etwas ganz anderes, umfasse viel mehr. Dieser zweite Teil werde zweifellos keine allgemeine Zustimmung finden. Er werde das Kind lehren, *diesen Zustand der Dinge zu lieben.*»

A. Israel: *«L'École de la République»*, p. 143–144.

«Die Erziehung ist die Einwirkung der erwachsenen Generationen auf die, die noch nicht reif sind für das soziale Leben. Sie hat zur Aufgabe, beim Kind eine Reihe von physischen, intellektuellen und moralischen Zuständen hervorzurufen und auszubilden, die sowohl die politische Gesellschaft insgesamt als auch das spezielle Milieu, für das es im besonderen bestimmt ist, von ihm verlangen.»

É. Durkheim: *«Éducation et Sociologie»*, p. 49.

«Der Mensch, den die Erziehung in uns verwirklichen muß, wird nicht so aussehen, wie ihn die Natur gemacht hat, sondern so, wie ihn die Gesellschaft will.»

Ders., ebenda, p. 116.

«Wenn... die Erziehung vor allem eine kollektive Funktion hat, wenn sie die Aufgabe hat, das Kind an das soziale Milieu anzupassen, in dem zu leben ihm bestimmt ist, dann ist es unmöglich, daß sich die Gesellschaft für ein solches Unternehmen nicht interessiert... Ihr kommt es also zu, dem Lehrer ständig die Ideen und Gefühle ins Gedächtnis zu rufen, die er dem Kind einprägen muß, um es in ein harmonisches Verhältnis zu seiner Umwelt zu bringen. Wenn sie nicht immer präsent wäre... würde sich die große Seele des Vaterlandes spalten und in eine inkohärente Menge von kleinen Seelen auflösen, die miteinander in Konflikt gerieten... Der Zustand der Spaltung, in dem sich gegenwärtig in unserem Land die Geister befinden, macht diese Aufgabe für den Staat besonders schwierig, aber gleichzeitig auch besonders wichtig... Trotz aller Meinungsverschiedenheiten ruht unsere Zivilisation heute auf einer Reihe von Grundsätzen, die implizit oder explizit allen gemeinsam sind, die jedenfalls nur wenige offen zu leugnen wagen: die Achtung der Vernunft, der Wissenschaft, der Ideen und der Gefühle, auf denen die demokratische Moral fußt. Aufgabe des Staates ist es, diese wesentlichen Grundsätze herauszustellen, sie in seinen Schulen lehren zu lassen, darüber zu wachen, daß man nirgends die Kinder in Unwissenheit über sie läßt und daß überall mit der gehörigen Achtung von ihnen gesprochen wird...»

F. Buisson: *«Dictionnaire de Pédagogie»*, 1911.

«[Die französische Erziehung] versucht Menschen zu bilden, die dem idealen Menschentyp entsprechen, den diese [französische] Zivilisation impliziert; sie versucht, Menschen für Frankreich zu bilden ebenso wie für die Menschheit, so wie Frankreich sie sich in seinen Beziehungen zu ihr vorstellt...»

P. Fauconnet zu: *«Éducation et Sociologie»* von Durkheim.

Die Reihe solcher Definitionen des vom Staat verlangten und von der Philosophie formulierten moralischen Konformismus ließe sich noch lange fortsetzen. Die Philosophie brachte diesen Konformismus auf die notwendigen kurzen Formeln und rechtfertigte ihn durch irgendeine Dialektik der von ihm implizierten Zwecke. Das Problem der Rechtfertigungen war jedoch äußerst schwierig; mehr als ein Philosoph, mehr als ein Politiker gaben es naiv zu. Wie unangenehm, plötzlich der göttlichen Strafen beraubt zu sein! Der Konformismus mußte ja gerechtfertigt werden, damit er von denen, für die er bestimmt war, auch akzeptiert wurde. Man machte die verschiedensten Versuche: man griff auf Kant, auf Renouvier zurück; der Spiritualismus, der Positivismus, die Wissenschaft, all diese Hilfsmittel lieferten nur schlechte Rechtfertigungen für die Achtung des Bestehenden. Das moralische Gesetz, die Pflicht und die Ideen liefen Gefahr, der Aufmerksamkeit und Liebe des Volkes zu entgehen. Um 1890 traten diese Schwierigkeiten offen zutage: «Der mißtrauische Instinkt der weniger aufgeklärten Klassen täuscht sie hier keineswegs, wenn er sie ahnen läßt, daß die Ideen der Gerechtigkeit und der Vernunft nur dann einen praktischen Wert haben, wenn sie den Gesetzen der Wirklichkeit entsprechen ... [das Gesetz ist hervorgegangen] aus den inneren Notwendigkeiten der Natur und der Dinge ... Notwendigkeiten, die die Völker um so mehr empfinden, je vernünftiger und freier sie sind. Das wäre eine solide Begründung für das Gesetz, und eine solche Theorie würde nicht auf Skepsis stoßen ...» (Mabilleau: *«L'Instruction civique»*, p. 13–14)

Herr Mabilleau schlägt genau das Programm vor, das Durkheim verwirklichen wird. Um 1893/94 schien die Lage der Bourgeoisie unsicher: Frankreich fühlte sich bedroht, und man kann mehr als ein Zeichen dafür bei Durkheim finden. Fußgänger und Minister wurden von Bombenanschlägen beunruhigt. Die Reden von Herrn Bourgeois waren Alarmrufe. Sie riefen nach einer Festigung der bürgerlichen Moral:

«In dieser Stunde, in der wir Verbrecher und Wahnsinnige die Revolte gegen die Gesellschaft predigen und der Propaganda des Friedens und der Brüderlichkeit die abscheuliche Propaganda des Hasses entgegenstellen hören, genügt es nicht, die begangenen Verbrechen mit unerbittlicher Härte zu bestrafen, sondern es muß auch dafür gesorgt werden, daß sie sich nicht wiederholen. Dazu ist zweierlei notwendig: eine legislative Aktion, für die der Staat verantwortlich ist, und eine erzieherische Aktion, die das Werk aller guten Staatsbürger sein muß. Der Staat muß unverzüglich ... die Reformen unternehmen ... die schon allein die Klugheit erfordert, die vor allem aber die Gerechtigkeit von einer großen Demokratie wie der unsren verlangt.» (Rede auf dem III. Kongreß der *Ligue de l'Enseignement*, 1894)

Die moralischen Rechtfertigungen mußten also reformiert werden. Durkheim übernahm diese Aufgabe und gab der Bourgeoisie die geistigen Waffen, die sie brauchte. Nach einigen Widerständen konnte sich die Durkheimsche Philosophie durchsetzen.

«Und Herr Bouglé, ein Schüler von Herrn Durkheim, erklärt uns, daß die Politik dieser Besinnung förderlich war. ‹Die Mitarbeiter der *Année Sociologique*›, sagte er, ‹begriffen angesichts des gemeinsamen Gegners besser, daß sie das gleiche Ideal verfolgten.›»

Agathon: *«L'Esprit de la Nouvelle Sorbonne»*, p. 107.

Es hatte die etwas blutleeren moralischen Institutionen der großen Epoche gegeben wie die von Buisson, Steeg und Pécaut. Dann die mehr von der Herrschaft der Soziologie geprägten Institutionen. Diese Institutionen erhielten ihre höheren Weihen durch Herrn L. Lapie, der sie in die Lehrerseminare einführte. In seinem Buch *«Décadence de la Liberté»* spricht Herr Daniel Halévy von der Macht der Professorenschaft und kennzeichnet dabei sehr treffend die Rolle von Herrn Lapie, der die Soziologie einführte, «eine etwas weitläufige Materie, von der man nur eines mit Gewißheit weiß, nämlich daß es die Philosophie der Radikalsozialisten und Sozialdemokraten ist» (p. 101 f).

So erfüllten die Philosophen die Aufgaben der Parlamente. Von ihren Lehrstühlen her breiteten sich alle staatsbürgerlichen und moralischen Konformismen in den Hochschulen, Oberschulen und Grundschulen aus, dieses ganze Gemisch aus Fügsamkeit, Trägheit und Unterwürfigkeit, gegen das eine neue Philosophie sich erhob. Péguy rief aus:

«Wann werden unsere Franzosen endlich vom Staat die Regierung der irdischen Werte verlangen?... Wann endlich wird unser Staat, der schon so viele Berufe hat, der Streichhölzer produziert, der Gesetze produziert... wann wird er begreifen, daß es nicht seine Aufgabe ist, für uns auch noch eine Metaphysik zu produzieren?... Wir haben die Entthronung der Kirchen erlebt. Wann werden wir die Entthronung der Metaphysik erleben? Wir haben keinen Staatskatechismus mehr... Wird diese Welt ohne Gott, Pulligny, die wir gemeinsam in gutem Einvernehmen herausgaben... wird diese Welt ohne Gott, durch eine Umkehrung, mit der Sie zweifellos nicht rechnen, zu einem neuen Regierungskatechismus werden, der in wohlwollender Eintracht von den Polizisten und den Herren Friedenswächtern gelehrt wird?»

Ch. Péguy: *«De la Situation faite au Parti Intellectuel»*, O.C., III; 166.

Von einem anderen Horizont aus sprechen revolutionäre Stimmen mit ganz anderen Motiven der Empörung die gleiche Verurteilung aus.

Anmerkung R

...Ich zweifle, daß es noch Zeit dazu ist.

«Ich bin ein Steuerzahler, und ich bin nicht nur ein Steuerzahler, sondern ich bin ein Mensch, der froh ist, daß er von Polizisten beschützt wird, der gezwungen ist, wenn Sie so wollen, hinzunehmen, daß zu seiner Sicherheit eine Geheimpolizei da sein muß, deren Methoden man vielleicht nicht immer ganz rechtfertigen kann. Ich nehme es trotzdem hin und werde daher täglich zum Pharisäer, was Sie einem Menschen wie mir zum Vorwurf machen können. Aber all das sind nur äußere Hüllen. Ich hülle mein Ich in einen Bürger, einen Steuerzahler, einen Professor usw. Aber es bleibt noch etwas übrig, und das bin ich selbst, der ich mich bemühe, mich dieser

Hüllen zu entledigen, und es ist vielleicht ungerecht, wie Herr Berl es getan hat, von der äußeren Hülle auf den Inhalt zu schließen.»

Léon Brunschvicg in: *Bulletin de l'Union pour la Vérité*, Nr. 3 (1929).

Das ist eine genaue Schilderung der philosophischen Sklaverei, und alle inneren Befreiungen ändern nichts an dieser Situation. Der Philosoph hält sich frei und glaubt, daß sein Ich von allen diesen Abwehrmaßnahmen unberührt bleibt. Er glaubt, daß das Wesen, das in ihm denkt und die Menschen rettet, nicht mit dem Wesen verwechselt werden kann, das die Polizei liebt. Werden wir zu einer solchen Schizophrenie bereit sein?

Jene Mächte, auf die er sich stützt, jene Schutzleute, jene Geheimpolizei des Philosophen als Steuerzahler, Bürger und Professor sind genau die gleichen, unter denen die Menschen zu leiden haben. Die großzügig der Menschheit entgegengestreckte rechte Hand weiß nicht, was die linke tut, die den Arm des Polizisten umklammert. Alle Verheißungen des von Hüllen umgebenen Menschen können jener Realität der Polizeihüllen nicht einen Augenblick standhalten. Dieser Idealismus wird vom Erdboden verschwinden.

Anmerkung S

... Verrat an der Klasse, die sie unterjocht, und an den Interessen, die sie vernichten.

Es ist zu untersuchen, warum die revolutionäre marxistisch-leninistische Philosophie in Frankreich noch als neu gelten kann. Wahrscheinlich aus den gleichen Gründen, aus denen es bei uns auch noch keine proletarische Literatur gibt und das Problem sich gerade erst stellt. Auf dem Kongreß von Charkow vom November 1930[1] wurde für die Literatur eine erste Analyse versucht. Es ist klar, daß ein revolutionärer Philosoph direkt aus dem Proletariat hervorgehen kann. So zum Beispiel Josef Dietzgen. Aber eine gewisse Zeitlang werden viele Vertreter der revolutionären Philosophie aus den Reihen der Bourgeoisie kommen. Neben dem Beispiel Dietzgen gibt es das Beispiel Marx, das Beispiel Lenin. Die Tatsache, daß die Bourgeoisie die materiellen Mittel und Institutionen innehat, durch die die Technik der Bildung vermittelt wird, macht diese Situation unvermeidlich. Die Charta dieser Philosophen des Proletariats wurde von Marx, von Lenin selbst gegeben. Im «*Manifest der Kommunistischen Partei*» analysiert Marx die notwendigen Bedingungen für die Bildung eines Klassenbewußtseins und betont dabei die Tatsache, daß ganze Bestandteile der herrschenden Klasse ins Proletariat hinabgeworfen werden: «Auch sie führen dem Proletariat eine Masse Bildungselemente zu. In Zeiten endlich, wo der Klassenkampf sich der Entscheidung nähert, nimmt der Auflösungsprozeß innerhalb der herrschenden Klasse, innerhalb der ganzen alten Gesellschaft, einen so heftigen, so grellen Charakter an, daß ein kleiner Teil der herrschenden Klasse sich von ihr lossagt und sich der revolutionären Klasse anschließt, der Klasse, welche die Zukunft in den Händen trägt. Wie daher früher ein Teil des Adels zur Bourgeoisie überging, so geht jetzt ein Teil der Bourgeoisie zum Proletariat über, und namentlich ein Teil der Bourgeoisieideologen, welche zum theoretischen Verständnis der ganzen geschichtlichen Bewegung sich hinaufgearbeitet haben.» Das Ziel, nach dem der Philosoph, der sich der Partei des Proletariats anschließt, streben muß, kann natürlich nur das Ziel der kommunistischen

1 *La Littérature de la Révolution Mondiale,* Moskau, Sondernummer 1931

Parteien sein. «Sie haben theoretisch vor der übrigen Masse des Proletariats die Einsicht in die Bedingungen, den Gang und die allgemeinen Resultate der proletarischen Bewegung voraus.» Marx hat die Bewegung dieser Ideologen in seiner Psychologie des Intellektuellen genau beschrieben (Briefe von Arnold Ruge von 1843). Die Aufgaben der revolutionären Philosophie werden von Lenin präzisiert anläßlich seiner Kritik an der Theorie von der Spontaneität der Arbeiterbewegung: «Der Satz der Verfasser des ‹ökonomischen› Briefes in Nr. 12 der *Iskra*, daß die größten Anstrengungen der begeisterten Ideologen die Arbeiterbewegung nicht von dem Weg abbringen könnten, der durch die Wechselwirkung der materiellen Elemente und des materiellen Milieus bestimmt werde, ist daher völlig gleichbedeutend mit dem Verzicht auf den Sozialismus... Das politische Klassenbewußtsein kann dem Arbeiter nur von außen gebracht werden... Der wissenschaftliche Sozialismus ist aus den philosophischen, historischen und ökonomischen Theorien der Repräsentanten der besitzenden Klassen hervorgegangen. Das heißt natürlich nicht, daß die Arbeiter an der Ausarbeitung dieser Theorien keinen Anteil gehabt hätten. Aber sie haben daran Anteil gehabt, nicht als Arbeiter, sondern als sozialistische Theoretiker... Sie haben daran Anteil gehabt, nachdem und insoweit sie sich die wissenschaftlichen Kenntnisse ihrer Epoche mehr oder weniger aneignen und sie bereichern konnten... Ohne revolutionäre Theorie kann es auch keine revolutionäre Bewegung geben... Worin besteht denn die Rolle der Sozialdemokratie, wenn nicht darin, der ‹Geist› zu sein, der nicht nur über der spontanen Bewegung schwebt, sondern diese Bewegung auch auf die Höhe ‹seines Programms› emporhebt? Doch nicht darin, im Nachtrab der Bewegung einherzutrotten...» (*«Was tun?»*) Diese Aufgabe der Philosophie der Revolution erfordert Ideologen, die dem proletarischen Kampf die geistigen Waffen zuführen, die die Bourgeoisie ihnen anvertraute, damit sie ihr dienen; sie verlangt von ihnen eine totale Identifizierung in allen Bereichen mit den Aktionen des Proletariats und den aus der Klassensituation entstehenden Revolten. Sie verlangt von ihnen eine revolutionäre Unbestechlichkeit, die durch die Makel ihrer Klasse erschwert wird, von denen sie noch lange nach ihrem Übergang zur Partei des Proletariats gezeichnet bleiben. In allen Bereichen ihres Handelns und Denkens müssen sie mit den Gewohnheiten, in denen sie aufgewachsen sind, brechen und den Dünkel und die Selbstgefälligkeit des bürgerlichen Akademikers in sich abtöten. Sie müssen alle formalen Fähigkeiten des Intellektuellen mitbringen und alle Verschrobenheiten des Intellektuellen ablegen. Es genügt nicht, sich in emotionaler Begeisterung dem Proletariat anzuschließen, ein solches Gefühl kann eines Tages von einer anderen Regung verdrängt werden. Es genügt nicht, «die Revolution der Scham» zu erfahren, nicht mehr Komplize sein zu wollen: das sind nur die ersten Schritte, auf die weitere Schritte folgen müssen. Sie dürfen sich nicht mehr nur als Fachleute im Dienste des Proletariats betrachten, dadurch würden sie zwangsläufig lange Zeit suspekt bleiben. Sie müssen auf allzu anspruchsvolle intellektuelle Unternehmungen verzichten und dürfen nicht glauben, der Anschluß an das Proletariat öffne ihnen den Weg zu einem philosophischen Schwärmertum. Ihre Arbeit wird immer schwieriger, manchmal langweilig sein. Engels schrieb: «... jedes Wort, das man noch über ‹den Menschen› verlieren, jede Zeile, die man gegen die Theologie und Abstraktion wie gegen den krassen Materialismus schreiben oder lesen muß, ärgert mich. Es ist doch etwas ganz anderes, wenn man sich statt all dieser Luftgebilde – denn selbst der noch nicht realisierte Mensch bleibt bis zu seiner Realisierung ein solches – mit wirklichen, lebendigen Dingen, mit historischen Entwicklungen und Resultaten beschäftigt. Das ist wenigstens das Beste, solange wir noch allein auf den Gebrauch der

Schreibfeder angewiesen sind und unsere Gedanken nicht unmittelbar mit den Händen oder, wenn es sein muß, mit den Fäusten realisieren können.» (Brief von Friedrich Engels an Karl Marx vom 19. November 1844; zitiert nach Karl Marx, Friedrich Engels: *«Werke»* Bd. 27, Berlin 1965, S. 12)

Die revolutionären Philosophen werden vom Proletariat mehr empfangen, als sie ihm geben können. Ein Mensch entscheidet sich nur aus ganz bestimmten Gründen für die Sache einer Klasse. Im Geist eines Intellektuellen können die Geschicke des Verstandes selbst ein besonderes Interesse erwecken. Die Situation der bürgerlichen Philosophie macht die Befriedigung dieses besonderen Interesses unmöglich. Die Erschöpfung der bürgerlichen Kultur, die Sackgassen, in die die Wissenschaft geraten ist, der Verfall der Philosophie und schließlich die Barbarei, in der diese Kultur versinkt, bringen manche Intellektuelle dazu, sich einer Zukunft zuzuwenden, in der ein neuer Sprung nach vorwärts möglich ist. Schon ein Mann wie Auguste Comte wußte, welche Möglichkeiten das Proletariat für die Entwicklung der Philosophie bieten konnte. In seinem *«Discours sur l'ensemble du positivisme»* schreibt er: «Der Positivismus kann nur innerhalb der Klassen eine wirkliche Anhängerschaft gewinnen, denen jedes bloße Wort- oder Entitätenwissen fremd ist, und die ein natürliches aktives Interesse an der Gesellschaft haben; diese Klassen werden fortan die beste Stütze des gesunden Menschenverstandes und der Moral sein. Kurz, nur unsere Proletarier sind dazu geeignet, die entscheidenden Hilfskräfte neuer Philosophen zu werden. Der schöpferische Impuls hängt vor allem von einer engen Verbindung zwischen diesen beiden extremen Elementen der endlichen Ordnung ab. Trotz ihrer natürlichen Verschiedenheit, die jedoch mehr eine scheinbare als eine wirkliche ist, sind sie im Grunde geistig und moralisch einander sehr verwandt. Beide Geistesarten werden nach und nach den gleichen Sinn für die Realität entwickeln, die gleiche Vorliebe für das Nützliche und die gleiche Neigung, das Detaildenken dem Übersichtsdenken unterzuordnen. Auf beiden Seiten werden sich die großzügigen Gewohnheiten einer weisen natürlichen Unbekümmertheit und eine gleiche Verachtung für irdische Größen herausbilden, zumindest, wenn die wirklichen Philosophen durch den Umgang mit echten Proletariern ihr wahres Wesen gefunden haben.» Den vollendetsten Ausdruck für dieses Interesse des Philosophen am Bündnis mit dem Proletariat finden wir in dem großartigen Text von Marx *«Zur Kritik der Hegelschen Rechtsphilosophie. Einleitung»*: «Die Theorie wird in einem Volke immer nur soweit verwirklicht, als sie die Verwirklichung seiner Bedürfnisse ist... Werden die theoretischen Bedürfnisse unmittelbar praktische Bedürfnisse sein? Es genügt nicht, daß der Gedanke zur Verwirklichung drängt, die Wirklichkeit muß sich selbst zum Gedanken drängen... Wie die Philosophie im Proletariat ihre *materiellen*, so findet das Proletariat in der Philosophie seine *geistigen* Waffen... Die *Emanzipation des Deutschen* ist die *Emanzipation des Menschen*. Der *Kopf* dieser Emanzipation ist die *Philosophie*, ihr *Herz* das *Proletariat*. Die Philosophie kann sich nicht verwirklichen, ohne die Aufhebung des Proletariats, das Proletariat kann sich nicht aufheben ohne die Verwirklichung der Philosophie.» (Zitiert nach Karl Marx, Friedrich Engels: *«Werke»* Bd. 1, Berlin 1961, S. 386 und 391)

Dossier zum «Fall Nizan»

PAUL NIZAN VERÖFFENTLICHT AM 25. SEPTEMBER 1939 in der Zeitschrift *L'Œuvre* folgenden Brief an Jacques Duclos:

«Ich erkläre Dir meinen Austritt aus der Französischen Kommunistischen Partei. Mein gegenwärtiger Stand eines Soldaten unter den Waffen verbietet mir, diesen Zeilen irgendeinen Kommentar hinzuzufügen.»

Maurice Thorez schreibt am 21. März 1940 in einem Artikel des *Monde Communiste*:

«Unter dem Deckmantel eines ‹Plans der Zusammenarbeit mit den bürgerlichen Blättern zur Abmilderung des gesetzlichen Verbots der kommunistischen Presse› propagiert zwei Tage später [d. h. am 27. August 1939] der Polizeispitzel Paul Nizan die Idee eines ‹Nationalkommunismus›, das heißt: Kommunismus in Worten und Nationalismus in Taten.»

Im Februar 1941 wird im Untergrund eine Parteibroschüre verteilt, die den Titel hat: «Wie man sich vor Provokation und Bespitzelung, den Instrumenten der Repression, schützt.» Der erste Teil: «Die Provokation, eine Waffe der Bourgeoisie im Klassenkampf», enthält unter der Überschrift «Wie es den Polizeispitzeln gelingt, in den Organisationen zu bleiben», folgenden Absatz:

«Wenn er [der Provokateur] einen schädlichen Vorschlag macht, dann stellt er ihn als für die Bewegung nützlich hin. So der Polizeispitzel Nizan, der zur Zeit der Kriegserklärung einen ‹Plan› der Zusammenarbeit mit der bürgerlichen Presse vorlegte – ein erster Schritt zu einem sogenannten ‹Nationalkommunismus›, durch den das Verbot unserer Presse abgemildert werden sollte.»

Über die Verleumdungskampagne aufgebracht, beschloß eine Gruppe von Schriftstellern, Aufklärung zu verlangen. Am 29. März 1947 veröffentlichte sie im *Figaro Littéraire* folgende Presseerklärung:

«Wir werden von Zeit zu Zeit daran erinnert, daß Jacques Decour, Jean Prévost und Vernet für uns gestorben sind, und es ist gut, daß man uns daran erinnert. Aber um den Namen Nizan, einem der begabtesten Schriftsteller seiner Generation, der 1940 von den Deutschen getötet wurde, herrscht Schweigen; niemand wagt, von ihm zu sprechen; es sieht so aus, als wolle man ihn ein zweites Mal begraben. Indessen flüstert man in bestimmten politischen Kreisen, er sei ein Verräter gewesen. Einem von uns hat Aragon versichert, Nizan habe dem Innenministerium Informationen über die Tätigkeit der Kommunistischen Partei geliefert. Wenn man jedoch Beweise verlangt, werden sie einem niemals gegeben. Man erhält zur Antwort, das sei doch allgemein bekannt. Politzer habe es kurz vor seinem Tode gesagt, und im übrigen genüge es, Nizans Bücher zu lesen, um zu sehen, daß er ein Verräter war. Herr Lefebvre schreibt in seinem letzten Buch ‹*L'Éxistentialisme*›[1]: ‹Paul Nizan hatte wenig Freunde, und wir fragten uns, was sein Geheimnis sei, das ihn umtrieb und quälte. Heute wissen wir es: alle seine Bücher kreisen um das Thema des Verrats›, und: ‹Er kam aus einer reaktionären, wenn nicht gar faschistischen Gruppe. Vielleicht gehörte er ihr noch an, denn er behauptete, sie zu bespitzeln.›

Unserer Kenntnis nach können die Kommunisten Nizan jedoch nur vorwerfen, daß er 1939, nach Abschluß des Stalin-Hitler-Pakts, aus der Partei ausgetreten ist. Darüber kann jeder denken, was er will: das ist eine rein politische Angelegenheit, über die wir kein Urteil fällen wollen. Wenn man ihn

1 Henri Lefebvre: *«L'Éxistentialisme»*, Paris 1946, p. 17 (Anm. d. Übers.)

aber, ohne Beweise zu liefern, beschuldigt, Spitzeldienste geleistet zu haben, dann können wir nicht vergessen, daß er ein Schriftsteller ist, daß er im Kampf gefallen ist und daß es unsere Aufgabe ist, sein Andenken zu verteidigen. Wir wenden uns also an Herrn Lefebvre (und an alle, die mit ihm diese diffamierenden Anklagen kolportieren) und stellen ihnen folgende Frage: Wenn Sie sagen, Nizan sei ein Verräter, wollen Sie dann nur sagen, daß er 1939 aus der Kommunistischen Partei ausgetreten ist? Dann sagen Sie es offen, und jeder wird nach seinen Grundsätzen darüber urteilen. Oder wollen Sie zu verstehen geben, er habe lange vor dem Krieg eine antikommunistische Regierung für Geld über Ihre Partei informiert? Dann beweisen Sie es! Wenn wir von Ihnen keine Antwort oder nicht die verlangten Beweise erhalten, dann werden wir Ihr Schweigen zur Kenntnis nehmen und eine weitere Presseerklärung veröffentlichen, in der wir die Unschuld Nizans beweisen werden.

R. Aron, G. Adam, A. Breton, S. de Beauvoir, P. Bost, A. Billy, P. Brisson, J. L. Bost, J. Benda, R. Caillois, A. Camus, M. Fombeure, J. Guehenno, H. Jeanson, J. Lescure, M. Leiris, J. Lemarchand, R. Maher, M. Merleau-Ponty, F. Mauriac, Brice Parain, Jean Paulhan, J.-P. Sartre, J. Schlumberger, Ph. Soupault.

L. Martin-Chauffier schließt sich in einem separat veröffentlichten Brief unserem Protest an, was den Inhalt angeht, mißbilligt aber den Ton und die Form unserer Erklärung.»

Guy Leclerc antwortet in der *Humanité* vom 4. April 1947: «Wir haben vor einigen Tagen unter dem Titel ‹Der Fall Nizan› eine Anfrage erhalten, die von einer Reihe von Schriftstellern unterzeichnet ist.

Diese Herren beklagen sich darüber, daß man viel von Jacques Decour, Jean Prévost und anderen für die Sache der Freiheit gefallenen Schriftstellern spricht und daß ‹niemand wagt›, von Nizan zu sprechen, daß man ‹flüstert›, er sei ein Verräter gewesen. Sie beklagen sich, sie lamentieren... und beschuldigen eindeutig die Kommunisten, vor allem Aragon.

Denn es versteht sich von selbst, daß es nicht das Ziel dieses Unternehmens ist, ‹das Andenken von Nizan zu rehabilitieren›, der diesen Herren völlig gleichgültig ist, sondern die Französische Kommunistische Partei anzugreifen...

Nizan hat im September 1939 die Kommunistische Partei verlassen. Er tat es mit großem Aufsehen, indem er seinem Schritt einen ostentativen Charakter gab und damit sofort an der ungeheuerlichen Verleumdungskampagne gegen die weitsichtigsten und mutigsten Franzosen teilnahm. Er hat sie verlassen wie Gitton und Capron, die von der politischen Polizei waren... Er verriet seine Partei und zugleich Frankreich, indem er durch seine öffentlichen Erklärungen einen Daladier, einen Bonnet, gegen die er noch kurz vorher geschrieben hatte, und alle Agenten der 5. Kolonne in ihrer verbrecherischen Politik unterstützte. Muß man nicht annehmen, daß er durch eine solche Handlungsweise eine frühere Tätigkeit fortsetzte?

Aber all das interessiert seine heutigen Verteidiger nicht. Es geht nur darum, die Kommunisten zu treffen, und dafür sind alle Mittel recht, und das beste Mittel ist immer noch die Provokation, die kalte und bewußte Provokation, die sich mit literarischem Prestige schmückt und sich hinter den heuchlerischen Allüren von ‹Moralpredigern› verbirgt.

Diese Herren schrecken nicht einmal davor zurück, ihren Namen neben den eines Jeanson gegen Männer der Résistance zu setzen. Das reicht uns! Fünf Jahre Leiden haben zur Genüge offenbart, welche Ware sich hinter dem Antikommunismus verbirgt, so daß dieses Unternehmen zugleich diejenigen richtet, von denen es ausgeht, und den, den es verteidigen will.»

Das *Comité National des Écrivains* veröffentlichte am 11. April 1947 in *Les Lettres Françaises* folgende Erklärung:

«In der Presse ist ein Manifest erschienen, das das Andenken von Paul Nizan zu verteidigen vorgibt gegen die durch ein ‹öffentliches Gerücht› verbreitete Anschuldigung, er habe dem Innenministerium Informationen geliefert.

Dieser Protest hätte ganz natürlich erscheinen können, wenn die Tatsache, daß eines der Mitglieder des *Comité National des Écrivains* als Urheber dieses ‹Gerüchts› namhaft gemacht wird, das Manifest nicht eher als eine Machenschaft erscheinen ließe, einen der unsren (und dadurch unser ganzes Komitee) in Mißkredit zu bringen, denn als eine Verteidigung des Andenkens von Paul Nizan.

Diese Art von persönlichem Angriff zwingt uns, die Unterzeichner des in Frage stehenden Textes (die im übrigen nicht alle in gleicher Weise berechtigt sind, im Namen der Moral zu protestieren) darauf hinzuweisen, daß sie sich einer unredlichen Anschuldigung mitschuldig machen, die von einem Ungenannten gegen einen Genannten erhoben wird.

Auf diese Weise machen sich die besagten Unterzeichner ausdrücklich des gleichen Vergehens schuldig, gegen das sie gerade protestieren.»

Jean-Paul Sartre veröffentlicht in der Juli-Nummer von *Les Temps Modernes* 1947 folgende Antwort an das *Comité National des Écrivains*:

«Da das *Comité National des Écrivains* sich so beflissen zeigt, die Ehre eines ihrer Mitglieder zu verteidigen, möchte ich erstens feststellen, daß auch ich Mitglied dieses Komitees bin und daß ich mich nicht daran erinnere, daß es mich gegen die Angriffe der Kommunisten verteidigt hätte. Zweitens möchte ich sagen, daß ich es war, dem Herr Aragon die zitierten Erklärungen gegeben hat. Ist er denn der Meinung, daß sie von der Art sind, daß ihre bloße Wiedergabe ihren Urheber schon diskreditieren kann? Oder leugnet er, sie gegeben zu haben? In diesem Fall steht meine Aussage gegen seine. Dann möge er es sagen, und jeder kann selbst entscheiden, wem er mehr Glauben schenken will.»

Die Unterzeichner des Protests veröffentlichen eine Zurkenntnisnahme, die in der gleichen Nummer von *Les Temps Modernes* abgedruckt ist:

«Die Schriftsteller, die den Protest unterzeichnet haben, nehmen die Erklärungen der *Humanité* und des *Comité National des Écrivains* zur Kenntnis; sie nehmen das Schweigen von Herrn Lefebvre zur Kenntnis. Nizan ist 1939 aus der Kommunistischen Partei ausgetreten. Wir wußten es; jeder mag darüber urteilen, wie er will. Was die Gerüchte über sein früheres Verhalten angeht, so ist kein Beweis für ihre Wahrheit geliefert worden.

Diese Zurkenntnisnahme wurde von allen Schriftstellern unterzeichnet, die schon den ersten Protest unterschrieben haben, außer von Ph. Soupault, der zur Zeit nicht in Paris ist.»

Louis Aragon beschreibt im XIV. und XV. Kapitel des 1949 erschienenen ersten Bandes seiner Romanchronik *«Les Communistes»* die Reaktion eines Redaktionsmitglieds der *Humanité*, Patrice Orfilat, auf den Stalin-Hitler-Pakt. Da Orfilat ganz offensichtlich eine Schlüsselfigur für Paul Nizan ist, haben wir es hier mit einer weiteren Äußerung der Verleumdungskampagne der Kommunistischen Partei zu tun:

«... Er trat in den Toreingang des Außenministeriums, zögerte etwas, er wollte nicht nach dem Weg fragen, stieg eine falsche Treppe hinauf, schließlich traf er Benjamin Crémieux an. Patrice suchte Crémieux von Zeit zu Zeit beruflich auf, wenn in Italien etwas los war, das war sein Spezialgebiet. Er wußte, daß er gern gesehen war. Crémieux war Jude, mußte also gegen Hitler sein. Außerdem hatte er eine Schwäche für Orfilat. Er sagte von diesem, er sei der einzige Marxist, mit dem eine Unterhaltung möglich sei. Das kleine Buch über

Heraklit[1], das Patrice vor zwei Jahren herausgebracht hatte, hatte ihm gut gefallen. Er ließ seinen Besucher nicht lange warten: ‹Also, wie ist das, was sagen Sie zu den Ereignissen?› [...] Patrice sprach lange. Er gab Erklärungen. Er gab Erklärungen. Seine Angst vor dem Krieg. Die Einstellung der Partei. Seine persönliche Lage. Was würde aus ihm werden? Wenn es Krieg gab... Wenn es aber keinen Krieg gab? Die Ungewißheit über die Zukunft brachte seine Stimme zum Zittern. Er hatte am eigenen Leib erfahren, was Not ist. Er wollte nicht wieder in Not geraten. Außerdem war da Minette. Der Name seines Kindes gab seiner Schwäche den Weg frei. Er begann zu weinen. Die Stirn auf die Hände gelegt, die Ellbogen auf den Knien, begann er zu weinen.

‹Nicht doch, nicht doch!› sagte Crémieux weich. ‹Erstens steht noch nicht so ganz fest, daß es Krieg gibt. Und wenn es Krieg gibt, warum meinen Sie denn, daß gerade Sie sterben müssen? Ich sterbe vielleicht ebenso wie Sie, weine ich denn? Im modernen Krieg gibt es kein Hinterland mehr...›

‹Ich rücke als einfacher Soldat zur Infanterie ein...›

‹Sie rücken ein... So weit ist's noch nicht, mein Junge... Außerdem kann man es auch überleben. Im vorigen Krieg sind auch nicht alle umgekommen.›

Patrice schluckte seine Tränen hinunter. Er fragte plötzlich:

‹Wenn ich... hm, also... wenn ich keine Stellung mehr habe, könnten Sie mir hier im Ministerium oder im Ausland, in einem Institut zum Beispiel, einen kleinen Job verschaffen, damit wir leben können, ich und meine Familie?›

‹Einen kleinen... was?› fragte Benjamin Crémieux, der das Wort nicht verstanden hatte.

‹Einen Job... na ja, eine Anstellung!›

1 Offensichtliche Anspielung auf Nizans Buch *«Les matérialiste de l'Antiquité»*. (Anm. d. Übers.)

Crémieux schüttelte verlegen den Kopf, nahm mit mechanischer Geste die Brille ab und hauchte die Gläser an, um sie zu putzen. ‹Warum nicht?› sagte er dann. ‹Warum eigentlich nicht? Obwohl … Versetzen Sie sich an die Stelle dieser Leute! Der Minister dürfte für Sie keine besondere Sympathie empfinden. Und ich will gar nicht einmal vom Minister sprechen – aber hier dieses ganze Haus! Schön, gestern waren Sie Kommunist, morgen möchten Sie Mitglied des Hauses werden. Was Sie mir sagen wollen, brauchen Sie nicht erst zu sagen. Mir kann es recht sein. Bei mir ist das etwas anderes. Aber das Haus … Versetzen Sie sich an die Stelle dieser Leute! Außerdem … Gestatten Sie mir eine Frage, lieber Patrice?› – ‹Bitte!› sagte dieser beunruhigt. Crémieux betrachtete ihn über die Brille hinweg mit der Verlegenheit eines anständigen Menschen: ‹Mit dem Leben, mit dem Geld, mit alldem werden Sie schon fertig werden. Aber sagen Sie mir eins: wie wollen Sie mit sich selbst fertig werden? Nein, unterbrechen Sie mich nicht! Sehen Sie mal, mein Junge, ich meine doch, ich kenne Sie … Ihre politischen Ansichten stammen ja nicht von gestern, in die Partei eingetreten sind Sie … das muß noch vor 1930 gewesen sein … Es ist immerhin ein Stück Ihres Lebens. Sie sind auch drüben in der Sowjetunion gewesen. Die vielen Berichte, wissen Sie, ich lasse mich so leicht nicht beeindrucken … Aber Ihre Artikel[1], das war etwas anderes: die haben mir zu denken gegeben, und ich bin doch ein alter Liberaler … Das alles werden Sie aufgeben müssen, Ihre Einstellung völlig revidieren, denen recht geben, gegen die Ihre Angriffe gerichtet waren. Ich erinnere mich noch, wie Sie von dem alten Brunschvicg sprachen … Eins hängt eng mit dem andern zusammen. Wenn man kein Vertrauen zu den Russen haben kann … Wie kombinieren Sie sich all diese Sachen in

1 Anspielung auf Nizans Reiseberichte über die Sowjetunion. (Anm. d. Übers.)

Ihrem Schädel zusammen, Patrice? Bei der Einstellung, die Sie zu den Russen hatten …›

‹Ja, aber … Entschuldigen Sie … Die Russen, das ist ganz schön, aber die Russen als Hitlers Verbündete, das sind nicht mehr dieselben Russen …›

Crémieux sah ihn lange an.

‹Ich für meinen Teil, wissen Sie, ich habe ja Ihre Begeisterung niemals mitgemacht … Aber Sie, scheint mir, Sie müßten doch … Ich habe ja nicht solchen Unterschied zwischen den Russen und den Deutschen gemacht. Aber Sie, bis gestern noch … Es ist doch recht voreilig: beim erstenmal, wo etwas nicht klappt … Und dann: Sie sagen, die Russen als Verbündete Hitlers sind nicht mehr dieselben Russen … Merkwürdige Logik. Also ob die Franzosen Franzosen sind, hängt das für Sie davon ab, mit wem sie verbündet sind? Denn in diesem Falle wären die Franzosen, die nicht mehr mit Stalin verbündet sind, jedenfalls nicht mehr die gleichen Franzosen, an die Sie gedacht haben, als Sie bis vor kurzem in Ihrer Zeitung Ihre Artikel schrieben …›

Orfilat warf einen gereizten Blick auf den Mann, der ihm gegenübersaß. Es war gerade der rechte Augenblick, um vom Standpunkt der Logik an die Dinge heranzugehen! Dieser Crémieux treibt die Objektivität ein bißchen weit! Er hob den Kopf, das kleine, allzu schöne Gesicht, dem die Wut seine Blässe genommen hatte: ‹Uns so etwas anzutun! Stellen Sie sich vor: nichts haben sie uns gesagt. Sie haben ihr eigenes Spiel gespielt, ohne sich im geringsten um die französischen Kommunisten zu kümmern. Wir zählen für sie nicht. Also dann, nun, meinetwegen, meinetwegen! Uns so etwas anzutun!›

‹Sie haben immer gesagt, Patrice, es sei eine Lüge, wenn man behauptete, die Politik Ihrer Partei hinge von Moskau ab, da ist es doch ganz natürlich … War vielleicht im Jahre 1935, als Laval seine Erklärung über die Notwendigkeit einer

Verstärkung der Landesverteidigung im Einvernehmen mit Stalin abgab, war Ihre Partei denn damals vorher informiert worden? Nein? Ich erinnere mich, daß Sie vierundzwanzig Stunden lang nicht recht wußten, wie Sie darüber denken sollten... Dann haben Sie mir versichert, es wäre durchaus in Übereinstimmung mit der Doktrin...›

‹Eine Tragödie ist es, begreifen Sie denn nicht, welche Tragödie das für uns ist? Wie aufgewühlt heute das Gewissen der Parteimitglieder ist...?› [...]

Der alte Brillant verkaufte seit jeher am Montparnasse-Bahnhof die *Humanité*. Mit ihm waren eine Frau und zwei Jugendliche, sie verteilten Flugblätter. Es wurde heftig diskutiert. Einige regten sich auf. Die Vorübergehenden blieben stehen, wandten sich zurück, um der Szene zuzusehen.

Auf einmal kam eine Bande von Kerlen über den Boulevard herübergelaufen und stürzte sich auf die Gruppe. Ein Offizier in Uniform war dabei, ein Major mit einem Haufen Ordensabzeichen.

Er schrie: ‹Los! Los! Ran an die Schweine!› Die Bande, wahrscheinlich welche von der *Action Française* oder Bucard-Anhänger, trieb mit Geheul die Ansammlung auseinander. In dem Augenblick, da einer der Angreifer mit seinem Knüppel zum Schlag gegen den alten Brillant ausholte, bemerkte dieser Orfilat, und er rief: ‹Patrice!›

Patrice ging schnell weiter und zuckte die Achseln. So eine Frechheit! Ihn bei seinem Namen zu rufen! Damit auch er die Schnauze vollgehauen bekam! Er trat hastig in die Bahnhofshalle, wie jemand, der nichts bemerkt hat. Brillants Rollstuhl lag umgestürzt auf dem Pflaster, und der Major raffte die Flugblätter zusammen. Seine Mannschaften liefen in der Rue d'Odessa hinter den Frauen her. Patrice verließ den Bahnhof auf der anderen Seite. Er winkte ein Taxi herbei und gab die Adresse Felzers an.

Michel Felzer[1] war im Grunde der einzige Mensch, an dessen Achtung Patrice Orfilat gelegen war. Und zwar im Gedenken an die Zeit im Quartier Latin vor vierzehn, fünfzehn Jahren, als Patrice in der Rue d'Ulm studierte und Felzer der erste war, der ihm gegenüber Bergson[2] und Brunschvicg kritisierte. Sie waren beide damals noch nicht in der Partei. Felzer war es auch gewesen, durch den Patrice zuerst mit Marx und Lenin bekannt geworden war. Das Leben hatte sie später getrennt, aber als sie beide Kommunisten geworden waren, behielt Felzer weiterhin auf seinen früheren Studienkameraden den Einfluß eines ersten Lehrmeisters. Sie trafen sich nicht oft. Felzer hatte Patrice sogar einige Male abgekanzelt, weil er an verschiedenen Zeitungen mitarbeitete und in seinen Artikeln formale Konzessionen machte, die zuweilen zur Zweideutigkeit führten. Patrice zog in solchen Augenblicken die Schultern zusammen, wie er es vorhin getan hatte, als er sah, daß der alte Brillant in seinem Rollstuhl zusammengeschlagen wurde. Er fand Michels Einstellung etwas sektiererisch, aber da er nun einmal so war, nahm er ihm seine recht heftigen Worte nicht übel. Vielleicht hatte er sogar diese Standpauken ganz gern, weil es ihm schien, als würden die unbestimmten Gewissensbisse, die ihm manchmal kamen, dadurch aufgehoben. [...]

Orfilat war nervös. Er fingerte an seinem Eßbesteck herum. Wandte sich zurück. Schien Michel nur zerstreut zuzuhören. Warum sprach Felzer von allem auf der Welt, aber

1 Georges Politzer. Nizan gehörte Mitte der zwanziger Jahre zu der Gruppe Pierre Morhange, Norbert Guterman, Georges Politzer, Georges Friedmann, Henri Lefèbvre, die die Zeitschriften *Esprit* und *Philosophies* herausgab und sich dann dem Marxismus anschloß. (Anm. d. Übers.)

2 Anspielung auf Politzers Buch gegen Bergson *«La fin d'une parade philosophique»*, das unter dem Pseudonym François Arouet erschienen war.

nicht von dem, was die Menschen in Erregung versetzte, von der einzigen Sache, die einem an diesem Tage beschäftigen konnte? Was bedeutete das? Wußte er, was Patrice dachte? Oder war er selbst... Dieser Gedanke war Patrice bisher nicht einmal in unbestimmter Form gekommen: vielleicht, vielleicht war Michel selbst auch... Dann wollte er es wohl nicht als erster aussprechen... Das Herz klopfte ihm: wenn es so wäre! Durch diese Hoffnung fühlte er sich plötzlich erleichtert. Wenn Felzer und er, Felzer und er... Niemand mehr könnte ihm etwas vorwerfen, wenn Felzer und er... Er fand den Mut, das brennende Thema anzurühren...

‹Na, und du... Wie denkst du über diesen Pakt?›

Michel hob den Blick seiner klaren Augen zu ihm: ‹Wie soll ich denn darüber denken?› [...]

‹Natürlich›, sagte er, ‹es gibt nur eine Möglichkeit, wie man darüber denkt, keine zwei...›

‹Warum sagst du das?› unterbrach Felzer. ‹Es gibt zwei Möglichkeiten.›

‹Es gibt zwei, und es gibt doch keine zwei. Das ist ja die Tragödie...›

‹Was für eine Tragödie? Man denkt, was man denkt, und damit Punktum. Ich sehe keine Tragödie.›

‹Ich verstehe, wie du das meinst. Aber... Es gibt Menschen, die zerrissen sind. Unter unseren Genossen. Das ist es, was ich eine Tragödie nenne...›

‹Zerrissen? Ach ja, Liebhaber von Gewissenskonflikten... Das ist ein Gebiet, weißt du, auf dem ich nicht sehr bewandert bin.›

‹Ich weiß, ich weiß. Aber... Stell dir zum Beispiel vor, daß die Mehrheit des französischen Volkes etwas Bestimmtes denkt und du etwas anderes... Das ist doch eine Tragödie! Es sei denn, man würde Trotzkist!›

‹Was phantasierst du denn da. Laß doch die Trotzkisten. Trotzkist wird man nicht. Die Trotzkisten sind gekaufte Spitzel, weiter nichts. Sie bilden doch kein philosophisches Problem!›

Was soll man so einem Menschen antworten? Er vereinfacht alles. Indem er vereinfacht, macht er schließlich alles kompliziert… Nun ja, ich weiß schon, wie ich das meine.

‹Ich will folgendes sagen: wir sind doch für eine Politik der Mehrheit… Wenn nun die Mehrheit des französischen Volkes der Meinung ist…›

‹Eine Politik der Mehrheit, das bedeutet nicht, daß man sich mit seiner Meinung nach der Meinung einer faktischen Mehrheit richtet. Es bedeutet, daß man sein einziges Ziel und das einzige Mittel zur Aktion darin sieht, die Mehrheit für die Meinung zu gewinnen, die man selbst hat.›

‹Du verstehst mich nicht. Ich sprach von einer Tragödie. Wenn man sich plötzlich in einem Gegensatz zum französischen Volk befindet…›

‹Wer denn, glaubst du, befindet sich in einem Gegensatz zum französischen Volk? Es gibt doch mehrere Möglichkeiten eines Gegensatzes zum Volk. 1870 zum Beispiel, das ist dir bekannt, war Marx nicht der Meinung, daß man zu den Waffen greifen sollte, zum Aufstand. Und dann, als die Kommune eine Tatsache geworden war, da sagte er, es sei unmöglich, nicht mit dem Volk zu gehen, es sei unmöglich, und sollte es auch den eigenen Untergang bedeuten, sein Schicksal vom Schicksal des Volkes zu trennen…›

‹Nun also, eben…›

‹Eben! Daß Marx zu Anfang eine andere Meinung hatte als das Volk, das ist überhaupt nicht zu vergleichen mit dem Gegensatz, in den zum Beispiel ein Barbey d'Aurevilly sich zu den Pariser Kämpfern stellte… Du weißt doch, damals machte Barbey in Paris den Spitzel für die Versailler…›

‹Das ist eine Geschichte, die ich nicht kenne. Was denn, Barbey d'Aurevilly, sagst du?›

‹Nun, Barbey oder ein anderer, ich führe ihn nur als Beispiel an. Was ich sagen will, ist: auch eine Diskussion über die Mittel einer Politik, eine Meinungsverschiedenheit über diese Mittel gibt einem nicht das Recht, sich von den Seinen, von seinem Volk zu trennen... Man mag machen, was man will, weißt du: alles, was Barbey geschrieben hat, wird niemals mehr etwas anderes sein als Verräterliteratur, Literatur von einem Spitzel...›

Patrice hörte nicht mehr hin. Nur der eine Gedanke hatte ihn erreicht, daß ein Mann wie Barbey d'Aurevilly, immerhin doch ein Schriftsteller, der einen Platz in unserer Literaturgeschichte einnimmt – daß niemand mehr sich daran erinnerte, daß dieser Mann ein Spitzel gewesen war, ein Verräter... Nur seine Schriften waren von ihm überkommen, dieser Stil, eine Prosa, so schön wie kaum eine andere... In diesem Gedanken lag etwas, das ihn trunken machte, das ihm für die Zukunft eine Gewißheit gab. Wovon sprach Felzer? ‹Was sind wir denn? Mit der aufsteigenden Klasse oder gegen sie, mit den Kräften des Fortschritts oder gegen sie... Doch, man kann auf zweierlei Art denken. Man kann denken wie die Kämpfer, man kann denken wie die Streikbrecher...›

‹Wo sind heute die Streikbrecher? Das ist die Frage. Ich bin gegen Hitler. Und du als Jude kannst auch nur gegen Hitler sein...›

‹Was hat das damit zu tun, ob ich Jude bin oder nicht? Das ist kein Gesichtspunkt. Es ist doch klar, wo die Streikbrecher sind, oder nicht?›

‹Sicher. Ich bin gegen Hitler. Die Russen haben uns nicht nach unserer Meinung gefragt, als sie sich mit Hitler einigten. Es ist klar, wo die Streikbrecher sind...›

Felzer hatte beide Fäuste auf den Tisch gelegt. Es war, als hätte er sich halb erhoben, sein mächtiger Körper war über die hausgemachte Pastete gebeugt. ‹Verschwinde!› sagte er. ‹Los, verschwinde!›

Patrice sah ihn an, er war bestürzt. Er senkte den Blick auf den Teller, hob ihn dann wieder auf Michel. Er versuchte etwas zu stammeln, was sagst du da…

‹Du kannst anderswo essen!› sagte Michel. ‹Los, verschwinde!›

Die dicke Kellnerin mit dem blauen Band brachte die Kalbsleber. Die Teller in den Händen haltend, sah sie zu, wie Patrice floh, und als sie ihn weggehen sah, blickte sie den zurückbleibenden Gast fragend an.

Felzer hatte tief Atem geholt. Er machte mit der Hand ein Zeichen und sagte: ‹Geben Sie mir beide Portionen, ich habe großen Hunger…›»

(Zitiert nach Louis Aragon: *«Die Kommunisten»* 1. Bd.: Februar bis September 1939, Berlin 1956, S. 158, 159–161, 164–165, 168, 169–171)

Offener Brief von Henriette Nizan an Jean-Pierre Barou, Herausgeber der Zeitschrift *Atoll*[1]:

Mein lieber Barou,
als wir uns das letzte Mal sahen, haben Sie mich gebeten, selbst über Nizan zu sprechen. Ich habe Ihnen geantwortet, daß ich mich weder mehr noch weniger kompetent dazu fühlte als andere und daß es mir schwerfiele. Ich habe hinzugefügt – und darüber haben Sie gelacht –, daß es nicht leicht wäre, eine gute Witwe zu sein. Ob man nun will oder nicht, Andromache (von Racine, also die wirkliche…) und die Hinduwitwe auf ihrem Scheiterhaufen sind, wenn man in 80 Tagen um die Welt reist, heute immer noch die Vorbilder dieses Standes. Ich bin davon überzeugt, daß wir in unserem tiefsten Innern für unschicklich halten, einen Gatten zu überleben, es

1 Abgedruckt in *Atoll* Nr. 1 (Nov./Dez. 1967–Jan. 1968), p. 78–80

sei denn, wir geben der Welt zuverlässige Beweise unserer postumen Treue.

Außerdem ist man nicht sicher, ob man sein Publikum zufriedenstellen kann, auch wenn man sich der feinsten Waage bedient, um nicht in jenen Abgrund zu fallen, in dem all diejenigen Witwen liegen, die wie Anatole de Monzie sagt, ‹mit ihrer Witwenschaft Mißbrauch treiben›.

Ich werde also versuchen, mit meiner keinen Mißbrauch zu treiben, und mich auf einige Richtigstellungen, einige Antworten auf Fragen beschränken, die Sie mir selbst, mein lieber Barou, gestellt haben.

In den fünf Jahren nach dem Tod von Nizan war ich in den Vereinigten Staaten, in die ich mit meinen Kindern geflohen war, eine anonyme Kriegswitwe, das heißt jemand, den man in Ruhe ließ mit seinen Problemen, seinen Erinnerungen und seinem Kummer, die die meisten Frauen jener Kategorie teilten. Ich ahnte damals nicht, daß ich nach meiner Rückkehr im Jahre 1945 das Andenken Nizans gegen niederträchtige Verleumdungen zu verteidigen haben würde. Ich konnte mir höchstens vorstellen, daß ich einigen Personen die Gründe seines Austritts aus der Kommunistischen Partei nach dem Stalin-Hitler-Pakt würde nennen müssen. Nizan hatte als Soldat nicht die Möglichkeit gehabt, sich öffentlich genauer dazu zu äußern.

Von jenen Verleumdungen, daß Nizan ein ‹Agent›, ein ‹Spitzel› gewesen sei, hat mir als erster Sartre in New York im Frühjahr 1945 erzählt. Soll ich Ihnen sagen, daß ich damals kaum daran geglaubt habe? ‹Intellektuellengeschichten›, habe ich mir gesagt. (Ich war schon so daran gewöhnt, daß man in der Partei mit ziemlicher Leichtfertigkeit alle möglichen Leute als ‹Agenten› behandelte, daß ich dieses Wort nur noch für eine ‹Redensart› hielt. Soweit war man gekommen!)

Ich sollte bald feststellen, daß Sartre recht gehabt hatte.

Entgegen dem, was man erwarten könnte, war ich darüber weder traurig noch wütend. In meiner Umgebung, und sogar in meiner Familie, waren so viele gestorben, so viele deportiert worden, hatten so viele Greise und Kinder ein Martyrium erlitten, daß mich diese kleine Infamie fast gleichgültig ließ, und ich habe nichts unternommen, um in Erfahrung zu bringen, von wem diese Verleumdungen Nizans ausgegangen waren.

Eines Tages hatten jedoch meine Kinder und ich den Eindruck, daß wir vielleicht eine ‹Pflicht› zu erfüllen hätten und daß es sich gehörte, von denen, die am besten informiert zu sein schienen, Aufklärung zu verlangen... Ich habe an Louis Aragon geschrieben. Er hat mir nicht geantwortet. Meine Kinder haben an Maurice Thorez geschrieben. Auch sie haben keine Antwort erhalten. Ich habe im Ministerium für die ehemaligen Frontkämpfer Laurent Casanova aufgesucht, bei dem wir in Korsika den Sommer 1939 verbracht hatten und mit dem wir nach Paris zurückgefahren waren, von wo aus Nizan, der eingezogen worden war, sich schon am nächsten Tag zu seiner Truppe nach Orléans hatte begeben müssen. Casanova hat behauptet, nichts von diesen Anklagen gegen Nizan zu wissen. Er erging sich nur in geheimnisvollen Drohungen: ‹Ich rate Ihnen nicht›, sagte er, ‹irgend etwas gegen die Partei zu unternehmen.› Ich habe nicht recht verstanden, was er damit meinte, aber der Gedanke kam mir um so komischer vor, als er mir nie gekommen war.

Diese drei erfolglosen Nachforschungen haben mir persönlich genügt. Das Schweigen von Thorez, Aragon und Casanova stellte auch eine Antwort dar. Meine ‹Pflicht›, dachte ich, bestände jetzt nur noch darin, soweit als möglich dafür zu sorgen, daß der Name von Nizan nicht von den Gegnern des Kommunismus benutzt würde.

Eines Tages wurde die Anklage jedoch schwarz auf weiß unter der Feder des hervorragenden Henri Lefebvre wiederholt. Jetzt war es Zeit, mit dem, was man seitdem den ‹Fall Nizan› nennt, an die Öffentlichkeit zu treten.

Ich habe Sartre gebeten, die Sache in die Hand zu nehmen (das Wort ‹Rehabilitierung› ist für mich unannehmbar).

Sartre hat diese Bitte mit sehr viel Takt in *Les Temps Modernes* erfüllt.

Was folgt, kennen Sie...

Sie sagen mir, mein lieber Barou, daß Jacques Fauvet in seiner *«Histoire du Parti Communiste Français»* schreibt: ‹Die Legende von Nizans Auftauchen im Innenministerium hält sich immer noch.›[1] Nun gut, das ist mir egal. Eine Legende hat noch nie jemanden entehrt, eben weil es eine Legende ist. Ich wiederhole Ihnen, ich bin keine gute Witwe. Es geschieht durchaus nicht ohne eine gewisse Überwindung, daß ich mich, recht und schlecht, dieser Aufgabe entledige, der ich mich gar nicht gewachsen fühle: die Wahrheit wiederherzustellen. Ich glaube aber, das Andenken Nizans hat darunter nicht zu leiden. Widmen Sie denn zum Beispiel dieses Heft Ihrer Zeitschrift dem angeblichen ‹Agenten› Nizan? Natürlich nicht. Na also...

Aber es sind noch andere Legenden im Umlauf. Zunächst die, Nizan sei von einem Kommunisten, der sich an ihm rächen wollte, erschlagen worden. Er ist am 23. Mai 1940 in Audruicq (Pas de Calais) durch eine deutsche Kugel getötet worden. Außer den offiziellen Dokumenten besitze ich einen Brief von Sergeant Hutchings vom *14th Army Field Workshop* (bei dem Nizan Dolmetscher war), in dem er uns die Umstände seines Todes während eines Gefechts beschrieben hat, bei dem alle Offiziere dieses englischen Regiments gefallen sind. Außerdem habe ich einen Brief von Madame de Coëtlogon, auf deren Grundstück das Gefecht stattgefunden

1 Jacques Fauvet: *«Histoire du Parti Communiste Français»* Bd. I, Paris 1964, p. 268 (Anm. d. Übers.)

hat. In diesem an meine Schwiegermutter adressierten Brief schildert uns Madame de Coëtlogon alle Details der letzten Augenblicke Nizans.

Seine Reaktion auf den Stalin-Hitler-Pakt und sein Austritt aus der Kommunistischen Partei haben ebenfalls Anlaß zu den verschiedensten Erklärungen gegeben, eine immer subtiler als die andere. Ich werde die Position Nizans von nun an nicht mehr zu erklären haben. Die Briefe, die er mir bei Kriegsbeginn vom Elsaß aus geschrieben hat, als er noch im 405. Pionierregiment war, werden in diesen Tagen bei Maspero erscheinen. Sie sind klar. Man kann sich auf sie beziehen.

Ich erlaube mir jedoch, eine der Erklärungen für Nizans Entscheidung zurückzuweisen, nach der er aus Ärger darüber, daß er über die Position der Kommunistischen Partei gegenüber dem Stalin-Hitler-Pakt nicht rechtzeitig informiert worden sei, ausgetreten ist.

Das ist absurd. Es bestand überhaupt kein Anlaß, daß Nizan über die Pläne der Partei auf dem laufenden gehalten wurde. Er war ein einfaches Mitglied und gehörte nicht dem Politbüro an. Neben seiner Journalistentätigkeit für *Ce Soir* war er vor allem zum Zeitpunkt der Volksfront damit beauftragt worden, Verbindungen zwischen der Partei und den nichtkommunistischen Intellektuellen sowie den Katholiken herzustellen. Das war zwar eine vertrauensvolle Aufgabe, sie schloß jedoch keine im eigentlichen Sinn politische Verantwortung ein.

Wenn ich noch weiter in der Zeit zurückgehe, komme ich auf den letzten Punkt, auf dem vielleicht insistiert werden muß.

Man hat gesagt und geschrieben, Nizan habe als junger Mann der *Action Française* angehört. Das trifft nicht zu. Er gehörte 1925 knapp einige Monate zu den *Chemises Bleues* von Georges Valois – ich weiß nicht einmal genau, wieso. Ich erinnere mich, daß ich mich damals deswegen über ihn lustig gemacht habe. Er war 20, ich 18 Jahre alt. Noch in demselben Sommer schrieb er mir aus Florenz, wie sehr er ergriffen war, als er an den Wänden *E viva Lenin* gelesen habe.

Das Blauhemd hatte keine sehr haltbare Farbe gehabt.

Ich erzähle diese kleine Geschichte, weil manche gehässigerweise das Leben eines engagierten Kommunisten mit dieser kurzen Jugendepisode gleichgesetzt haben. Das ist nicht fair.

Sie haben sicher bemerkt, mein lieber Barou, daß ich es unterlassen habe, ein geistiges Porträt von Nizan zu entwerfen, ebenso wie ich es unterlassen habe, in seinem Namen zu sprechen.

Ich hoffe nur, daß diese kleinen Richtigstellungen zu etwas nütze sind, und ich danke Ihnen sehr herzlich dafür, daß Sie mich darum gebeten haben.

Biographie

1905	7. Februar	Paul-Yves Nizan wird in Tours geboren. Seine Familie stammt aus der Bretagne. Sein Vater und sein Großvater waren Eisenbahnangestellte
1916–1922		Mitglied des Internats am Lycée Henri IV in Paris. Beginn der Freundschaft mit seinem Mitschüler Jean-Paul Sartre
1922–1924		Mitglied des Internats am Lycée Louis-le-Grand. Gemeinsam mit Jean-Paul Sartre Vorbereitung der Aufnahmeprüfung für die École Normale Supérieure
1924		Aufnahme in die École Normale Supérieure (Philosophie)
1925		Mitglied der «Blauhemden» von Georges Valois
1926		Hauslehrer in Aden
1927		Rückkehr von Aden
		Eintritt in die Kommunistische Partei Frankreichs
		Heirat mit Henriette Alphen
1928		Geburt der Tochter Anne-Marie
		Gemeinsam mit Jean-Paul Sartre Übersetzung von Karl Jaspers: *«Allgemeine Psychopathologie»*
1929		Agrégation in Philosophie
		Mitarbeit bei der Zeitschrift *Revue Marxiste*

	Redaktionssekretär der Zeitschrift *Bifur*, die Texte und Gedichte von Gottfried Benn, Henri Michaux, Chirico, Picabia, Pilnjak, Darius Milhaud, O'Neill, Buster Keaton, Eisenstein, Joyce, die erste Übersetzung von Heidegger (*« Was ist Metaphysik ?»*) mit einer Einführung von Alexandre Koyré und den ersten Text von Sartre (*« Légende de la Vérité »*) veröffentlicht
1930	Militärdienst in Paris
	Mitarbeit bei der Zeitschrift *Europe*
	Geburt des Sohnes Patrick
1931–1932	Philosophielehrer am Lycée von Bourg-en-Bresse
	Kommunistischer Militant. Organisation eines Hilfskomitees für die Arbeitslosen
1932	Veröffentlichung von *« Aden Arabie »* und *« Les Chiens de garde »* bei Rieder, Paris. Kandidat der Kommunistischen Partei für die Parlamentswahlen
1933	Rückkehr nach Paris
	Vorträge an der Arbeiteruniversität der Kommunistischen Partei
	Mitarbeit bei der *Humanité*
	Gemeinsam mit Louis Aragon Redaktionssekretär der Zeitschrift *Commune*, dem Organ der *Association des Écrivains et Artistes Révolutionnaires*, das von Henri Barbusse, André Gide, Romain Rolland und Paul Vaillant-Couturier geleitet wird
	Gemeinsam mit S. J. Baron Überset-

zung von Louis Fischer: *«The Soviets in World Affairs»*

Übersetzung von Theodore Dreiser: *«An American Tragedy»*

Veröffentlichung von *«Antoine Bloyé»* bei Grasset, Paris

1934 Auswahl der philosophischen Texte für den Auswahlband: Karl Marx: *«Morceaux Choisis»*, für den Henri Lefebvre und Norbert Guterman eine Einführung schreiben

1935 Teilnahme am Schriftstellerkongreß in Moskau und Reise durch die Sowjetunion

Veröffentlichung von *«Le Cheval de Troie»* bei Gallimard, Paris

Mitarbeit bei *Monde, Regards, Vendredi, Correspondence Littéraire Internationale, La Littérature Internationale, Le Théâtre Internationale* und anderen französischen und amerikanischen Zeitschriften

1936 Reisebericht über Tadschikistan in *Europe*

Reportage über den Spanischen Bürgerkrieg für die *Correspondance Littéraire Internationale*

Veröffentlichung von *«Les matérialistes de l'Antiquité»* bei den Éditions Sociales Internationales, Paris

1937 Vorwort zu Henri Lefebvre: *«Le nationalisme contre les nations»*

Übersetzung von Aristophanes' *«Die Acharner»*

		Ständige Mitarbeit bei der kommunistischen Tageszeitung *Ce Soir*, wo er für die Abteilung Außenpolitik verantwortlich ist und für ein Bündnis Frankreichs mit der Sowjetunion gegen Hitler eintritt
		Reportagen in Nyons, Lille, Brüssel und Mitteleuropa
1938		Reportage in London
		Veröffentlichung von «*La Conspiration*» bei Gallimard, ausgezeichnet mit dem Prix Interallié
1939		Veröffentlichung von «*Chronique de Septembre*» (Münchner Abkommen) bei Gallimard, Paris
	24. August	Stalin-Hitler-Pakt. Gestellungsbefehl
	25. September	Veröffentlichung seines Austritts aus der Kommunistischen Partei in der radikalsozialistischen Zeitung *L'Œuvre*
1940	23. Mai	Paul Nizan fällt bei dem Rückzugsgefecht von Dünkirchen in der Gegend von Andruicq
		Sein letztes, fast fertiggestelltes Werk «*La Soirée à Somosierra*» wird von einem englischen Soldaten zusammen mit seinen anderen Papieren vergraben
1947		Jean-Paul Sartre und 25 andere französische Schriftsteller protestieren gegen die Verleumdungskampagne der Kommunistischen Partei gegen Nizan
1960		Neuausgabe von «*Aden Arabie*» mit einem Vorwort von Jean-Paul Sartre und von «*Les Chiens de garde*» bei Maspero, Paris

1965 Neuausgabe von *«Les matérialistes de l'Antiquité»* bei Maspero, Paris

1966 Veröffentlichung von Ariel Ginsbourg: *«Nizan»* in der Reihe *Classiques du XXe siècle* der Éditions Universitaires, Paris

1967 Veröffentlichung von Paul Nizan: *«Intellectuel communiste, Écrits et Correspondance 1926–1940»* bei Maspero, Paris

Sondernummer *Paul Nizan* der Dreimonatszeitschrift *Atoll*

Inhalt